U0836517

深圳证券交易所
SHENZHEN
STOCK EXCHANGE

中小企业之家
HOME FOR SMEs

深圳证券交易所中小企业之家系列读物

创业板
股票发行上市问答

深圳证券交易所创业企业培训中心 编著

中国财经出版传媒集团
中国财政经济出版社

图书在版编目（CIP）数据

创业板股票发行上市问答／深圳证券交易所创业企业培训中心编著. --北京：中国财政经济出版社，2020. 7

（深圳证券交易所中小企业之家系列读物）

ISBN 978-7-5095-9831-3

Ⅰ. ①创… Ⅱ. ①深… Ⅲ. ①创业板市场-股票投资-中国-问题解答 Ⅳ. ①F832. 51-44

中国版本图书馆 CIP 数据核字（2020）第 092705 号

责任编辑：贾延平　　责任校对：胡永立
封面设计：田　晗　　责任印制：刘春年

创业板股票发行上市问答

CHUANGYEBAN GUPIAO FAXING SHANGSHI WENDA

中国财政经济出版社 出版

URL：http：//www. cfeph. cn

E-mail：cfeph@ cfeph. cn

社址：北京市海淀区阜成路甲 28 号　邮政编码：100142

营销中心电话：010-88191522

天猫网店：中国财政经济出版社旗舰店

网址：https：//zgczjjcbs. tmall. com

北京时捷印刷有限公司印刷　各地新华书店经销

成品尺寸：156mm×230mm　16 开　24. 5 印张　325 000 字

2020 年 11 月第 1 版　2021 年 10 月北京第 4 次印刷

定价：60. 00 元

ISBN 978-7-5095-9831-3

（图书出现印装问题，本社负责调换，电话：010-88190548）

本社质量投诉电话：010-88190744

打击盗版举报热线：010-88191661　QQ：2242791300

前　言

——兼写给拟上市企业家的一封信

2020年的创业板改革并试点注册制无疑给企业改制上市提供了一个新的视角、新的平台，为帮助企业家更好地利用创业板市场，更快地融入中国资本市场，我们汇集了数十位专业人士的意见，为大家厘清了企业在改制上市过程中需要关注的各种情况，形成本书。为了帮助企业家更好地阅读本书，我们提出以下建议供参考：

一、深刻理解注册制改革给企业改制上市带来的历史性机遇

与以前的改革不同，本次改革的核心是改革审核制度，因此创业板注册制改革后，审核呈现出了三个显著变化：一是审核进度基本可预期，大致在受理材料后半年会有一个结果。二是审核结果可预期，如市场各方都认为企业能上市的，最终的结果也不会有太大的差距。三是审核方式更透明化与人性化，如材料均可通过网上提交，全过程不需要提交纸质文件；审核网站始终开放，可随时提交相关资料；双方沟通可通过网络视频完成；招股说明书、反馈意见、企业回复与企业审核进程都对全社会公开。此外，考虑到企业对商业秘密泄露有所顾虑，特新增了信息披露豁免的机制。

阳光是最好的消毒剂，作为监管机构，深交所主动承诺要“开明”地搞改革，倾听市场声音；“透明”工作流程与审核标准，接受全社会的监督；“廉明”地开展IPO审核，以做好自我约束；“严明”地执纪，以维护市场的公平与公正。这一系列改革的目标就是要让企业家有获得感，使企业家在申请IPO过程中“不找人”“不

求人”，有尊严地完成上市工作。

二、突破传统旧有思维，理解上市公司制度是人类文明的结晶

古罗马自发明教会法人开始，先后发明了财团法人、包税人公司，后来荷兰人发明了股份公司，英国与美国完成了有限责任制的法律设计。从公司法人的发展历程来看，人类社会大约花了1500年的时间，把自然人属性与家族属性强烈的“家庭作坊”改造成为公司法人，实现了社会动员能力的极大跃升，这一步可称为史诗级的制度变革。

从1602年荷兰设立世界第一家股票交易所开始，到美国出台《1933年证券法》《1934年证券交易法》和《1940年投资公司法》建立现代资本市场为止，人类社会又花了近350年的时间完成了从无到有、从不规范到规范的现代资本市场制度的建立。

现代资本市场建立以后，股票市场的高频交易确定了被社会广泛认同的企业股价与行业均价，创新的换股收购方式突破了现金局限，资本的全球化流动打破了整合的地域限制。因此，在现代资本市场的助推下，很多企业都不用再受到地域和行业的制约，在全球范围进行了持续至今天的产业整合，形成了各行各业的跨国公司群体。从这种意义上讲，资本市场已彻底改变了世界经济格局及其分布。

新中国于20世纪80年代初才出现公司制尝试，深交所于1990年12月1日成立，这些重要的历史时点迄今仅有三十多年，无论从时间上还是经验上，中国资本市场都无法与西方国家主要资本市场相比，还处于资本“幼稚期”。

此外，中国资本市场的知识到目前为止，也没有完全进入国民教育体系，资本市场的很多常识也没有得到普及，中国企业家们对现代公司及其基本运作原理的理解还不透彻，更不用说如何熟练利用资本市场参与全球竞争了。在和很多拟上市企业接触的过程中，我们发现很多民营企业家在上市前都存在以下较为普遍的认知偏差：

- 认为私人公司就是私人的，没有将公司财产与家族财产进行区分，在民营企业的IPO材料中很容易发现频繁的资金拆借与股东

占用现象。

- 认为董事会基本是“摆设”，没有将公司事务与家庭事务进行区分，在董事会成员中充斥着家庭成员、公司副总、董秘、财务总监等内部人，不了解企业治理也需要“三权分立”，不了解“内阁部长不能当议员”，这些情况导致董事会与总经理办公会成员高度重合。
- 基本不了解罗伯特议事规则，将董事会日常运作变通为“走形式”，基本不能理解董事会的议事文化与共管文化，也不能理解董事会的主要作用是决策纠偏，而不是决策效率。
- 认为上市前的股权只体现为话语权，不认为有限责任公司的股权也是资本，“资本市场无关论”盛行。
- 基本没有大股东股权结构与持股方式设计的基本意识，因此大股东自然人直接持股非常普遍。没有通过股权设计去考虑未来的家族传承、风险隔离、税收挡板、控制权稀释与转移等重要问题，往往只考虑了上市后减持的方便，这又恰恰反映出企业家不懂上市后大股东减持难的基本常识。
- 基本没有并购意识，无论是上市前还是上市后，他们往往会认为企业活不下去了才会卖，或者别人因为遇到困难，企业价格便宜才会买，不能理解现代资本的伟大意义是产业的整合与并购。对于企业之间合并方式的理解还停留在中国传统文化中“秦灭六国式的一统天下”，而不是西方常见的管理整合与邦联制合并。

当然，要突破中国传统文化的桎梏，其难度是可想而知的，但对于准备迈向现代资本市场的企业家而言，主动拥抱现代文明无疑是必然的选择。

三、从顶层思维上理解注册制改革后的审核理念，把握变与不变

IPO 注册制兴起于美国。美国 IPO 是企业向美国证监会提出 IPO 申请，原则上只需要企业完成注册制表格的填写，满足美国证监会对信息充分披露的要求，并在会计处理上遵循美国一般会计准则的要求即可。美国 IPO 的核心不在于证监会的审核，而主要在于企业在券商的帮助下如何完成新股票的销售，即在销售环节，股票能不

能卖得出去，价格是否符合发行人的预期才是关键。

美国 IPO 的审核理念是敦促企业披露更多信息，帮助投资者进行价值判断和投资决策。美国证监会并不需要在审核阶段运用各种手段去判断或证明信息的“真实性”，因为在美国法律中，所有对美国证监会和公众提供的信息都可以成为法庭上的呈堂证供，如果发行人对行政机关故意做出不实陈述，将是较严重的刑事犯罪行为。

与美国的 IPO 注册制相比，我国目前的创业板改革并试点注册制应该还是市场化改革中的过程产物。由于我国法治社会还在建设过程中，信任缺失现象明显，对于企业家而言，就要从这个顶层思维去理解审核机关的“窘境”：无论是核准制还是注册制，都希望在入口关把控上市公司质量，都希望把“骗子”堵在门外，而不是等企业上市后通过严刑峻法来解决问题。从这一点来看，有些理念还没有办法改变。

因此，与企业日常生产经营“出售产品”的本质不同，申请 IPO 过程可类比为“出售信任”。针对此，审核机关应关注以下问题：

- 毛利率与同行相比、与企业的过往历史同期相比有无异常，有无财务造假的嫌疑。
- 关注有无大额应收账款、应收票据、存货，以此来判断是否有提前确认收入以平滑报表收入的嫌疑，有无减值准备计提不充分的可能。
- 关注主要客户的情况，包括主要客户是否稳定，有无对大客户的依赖现象，有无新增大客户、有无关联客户、有无供应商与客户重合的情形，有无长期外协客户存在超过市场条件的特殊支持等情形。
- 关注股东及其背景，包括有无新增股东、有无股份代持行为、有无低价受让股权行为，是否存在腐败与商业贿赂行为。
- 关注有无在建工程长期不转固定资产，涉嫌减少折旧计提行为。
- 关注收入确认政策、资产减值、研发费用资本化等会计政策应用的准确性。
- 关注销售费用中学术推广费用、广告费用支出的合理性，是否存在商业贿赂的嫌疑。

- 关注产品与水、电、气在数量上的匹配性，销售收入与当期流转税在金额上的匹配性。

当然，与原来制度相比，除了“信任”这个老大难的问题以外，注册制改革还是给了企业一个更宽松的环境，包括更透明的审核标准，对股权历史沿革更简化的披露，充分体现以信息披露为核心的原则。

比如，创业板改革把对企业的“持续盈利能力”要求改为“持续经营能力”，这样就更能稳定预期。简言之，就是将对企业“能否赚钱”的判断改为“能否生存”的判断。由于“能否赚钱”的判断难度大，标准不统一，IPO审核结果也面临较大不确定性。

四、充分做好IPO前的各项准备工作

注册制改革增加了市场化因素，激发了市场的活力，与以前的改制上市准备工作相比，有了更多的新意。综合本书专家们的精华思想，我们建议企业家做好以下准备工作：

- 从企业的商业模式、盈利能力、行业属性等方面综合判断企业是否适合上市，是否能适应创业板对企业的要求。
- 审核周期缩短后，企业可按自身的成长规律来选择上市时机。一般而言，应该选择企业高速发展的中前期上市，过早会影响估值，过晚会影响企业发展对资本的需求。
- 在改制前应做好控股股东的股权设计，要充分考虑上市后的长期资本运作的需求，包括市值管理、控股股东的投融资平台、税收安排、家族传承与企业控制权稳定、家庭与企业的财产风险隔离、家族与企业的决策机制隔离等因素。
- 配置好与资本运作相匹配的专门人才，包括董事会秘书、外部董事、独立董事、资本首席运营官、财务总监等。要充分理解“隔行如隔山”，尽量从外部引入高端市场化人才。
- 构建与现代企业运作相适应的治理机制。在董事会层面，尽量按国际大公司的模式引入外部董事，且董事数量上还可以以外部董事为主；按罗伯特议事规则将董事会打造成真正的议事机构、重

大决策的辩论机构、对家长式决策的纠偏机构。

- 在内部管理方面，尝试在外部管理咨询公司的帮助下，引入现代事业部制，建立完善的内控制度及其相应的内控软件，充分实现“权力只产生于流程”的现代企业管理理念，将传统文化中习以为常的王朝式、军队式、上下级式、家庭作坊式的传统管理向现代的流程管理、事业部制方向发展。
- 按企业会计准则的要求，对照同行业上市公司的普遍情况，全面梳理企业具体会计政策的适用，原则上以同行业的、刚通过IPO审核的企业为准。
- 审慎选择市场服务机构，尤其是保荐机构。目前国内保荐机构的工作主要停留在改制上市的策划、以关注真实性为主的尽职调查以及撰写招股说明书的层面。其主要角色可以定义为广义的咨询机构，因此，选择保荐机构应根据选择咨询机构的规律，充分考虑保荐代表人的从业经历与行业成功案例、项目团队与企业间的物理距离、保荐机构的市场份额与信誉度等因素。

五、希望企业家勇担责任，肩负起中国经济现代化的重任

以美国为例，高度发达的资本市场催生了微软、Intel、苹果等著名科技企业，促进了通用、强生、沃尔玛等传统性跨国企业的长期发展。动辄上千亿美元的销售收入，使这些公司每年的科研投入可多达上百亿美元，这个金额很可能是它的中国同行投入金额的总和，因此，在一些竞争性高科技领域，中美差距不是在缩小而是在扩大。

跨国公司的成长，表面上看是资本的力量，但本质上是现代文明的浸润。通常说“做大不是本事，维系才是本事”，在现代社会中，维系很多年收入超过中等国家GDP规模的跨国公司，并做到大而不倒、历久弥新的主要原因是现代公司文明，是现代公司强调平等与制衡、公开与透明的治理文化与科学的内部管理共同作用的结果。因此，资本与管理是中国企业家最需要缩小差距的领域。

从现象上看，中国民营企业可以在地产、钢铁等行业上产生并维系一定的规模，但在高竞争、高风险、高科技产业中，如信息产

业和制药业中的大型民企案例少之又少。对于大量已经上市的公司，还出现了上市后多年既不再融资，也不并购、不做股权激励的“三无”现象；即便部分公司进行了并购等资本运作，也因为缺乏管理能力，做不到有效的管理输出，不能有效地整合对方，只能短期对赌业绩，最后还放大了自身的经营风险。

因此，对致力于在创业板上市的企业家们而言，应不仅仅关注如何上市，更要思考如何适应现代公司文明，借鉴外国同行经验，建立起与跨国公司类似的现代治理制度与现代内控制度，引入资本首席运营官等专门人才配备及其相关的资本战略。只要企业家适应现代文明，充分利用好资本工具，建立起一个又一个的现代企业，就能迈出推动中国经济现代化向前的最坚实一步，这也是我们致力于创业板市场改革的目标之一。

深交所创业企业培训中心主任　邹雄

2020年11月

目 录

第一部分 股票发行上市基础知识

第一章 创业板发展历程及注册制改革 …………… (3)

1. 创业板的筹备及设立（1998—2009 年）主要历程有哪些？ …………… (3)
2. 创业板的改革、发展及注册制的推出（2010—2020 年）主要历程有哪些？ …………… (5)
3. 创业板指数及其变化情况主要体现在哪些方面？ …………… (6)
4. 如何认识创业板改革并试点注册制的意义及定位？ …………… (7)
5. 创业板改革并试点注册制主要涉及哪些方面？ …… (8)

第二章 发行上市概要 …………… (11)

6. 什么是直接融资？ …………… (11)
7. 什么是资本市场？ …………… (11)
8. 什么是股票市场？ …………… (11)
9. 股票市场主要有哪些参与主体？ …………… (12)
10. 什么是公众公司和非公众公司？ …………… (13)
11. 什么是发行？什么是上市？二者之间有什么关系？ …………… (13)

12. 什么是公开发行和非公开发行？ …………………（13）
13. 上市对企业有什么好处？ ……………………………（13）
14. 上市对企业有什么约束？ ……………………………（14）
15. 创业板公开发行并上市需要经过哪些程序？ …（15）
16.《保荐办法》主要修订内容有哪些？ ………………（17）
17. 深交所有哪些主要职能？ ……………………………（18）
18. 深交所在吸引企业上市方面主要有哪些优势？ …（19）

第三章 发行上市条件及可行性评估…………………（20）

19. 首次公开发行股票并在创业板上市的条件是什么？ ……………………………………………………（20）
20.《证券法》对首次公开发行新股有何要求？ ……（20）
21.《注册管理办法》对创业板企业发行条件有何要求？ …………………………………………………（21）
22. 上市规则对创业板企业上市条件有何要求？ …（22）
23.《首发审核规则》对创业板企业发行上市条件有何要求？ ………………………………………………（23）
24. 发行人在信息披露方面主要有哪些责任？ ……（23）
25. 如何界定持续经营起算时间？ ……………………（23）
26. 最近一年、最近两年、最近三年的含义是什么？ ……………………………………………………（24）
27. 如何组建内部上市团队？ ……………………………（24）
28. 如何评估上市的业务条件？ …………………………（24）
29. 如何评估上市的法律条件？ …………………………（26）
30. 如何评估上市的财务条件？ …………………………（27）

第四章 上市地选择和费用 ……………………………（29）

31. 选择上市地应考虑哪些因素？ ……………………（29）
32. 如何判断企业适合在境内还是境外上市？ ……（30）
33. 创业板的定位和特点如何？ …………………………（31）
34. 上市需要承担哪些费用？ ……………………………（31）

第二部分 股票发行上市前期准备

第一章 聘请中介机构 …………………………………… (35)
35. 需要聘请哪些中介机构? ………………………… (35)
36. 中介机构主要有哪些责任? ……………………… (35)
37. 选择中介机构应注意哪些问题? ………………… (35)
38. 保荐机构主要负责哪些工作? …………………… (36)
39. 会计师事务所和注册会计师主要负责哪些工作? …………………………………………………… (37)
40. 律师事务所和律师主要负责哪些工作? ……… (37)
41. 资产评估机构和评估师主要负责哪些工作? … (38)
第二章 尽职调查 ………………………………………… (39)
42. 什么是发行上市尽职调查? ……………………… (39)
43. 发行上市尽职调查的目的是什么? ……………… (39)
44. 发行上市尽职调查的意义是什么? ……………… (39)
45. 尽职调查的主要方式有哪些? …………………… (40)
46. 对于以企业改制成股份有限公司为目标的尽职调查，调查重点是什么? ………………………… (40)
47. 股份有限公司成立后以股票发行和上市为目标的尽职调查，调查重点是什么? ……………… (41)
48. 保荐机构尽职调查的主要内容有哪些? ……… (41)
49. 保荐机构在尽职调查中的责任和义务有哪些? … (42)
50. 律师尽职调查的主要内容有哪些? …………… (42)
51. 律师在尽职调查中的责任和义务有哪些? …… (43)
52. 会计师尽职调查的主要内容有哪些? ………… (43)
53. 发行人在尽职调查中的责任和义务有哪些? … (43)
第三章 企业内部组织和业务架构的调整 ………… (44)
54. 企业内部组织和业务架构设计应遵循哪些原

则？ …………………………………………… （44）
55. 什么是分公司、子公司？ ……………………… （45）
56. 什么叫参股公司？其收益如何计入拟上市公司的业绩？对拟上市公司可能构成什么影响？ … （45）
57. 什么是控股子公司？如何合并财务报表？ …… （46）

第四章 企业规范运作与重组 ………………………… （47）

58. 拟上市企业在规范运作方面应满足哪些要求？ … （47）
59. 拟上市企业在法律规范方面应包括哪些内容？ … （48）
60. 拟上市企业在财务规范方面应包括哪些内容？ … （49）
61. 改制上市一定要重组吗？……………………… （49）
62. 拟上市公司和中介机构之间如何协调工作安排？ …………………………………………… （49）

第五章 设立股份有限公司 …………………………… （51）

63. 设立股份有限公司是必需的吗？ ……………… （51）
64. 设立股份有限公司应具备哪些条件？ ………… （51）
65. 股份有限公司有哪些设立方式？ ……………… （52）
66. 以发起方式设立股份有限公司需要经过哪些程序？ …………………………………………… （52）
67. 以募集设立方式设立股份有限公司需要经过哪些程序？ ………………………………………… （53）
68. 拟上市公司需要在公司治理方面做出哪些改变？ …………………………………………… （53）
69. 如何选择设立股份有限公司的时点？ ………… （54）
70. 改制对企业运作有何影响？ …………………… （54）
71. 上市协调事项主要涉及哪些政府部门？ ……… （54）
72. 为上市而设立的股份有限公司应达到哪些要求？ …………………………………………… （55）
73. 如何设计股本规模？ …………………………… （56）
74. 非公司制的国有股份应如何折股？ …………… （56）

75. 外商投资企业改制需要哪些特别注意事项？ …（57）
76. 改制后股份公司可以增资或股权转让吗？ ……（57）

第三部分 股票发行申报材料制作和审核原则与流程

第一章 发行申报材料的制作 ……（61）
77. 制作发行申请文件需要做哪些准备？ ……（61）
78. 发行上市申请文件包括哪些内容？ ……（61）
79. 招股说明书主要包括哪些内容？ ……（63）
80. 招股说明书信息披露的特殊规定主要包括哪些方面？ ……（64）
81. 哪些情形可以申请招股说明书豁免披露？ ……（65）
82. 盈利预测报告是不是申请材料的必备文件？ …（65）
83. 纳税申报资料包括哪些内容？ ……（66）
84. 曾经发行过内部职工股企业的申请文件有何特殊要求？ ……（66）
85. 发行上市申请文件格式有哪些要求？ ……（67）
86. 上市申请文件对原件及复印件的报送有何要求？ ……（67）
87. 如何理解招股说明书具有可读性和可理解性？ …（68）
88. 招股说明书引用相关意见、数据或有外文译本的，应符合哪些要求？ ……（68）
89. 招股说明书及其引用的财务报告的有效期如何？ ……（69）
90. 报送发行上市申请文件需要注意哪些问题？ …（69）

第二章 发行审核原则与流程 ……（70）
91. 中国证监会对于发行审核有哪些责任？ ……（70）
92. 创业板企业首次公开发行的审核机构有哪些？ …（71）
93. 上市委员会的工作职责是什么？ ……（71）

94. 上市委员会是如何组成的？ …………………… （71）
95. 上市委员会委员应当符合哪些条件？ ………… （71）
96. 聘任上市委员会委员的程序是怎样的？ ……… （72）
97. 上市委员会委员的任期是多长时间？ ………… （72）
98. 上市委员会委员有哪些情形，深交所予以解聘？ …………………………………………… （72）
99. 上市委员会委员应履行哪些职责？ …………… （73）
100. 上市委员会委员是否可以委托他人代为出席？…… （73）
101. 上市委员会委员履行职责时，哪些情形应当回避？ ………………………………………… （73）
102. 上市委员会秘书处负责处理哪些具体事务？ …… （74）
103. 咨询委员会专家库如何组成？ ………………… （74）
104. 咨询委员会专家库的工作职责有哪些？ ……… （74）
105. 专家库专家应当具备哪些条件？ ……………… （74）
106. 专家库专家有哪些情形之一的，深交所予以解聘？ ………………………………………… （75）
107. 专家库专家就哪些事项提供咨询意见？ ……… （75）
108. 专家库专家提供咨询意见时有哪些情形之一的，应当回避？ ……………………………… （75）
109. 发行上市注册程序有哪些？ …………………… （76）
110. 交易所在提高审核工作透明度方面有哪些举措？ …………………………………………… （76）
111. 董事会决议包括哪些事项？ …………………… （77）
112. 股东大会决议包括哪些事项？ ………………… （77）
113. 发行上市受理流程如何？ ……………………… （77）
114. 首发申请审核主要环节有哪些？ ……………… （78）
115. 发行条件审核应重点关注哪些方面？ ………… （79）
116. 信息披露审核应重点关注哪些方面？ ………… （80）
117. 审核过程中企业应注意哪些问题？ …………… （80）
118. 更换中介机构及中介人员的处理程序是怎样的？ …………………………………………… （81）

119. 中介机构及中介人员被行政机关调查的处理程序是怎样的？ …………………………………（82）
120. 哪些情形需要中介机构履行复核程序，如何履行复核程序？ …………………………………（83）
121. 中止审查的情形有哪些？ ……………………（83）
122. 中止审查的程序有哪些？ ……………………（84）
123. 中止审查事项消失后，恢复审查需履行哪些程序？ ……………………………………………（84）
124. 终止审查的情形有哪些？ ……………………（85）
125. 未获核准的企业何时可以再次报送申请材料？……（86）
126. 上市委员会会议审议如何进行？ ……………（86）
127. 上市委员会复审会议如何进行？ ……………（87）
128. 申请注册需要关注哪些事项？ ………………（87）

第四部分　股票发行审核——市场定位

129. 创业板主要服务什么类型的企业？ …………（91）
130. 创业板行业负面清单中包含哪些行业？ ………（91）
131. 如何理解创业板支持传统产业与新技术、新产业、新业态、新模式深度融合？ …………（91）
132. 发行人如果对自身是否属于创业板支持的行业存在疑问，应如何咨询？ ……………………（92）
133. 行业负面清单是否会对已申报企业产生影响？……（92）

第五部分　股票发行审核——法律问题

第一章　股权清晰 ……………………………………………（95）

134. 什么是发起人？有何要求？ …………………（95）
135. 哪些自然人不能成为拟上市公司股东？ ………（95）
136. 哪些主体不能成为拟上市公司股东？ …………（99）

137. 为什么不受理职工持股会及工会持股公司IPO申请？ …………………………………… (101)
138. 公司型及合伙型私募股权基金成为拟上市公司的发起人或股东需满足哪些要求？ ………… (102)
139. 新三板企业IPO涉及的“三类股东”问题监管要求有哪些？ ……………………………… (102)
140. 发行人为新三板挂牌、摘牌公司、H股公司，或者涉及境外分拆、退市的，应注意哪些事项？ ………………………………………………… (103)
141. 股东超过200人的非上市公众公司IPO应满足什么要求？ ………………………………… (103)
142. 股东超过200人但符合法律规定的情形有哪些？ ………………………………………… (104)
143. 对于历史上涉及人数较多的自然人股东应主要关注哪些方面？ ……………………………… (105)
144. 股权代持如何清理？ ……………………………… (106)
145. 对赌协议如何处理？ ……………………………… (106)
146. 首发申报前实施员工持股计划应当符合哪些要求？ ……………………………………… (107)
147. 发行人首发申报前制订、上市后实施的期权激励计划应当符合哪些要求？ ………………… (108)
148. 出现股权被质押等不确定性事项的，应当如何判断是否影响发行条件？ ……………………… (108)
149. 发行人股权转让应注意哪些问题？ ………… (109)
150. 引进新股东应注意哪些问题？ ……………… (109)

第二章 出资问题 ………………………………… (112)

151. 注册资本缴纳有何要求？ …………………… (112)
152. 出资方式有哪些？ ………………………… (112)
153. 出资程序有何要求？ ……………………… (113)
154. 注册资本足额缴纳有何具体要求？ ………… (113)

155. 注册资本未足额缴纳的表现形式有哪些？ …… (114)
156. 有限责任公司整体变更股份有限公司时，应依据什么折股？ …… (114)
157. 如何处理委托出资和代出资问题？ …… (114)
158. 注册资本未足额缴纳的解决思路有哪些？ …… (115)
159. 非货币财产出资应注意哪些问题？ …… (115)
160. 股权出资应注意哪些问题？ …… (116)
161. 债权出资有何要求？ …… (117)
162. 无形资产出资应注意哪些问题？ …… (118)
163. 对发行人是国有企业、集体企业改制而来的或历史上存在挂靠集体组织经营的企业有何要求？ …… (118)
164. 发行人部分资产来自上市公司的应关注哪些问题？ …… (119)
165. 土地使用权的审核应关注哪些方面？ …… (119)

第三章　国有企业、集体企业改制 …… (121)

166. 国有企业改制应注意哪些问题？ …… (121)
167. 什么是国有股东？ …… (121)
168. 国有资产折股应符合什么要求？ …… (122)
169. 国有资产折股资产评估日和设立登记日之间的损益如何处置？ …… (122)
170. 国有股转持有何要求？ …… (123)
171. 集体企业改制应注意哪些问题？ …… (125)
172. “红帽子”企业“摘帽”应注意哪些问题？ …… (125)
173. 集体资产量化或奖励给个人应注意哪些问题？ …… (127)
174. 引入政府引导基金需关注哪些问题？ …… (128)

第四章　公司治理 …… (129)

第一节　组织机构与公司章程 …… (129)
175. 股份有限公司应设立哪些组织机构？ …… (129)

176. 股份有限公司章程应当载明哪些事项? ……… (129)
177. 修改公司章程应注意哪些事项? ……………… (130)
178. 国有上市公司章程中如何设置党建条款? …… (130)
第二节 股东大会 ……………………………………… (131)
179. 股东大会有哪些职权? ………………………… (131)
180. 股东大会会议由何人召集和主持? …………… (131)
181. 对股东大会的会议通知时间有何要求? ……… (132)
182. 在哪些情形下应当在两个月内召开临时股东大会? ……………………………………… (132)
183. 单独或者合计持有公司10%以上股份的股东请求的临时股东大会程序是怎样的? ………… (132)
184. 公司股东大会临时提案如何提出? …………… (133)
185. 股东大会决议在什么情况下生效? …………… (133)
186. 公司股东大会特殊决议事项有哪些? 普通决议事项有哪些? …………………………………… (134)
187. 表决权差异安排设置要求有哪些? …………… (135)
第三节 董事会和监事会 ……………………………… (137)
188. 股份有限公司董事会有哪些职权? …………… (137)
189. 股份有限公司董事是如何产生的? 任期如何? ……………………………………………… (137)
190. 股份有限公司董事长是如何产生的? 董事长有哪些职权? …………………………………… (137)
191. 股份有限公司谁可以提议召开临时董事会会议? ………………………………………………… (138)
192. 股份有限公司董事会会议由谁召集和主持? …… (138)
193. 股份有限公司董事会会议必须有多少位董事参加才能举行? 多少董事同意才生效? ……… (138)
194. 公司董事会决议表决方式有哪些? …………… (139)
195. 在什么情况下董事应回避表决? ……………… (139)
196. 董事能否委托他人出席董事会? ……………… (140)
197. 董事会运作应注意哪些事项? ………………… (140)

198. 独立董事主要有哪些作用？ …………………… (141)
199. 独立董事需发表独立意见的事项有哪些？ …… (142)
200. 何种情况下独立董事需要出具事先认可意见？ …………………………………………………… (142)
201. 董事会设立专门委员会有何要求？ …………… (142)
202. 公司监事会如何组成？其职权范围是什么？ …… (143)
203. 监事会由何人召集和主持？ …………………… (144)
204. 股份有限公司监事会运作中应注意哪些事项？ …………………………………………………… (144)
第四节 董事、监事和高管任职资格、责任与权利 …… (145)
205. 董事、监事、经理任职资格有哪些？不具备任职资格该如何处理？ ………………………… (145)
206. 对发行人高管任职有何规定？ ………………… (145)
207. 董事的法定义务和责任有哪些？ …………… (146)
208. 监事的法定义务和责任有哪些？ …………… (148)
209. 经理的法定义务和责任有哪些？ …………… (148)
210. 独立董事的任职资格有什么特殊要求？谁可以提名独立董事？ ………………………………… (149)
211. 独立董事的权利义务是什么？ ……………… (151)
212. 董事会秘书如何产生？有什么职责？ ……… (151)
213.《刑法》对上市公司的董事、监事、高级管理人员行为有何规定？ ………………………… (152)
214. 高级管理人员兼职应符合什么要求？ ……… (153)
215. 如何认定拟上市公司董事、高级管理人员有无重大不利变化？ ……………………………… (154)
216. 何为竞业禁止？竞业禁止的影响有哪些？ …… (154)
第五节 内部控制 ……………………………………… (155)
217. 如何把握财务内控不规范对 IPO 的影响？ …… (155)
218. 发行人申报前的报告期内存在内控不规范情形，中介机构一般需核查哪些方面？ ……… (156)
219. 如何理解财务报告内部控制和非财务报告内

部控制？ …………………………………………… （156）
220. 非财务报告内部控制缺陷包括哪些方面？ …… （157）
221. 如何认定非财务报告内部控制缺陷？ ………… （157）
222. 存在董事、监事或高级管理人员舞弊行为是否属于非财务报告内部控制缺陷？ …………… （158）
223. 存在非财务报告内部控制缺陷是否会影响审计报告的意见类型？ ……………………………… （158）
224. 公司设立内部审计部门有何要求？ …………… （159）
225. 对控股子公司的管理控制包括哪些内容？ …… （160）
226. 如何协调好内部控制与其他管理体系的关系？ ……………………………………………… （161）

第五章 资产权属 ……………………………………… （162）

227. 如何判断发明创造是否属于职务发明创造？ …… （162）
228. 发行人的部分资产来自上市公司分拆的，应关注哪些问题？ …………………………………… （162）
229. 租赁控股股东、实际控制人房产或商标专利的，应说明哪些问题？ ………………………… （163）

第六章 控股股东与实际控制人 ……………………… （164）

230. 什么是控股股东和实际控制人？ ……………… （164）
231. 要求实际控制人没有发生变更的立法意图是什么？ ………………………………………… （164）
232. 控股股东、实际控制人所持股票锁定期要求是什么？ ………………………………………… （164）
233. 如何认定实际控制人？ ………………………… （165）
234. 主张多人共同拥有公司控制权应当符合什么条件？ ………………………………………… （166）
235. 共同控制的情况下如何判断控制权是否发生变化？ ………………………………………… （166）
236. 发行人控股股东或实际控制人位于境外的，

应关注哪些问题？ …………………………… (167)
237. 国资无偿划转，在什么情况下可视为公司控制权没有发生变更？ …………………… (167)

第七章　业务重组与主营业务变化 …………… (168)

238. 同一控制下业务重组符合什么条件可视为主营业务没有发生重大变化？ ………………… (168)
239. 同一控制下业务重组的发行人申请 IPO 有何要求？ ……………………………………… (168)
240. 非同一控制下的业务重组应关注哪些问题？ ………………………………………… (169)
241. 非同一控制下的业务重组是否引起主营业务重大变化的判断原则是什么？ …………… (170)

第八章　违法违规 ……………………………… (171)

242. 重大违法行为审核标准是什么？ …………… (171)
243. 三年前的违法违规行为是否影响上市？ ……… (172)
244. 对发行人环保问题有何要求？ ……………… (172)
245. 对发行人劳动与社会保障问题有何要求？ …… (173)
246. 如何规范发行人劳务派遣用工问题？ ………… (173)
247. 对拟 IPO 企业的劳务外包需要关注哪些方面的内容？ ……………………………… (173)

第九章　独立性 ………………………………… (175)

248. 什么是发行人的独立性？ ………………… (175)
249. 什么是资产完整？ ………………………… (175)
250. 什么是业务独立？ ………………………… (176)
251. 什么是财务独立？ ………………………… (176)
252. 什么是人员独立？ ………………………… (177)
253. 什么是机构独立？ ………………………… (177)
254. 公司控股股东的资产质量是否会影响公司

上市？ …………………………………………… （178）
255. 为什么公司整体上市有助于解决独立性问题？ …………………………………………… （178）

第十章　同业竞争 …………………………………………… （180）

256. 什么是同业？什么是同业竞争？ ……………… （180）
257. 如何界定同业？ ………………………………… （180）
258. 为何要对同业竞争进行监管？ ………………… （181）
259. 与发行人构成同业竞争的主体包括哪些？ …… （181）
260. 如何判断相关主体是否与发行人构成同业竞争？ …………………………………………… （181）
261. 发行人如果存在同业竞争问题，能否申请上市？ …………………………………………… （182）
262. 如何判断同业竞争是否对发行人构成重大不利影响？ ……………………………………… （182）
263. 解决同业竞争问题的途径有哪些？ …………… （182）
264. 仅由构成同业竞争的主体出具承诺函是否足够？ …………………………………………… （184）
265. 如果发行人的董事、高级管理人员同时为发行人的股东，其所控制的企业从事与发行人相同、相似的业务，这对上市有无影响？ …… （184）

第十一章　关联交易 ………………………………… （185）

266. 什么是关联关系？ ……………………………… （185）
267. 什么是关联方？ ………………………………… （185）
268. 什么是上市公司关联法人和关联自然人？ …… （186）
269. 什么是关联交易？关联交易主要有哪些类型？ …………………………………………… （187）
270. 为什么 IPO 审核时要关注关联方和关联交易？ …………………………………………… （187）
271. 关联方核查有何要求？需要关注哪些事项？ …… （188）

272. 关联交易的审核关注要点是什么？ …………… (189)
273. 规范关联交易的基本原则和方式是什么？ …… (192)
274. 什么是关联交易非关联化？ ………………… (193)
275. 为股东、关联公司提供担保有何要求？ ……… (194)
276. 发行人与其控股股东、实际控制人或董事、监事、高级管理人员存在共同投资的，应关注什么？ ……………………………… (195)
277. 发行人与关联方资金往来应该遵循哪些规定？ ………………………………………… (196)

第十二章　募集资金使用 ………………………… (198)

278. 创业板对募集资金使用有哪些规定？ ………… (198)
279. 募投项目的核准、备案有什么规定？ ………… (198)
280. 募集资金能否用于持有金融资产和财务性投资？ ………………………………………… (199)
281. 为什么要求募集资金数额和投资项目与发行人现有情况相适应？ ………………………… (199)
282. 为什么募集资金使用要符合国家产业政策？ …… (199)
283. 募集资金使用项目与发行人是否需要环保核查？ ………………………………………… (200)
284. 募集资金使用土地应关注什么问题？ ………… (200)
285. 为什么要关注募投项目产生的同业竞争及独立性问题？ …………………………………… (201)
286. 募集资金的使用是否一定要反映公司的发展战略和竞争优势？ ……………………………… (201)

第六部分　股票发行审核——财务问题

第一章　总体要求 ………………………………… (205)

287. IPO 对企业财务规范性有何要求？ …………… (205)

288. IPO 财务审核有何特点？ …………………………（205）
289. 中国证监会财务专项检查工作的开展情况如何？ ………………………………………………（206）
290. 保荐机构与会计师对发行人进行财务检查应重点关注哪些事项？ ……………………………（207）

第二章 申报财务会计资料的一般事项 ……………（209）

291. 会计师需出具哪些文件？ …………………………（209）
292. 发行人应提交哪些与财务会计资料相关的其他文件？ ………………………………………（209）
293. 非经常性损益包括哪些项目？ ……………………（210）
294. 首发企业应该何时提交经审阅的季度报告？ …（211）

第三章 会计处理问题 ……………………………（213）

295. 收入确认应满足什么条件？ ……………………（213）
296. 收入应该按照总额还是净额确认？ ……………（214）
297. BOT 合同的收入如何确认？ ……………………（215）
298. 涉及或有收入如何确认收入？ …………………（216）
299. 采用完工百分比法或者履约进度确认收入应注意哪些要点？ ………………………………（216）
300. 放映业务首发企业票房收入确认及放映业务成本归集核算方法如何把握？ ………………（217）
301. 按照受托加工或委托加工业务处理，还是按照独立购销业务处理？ …………………………（218）
302. 申请首发企业应于何时开始执行新收入准则？应如何做好执行新收入准则的衔接？ ………（219）
303. 判断应收款项计提坏账准备是否充分，应关注哪些要点？ …………………………………（220）
304. 研发费用中介机构核查要求有哪些？ …………（220）
305. 什么是股份支付？哪些情形适用股份支付？ …（220）
306. 股份支付如何进行会计处理？ …………………（221）

307. 股份支付披露与核查需要关注哪些要点？ …… （222）
308. 申请境内发行上市的红筹企业如存在协议控制或类似特殊安排，在与合并报表编制相关的信息披露和核查方面有哪些要求？ ………… （222）
309. 政府补助的会计处理和披露应注意哪些问题？ …………………………………………… （223）
310. 会计政策、会计估计变更以及会计差错更正是否影响企业首发上市申请？ ………………… （224）

第四章　财务真实性问题 ……………………………… （226）

311. 财务操纵的会计方法和非会计方法主要包括哪些手段？ ……………………………………… （226）
312. 应如何把握财务信息与非财务信息的相互印证及衔接？ ……………………………………… （227）
313. 如何把握首发企业申报期内的盈利增长情况和异常交易？ ………………………………… （227）
314. 如何关注可能操纵利润的异常财务信息？ …… （229）
315. 保荐机构和会计师事务所核查发行人收入应关注哪些要点？ ……………………………… （229）
316. 经销商模式下的收入确认，发行人及中介机构应关注哪些方面？ ………………………… （231）
317. 保荐机构和会计师事务所核查发行人成本应关注哪些要点？ ……………………………… （232）
318. 首发企业主要客户和供应商（含外协加工商）核查，应关注哪些要点？ ………………… （233）
319. 毛利率分析应注意哪些问题？ ……………………… （234）
320. 管理费用核查应关注哪些要点？ ………………… （235）
321. 销售费用核查应关注哪些要点？ ………………… （236）
322. 研发费用核查应关注哪些要点？ ………………… （236）
323. 职工薪酬核查应关注哪些要点？ ………………… （237）
324. 对于首发企业劳务外包的情形，中介机构需

重点关注哪些方面？ …………………… (238)
325. 对于首发企业货币资金真实性的核查，应关注哪些要点？ …………………… (238)
326. 对于主要通过互联网开展业务的申请首发企业，保荐机构和申报会计师在信息系统核查方面，应做好哪些工作？ …………………… (239)
327. 保荐机构和申报会计师在充分评估和合理保证发行人财务报表不存在重大错报风险时，对发行人相关银行账户资金流水进行核查，应关注哪些方面？ …………………… (241)

第五章 财务规范性问题 …………………… (244)

328. 企业经营活动不规范导致的财务规范问题主要表现在哪些方面？ …………………… (244)
329. 不按会计准则及相关解释要求进行会计处理导致的财务不规范问题主要表现在哪些方面？ …………………… (244)
330. 为解决财务规范问题，拟上市企业应从哪些方面入手？ …………………… (245)
331. 首发企业如何把握会计基础工作规范？ ……… (245)
332. 首发企业如何把握财务的独立性？ …………… (246)
333. 企业正常经营中发生的现金销售或现金采购，通常符合哪些条件会被认为具备合理性？ …… (247)
334. 报告期存在现金交易，保荐机构及申报会计师通常应关注并核查哪些方面？ …………… (247)
335. 何为第三方回款？如何认定第三方回款的必要性及商业合理性？ …………………… (248)
336. 发行人报告期存在第三方回款，保荐机构及会计师应重点核查哪些方面？ …………… (249)
337. 申报期之前的税务风险如何应对？ …………… (249)
338. 对税收优惠应如何把握？ …………………… (250)

339. 针对申报期纳税情况，需提交哪些文件？ …… (251)
340. 发行人报告期内因纳税问题受到税收征管部门处罚，应如何处理？ …… (251)
341. 个人转让股权应如何缴纳个人所得税？ …… (251)
342. 企业改制时投入土地及其地面建筑物是否可以减免土地增值税？ …… (253)
343. 个人以非货币性资产出资时如何缴纳所得税？ …… (254)
344. 企业以非货币性资产出资时如何缴纳所得税？ …… (255)
345. 转增股本个人股东如何缴纳个人所得税？ …… (255)
346. 如何确保税收优惠政策的合法性？ …… (257)
347. 税收优惠政策不合法会产生哪些问题？ …… (257)
348. 对于发行人、实际控制人尚未缴纳整体变更涉及的个人所得税的，如何掌握？ …… (258)
349. 个人股东将所持拟上市公司股权转让给自己的控股子公司，是否需要缴纳个人所得税？ …… (258)
350. 上市后个人股东转让 IPO 前持有的股份应缴纳哪些税费？ …… (259)
351. 上市后企业法人股东转让 IPO 前持有的股份应缴纳哪些税费？ …… (259)
352. 外商投资企业如何补缴以前年度减免所得税？ …… (260)
353.《刑法》有关纳税方面违法犯罪有什么规定？ …… (260)
354. 企业改制时投入的土地及其地面建筑物是否可以减免契税？ …… (261)
355. 报告期内有哪些发票合规问题需要注意？ …… (263)
356. 报告期内重要子公司的纳税问题是否需要注意？ …… (264)
357. IPO 对企业内部控制有何要求？ …… (264)

358. 拟 IPO 公司的内部控制应满足哪些要求？ …… (265)
359. 常见的财务内控不规范的情形有哪些？ ……… (265)
360. 如何保证财务内控的有效性？ ………………… (265)
361. 中介机构对发行人财务内控不规范情形及整改纠正、运行情况的核查，一般需注意哪些方面？ …………………………………… (266)
362. 内部控制的基本要素有哪些？ ………………… (267)
363. 内部控制措施包括哪些？ ……………………… (268)
364. 建立内部控制应遵循哪些基本原则？ ………… (269)

第六章 盈利相关问题 ………………………… (271)

365. IPO 对企业盈利能力有何要求？ ……………… (271)
366. 针对部分申请创业板上市的企业尚未盈利或最近一期存在累计未弥补亏损的情形，在核查方面有什么特别要求？ …………………… (272)
367. 盈利预测的编制有何要求？ …………………… (272)
368. 利润实现数未达到盈利预测会受到什么处罚？ ………………………………………… (273)
369. 如何评判发行人是否对关联方或者存在重大不确定性的客户存在重大依赖或者出现客户集中度较高情形的影响？ …………………… (273)
370. 如何判断发行人最近一个会计年度的净利润主要来自合并财务报表范围以外的投资收益？ …… (274)
371. 中介机构应重点关注发行人的哪些影响其持续经营能力的情形？ ………………………… (275)
372. 如何核查和判断发行人是否存在影响持续经营能力的重要情形？ ………………………… (276)
373. 发行人利润主要来源于子公司的审核关注点是什么？ ………………………………………… (276)
374. 保荐机构和会计师事务所应核查发行人收入的真实性和准确性，包括哪些方面？ ………… (277)

375. 保荐机构和会计师事务所应核查发行人成本的准确性和完整性，包括哪些方面？ …………（278）
376. 保荐机构和会计师事务所应核查发行人期间费用的准确性和完整性，包括哪些方面？ ……（279）
377. 保荐机构和会计师事务所应核查影响发行人净利润的项目，包括哪些方面？ ………………（279）

第七部分 股票发行审核——信息披露

第一章 信息披露的要求 ………………………………（283）

378. 发行人在信息披露方面应做什么？ ……………（283）
379. 发行人的控股股东、实际控制人、董事、监事、高级管理人员等相关主体在信息披露方面应做什么？ ……………………………………（283）
380. 保荐机构及其保荐代表人在信息披露方面应做什么？ ……………………………………（283）
381. 会计师事务所、律师事务所等证券服务机构及相关人员在信息披露方面应做什么？ ………（284）

第二章 信息披露的审核 ………………………………（285）

382. 信息披露审核方式是什么？ ……………………（285）
383. 信息披露审核关注重点是什么？ ………………（285）
384. 信息披露审核重要性原则是什么？ ……………（285）
385. 信息披露审核一致性原则是什么？ ……………（285）
386. 信息披露审核简明性原则是什么？ ……………（286）
387. 在审核问询中，深交所可能提出哪些要求？ …（286）

第三章 招股说明书披露要点 …………………………（287）

388. 创业板招股说明书主要披露哪些内容？ ………（287）
389. 创业板招股说明书的发行基本情况应披露哪

些主要内容？ …………………………………… (287)
390. 创业板招股说明书如何披露发行人的风险因素？ …………………………………………… (288)
391. 发行人已在其他证券市场上市或挂牌的，如何进行披露？ …………………………………… (289)
392. 创业板招股说明书对控股股东、实际控制人的披露有何要求？ ……………………………… (289)
393. 创业板招股说明书在披露发行人的主营业务、主要产品或服务方面有何要求？ ……………… (290)
394. 创业板招股说明书如何披露发行人的行业竞争状况？ ……………………………………… (290)
395. 创业板招股说明书对发行人的销售情况和主要客户有何披露要求？ ………………………… (291)
396. 创业板招股说明书对发行人的采购情况和主要供应商有何披露要求？ ……………………… (291)
397. 创业板招股说明书对发行人的核心技术方面有何披露要求？ ……………………………… (291)
398. 创业板招股说明书就发行人的独立性方面需披露哪些内容？ ……………………………… (292)
399. 创业板招股说明书关于同业竞争需要做哪些披露？ ………………………………………… (293)
400. 创业板招股说明书关于关联交易需要做哪些披露？ ………………………………………… (293)
401. 创业板招股说明书需披露发行人的哪些主要财务指标？ …………………………………… (294)
402. 创业板招股说明书如何披露管理层分析的内容？ …………………………………………… (294)
403. 创业板招股说明书在募集资金方面需披露哪些内容？ ……………………………………… (295)
404. 创业板招股说明书在股利分配政策方面需披露哪些内容？ ………………………………… (295)

405. 创业板招股说明书应披露重要合同的哪些内容？ …………………………………………（295）
406. 创业板招股说明书应披露对外担保的哪些情况？ …………………………………………（296）
407. 创业板招股说明书应披露哪些诉讼和仲裁事项？ …………………………………………（296）
408. 创业板招股说明书应披露的附件主要包括哪些内容？ ………………………………………（297）
409. 创业板招股说明书披露的与投资者保护相关的承诺有哪些？ …………………………………（297）

第四章　发行上市保荐书披露要点 ……………………（298）

410. 发行保荐书主要披露哪些内容？发行保荐书和保荐工作报告之间的关系是怎样的？ ………（298）
411. 发行保荐书应披露保荐代表人、项目协办人等人的哪些信息？ ………………………………（298）
412. 发行保荐书应披露发行人的哪些信息？ ………（299）
413. 发行保荐书应披露发行人与保荐机构的哪些关系？ …………………………………………（299）
414. 发行保荐书应如何披露保荐机构的推荐意见？ …………………………………………（299）
415. 上市保荐书应披露发行人的哪些内容？ ………（300）
416. 上市保荐书如何披露保荐机构所履行的内部程序及承诺？ ………………………………（300）
417. 上市保荐书如何就发行人符合上市标准进行披露？ …………………………………………（300）
418. 上市保荐书应如何披露发行人上市之后持续督导安排？ ………………………………（301）
419. 发行人情况发生变化的，应如何在上市保荐书中进行披露？ ……………………………（301）
420. 保荐机构哪些人员需在上市保荐书中签字？ ……（301）

第五章　法律意见书披露要点 …………………………（302）

421. 法律意见书有哪些披露要点？ ……………………（302）
422. 发行上市的批准和授权应披露哪些内容？ ……（303）
423. 发行人发行股票的主体资格应披露哪些内容？ ……………………………………………………（303）
424. 发行人的设立应披露哪些内容？ ………………（303）
425. 发行人的独立性应披露哪些内容？ ……………（303）
426. 发行人的发起人和股东应披露哪些内容？ ……（304）
427. 发行人的股本及演变应披露哪些内容？ ………（304）
428. 发行人的业务应披露哪些内容？ ………………（304）
429. 关联交易及同业竞争应披露哪些内容？ ………（305）
430. 发行人的主要财产应披露哪些内容？ …………（305）
431. 发行人的重大债权债务应披露哪些内容？ ……（306）
432. 发行人重大资产变化及收购兼并应披露哪些内容？ ……………………………………………（306）
433. 发行人章程的制定与修改应披露哪些内容？ ……（307）
434. 发行人股东大会、董事会、监事会议事规则及规范运作应披露哪些内容？ ………………（307）
435. 发行人董事、监事和高级管理人员及其变化应披露哪些内容？ ……………………………（307）
436. 发行人在税务方面应披露哪些内容？ …………（308）
437. 发行人在环境保护和产品质量、技术标准等方面应披露哪些内容？ ……………………（308）
438. 发行人在劳动社保和住房公积金方面应披露哪些内容？ …………………………………（308）
439. 发行人在募集资金的运用方面应披露哪些内容？ ……………………………………………（308）
440. 发行人在业务发展目标方面应披露哪些内容？ ……………………………………………（309）
441. 发行人在诉讼、仲裁或行政处罚方面应披露

哪些内容？ …………………………………… (309)

第六章 财务报表及审计报告披露要点 …………… (310)

442. 发行人应披露哪些与盈利能力及净利润相关的信息？ …………………………………… (310)
443. 发行人上市时尚未盈利或存在累计未弥补亏损的，需要补充哪些信息披露？ ……………… (311)
444. 如何做好与研发支出相关的信息披露？ ……… (313)
445. 如何做好与合并报表编制相关的信息披露？ … (314)

第八部分 发行与承销、持续监管

第一章 发行与承销 …………………………………… (319)

446. 新股发行时间有何要求？ ……………………… (319)
447. 新股发行包括哪些程序？ ……………………… (319)
448. 什么是发行失败？ ……………………………… (320)
449. 哪些情形下发行人应当中止发行？ …………… (320)
450. 什么是承销？主要有哪些方式？ ……………… (320)
451. 投资价值研究报告应满足哪些具体要求？ …… (321)
452. 投资价值研究报告应当包括哪些内容？ ……… (322)
453. 什么是战略投资者？战略投资者参与新股配售有什么要求？ ……………………………… (323)
454. 参与发行人战略配售的投资者主要包括哪些？ ……………………………………………… (323)
455. 发行人的高级管理人员和核心员工能否参与新股配售？有何具体要求？ ……………………… (324)
456. 保荐机构相关子公司跟投有哪些要求？ ……… (324)
457. 保荐机构子公司跟投的比例有何具体要求？ … (325)
458. 首次公开发行股票初始登记业务规定有哪些？ ……………………………………………… (325)

459. 发行人办理首次公开发行股票初始登记及上市总体流程是怎样的？ …………………… (326)
460. 发行人申请办理创业板股票初始登记的，应当提供哪些申请文件？ …………………… (326)
461. 如何进行询价？ ………………………………… (327)
462. 获中国证监会同意注册后，如何启动发行工作？ ……………………………………… (327)
463. 发行承销涉嫌违法违规或者存在异常情形的如何处理？ ……………………………… (327)

第二章 监督管理与法律责任 …………………… (328)

464. 中国证监会以信息披露为中心的注册制规则体系包括哪些内容？ …………………… (328)
465. 中国证监会有哪些监督管理举措？ ………… (328)
466. 深交所有哪些监督管理举措？ …………… (329)
467. 发行人的法律责任有哪些？ ……………… (329)
468. 保荐机构的法律责任有哪些？ …………… (331)
469. 证券服务机构的法律责任有哪些？ ………… (332)

第三章 持续监管 ………………………………… (334)

第一节 基本要求 ………………………………… (334)
470. 创业板对上市公司治理有何要求？ ………… (334)
471. 创业板信息披露有何要求？ ……………… (335)
472. 创业板公司股份减持有何规定？ ………… (336)
473. 上市公司实施重大资产重组需要注意哪些事项？ ……………………………………… (336)
474. 上市公司实施股权激励应当遵守哪些规定？ …… (337)
475. 募集资金管理有何要求？ ………………… (338)
第二节 再融资 …………………………………… (338)
476. 创业板再融资制度遵循哪些原则？ ………… (338)
477. 创业板上市公司向不特定对象发行股票有哪

些条件？ …………………………………………… (339)
478. 创业板上市公司向特定对象发行股票有哪些条件？ …………………………………………… (339)
479. 创业板上市公司发行可转债有哪些条件？ …… (340)
480. 创业板再融资募集资金使用有何要求？ ……… (340)
481. 创业板再融资需要哪些程序？ ………………… (340)
482. 创业板再融资发行承销与保荐的特别规定主要包括哪些内容？ ………………………………… (341)
483. 深交所创业板再融资审核规则主要包括哪些内容？ …………………………………………… (342)
第三节 并购重组 ……………………………………… (343)
484. 重组标准与条件是什么？ ……………………… (343)
485. 重组各方信息披露要求？ ……………………… (343)
486. 重组审核内容与方式？ ………………………… (344)
487. 重组审核程序包括哪些主要环节？ …………… (344)
488. 重组审核中要关注哪些事项？ ………………… (344)
489. 上市实施重大资产重组后持续督导有何规定？…… (345)
490. 自律监管措施有哪些？ ………………………… (345)

附件 1 部分法规简称 ……………………………………… (346)
附件 2 注册制下创业板首批上市 18 家公司概况 …………… (347)
后记 ……………………………………………………… (350)

第一部分
股票发行上市基础知识

第一章
创业板发展历程及注册制改革

1. 创业板的筹备及设立（1998—2009 年）主要历程有哪些？

（1）创业板市场的顶层设计。

1998 年 8 月，时任中国证监会主席周正庆视察深交所，提出要充分发挥证券市场功能，支持科技成果转化为生产力，在证券市场形成高科技板块。

1998 年 12 月，国家发展计划委员会向国务院提出，“尽早研究设立创业板块股票市场问题”，国务院要求中国证监会提出研究意见。

1999 年 1 月，深交所向中国证监会正式呈送《关于进行成长板市场的方案研究的立项报告》，并附送实施方案。

1999 年 3 月，中国证监会第一次明确提出，“可以考虑在沪深证券交易所内设立科技企业板块”。

2000 年 4 月，中国证监会向国务院报送《关于支持高新技术企业发展设立二板市场有关问题的请示》，就二板市场的设立方案、发行上市条件、上市对象、股票流通以及风险控制措施等问题提出了意见。

2000 年 5 月，国务院讨论中国证监会关于设立二板市场的请示，原则上同意中国证监会意见，将二板市场定名为创业板市场。

2000 年 8 月，经国务院同意，中国证监会决定由深交所承担创业板市场筹备任务，深交所成立创业板筹备工作领导小组，创业板筹备工作全面启动。

2000 年 9 月，深交所设立创业板市场发展战略委员会、国际专家委员会两个专门委员会和发行上市部等八个职能部门，标志着创业板市场的组织体系基本建立。

2000 年 10 月，深交所举办首期创业板拟上市企业培训班；2001 年 4 月，深交所成立创业企业培训中心。

（2）创业板市场的暂缓推进与恢复。

2001 年，以纳斯达克市场为代表的全球科技股泡沫破灭，海外创业板市场纷纷失败或步入低谷，在中国建设创业板市场备受质疑。2001 年 11 月 7 日，朱镕基总理表示，吸取中国香港与世界其他市场的经验，把主板市场整顿好后，再推出创业板市场。在证券市场未整顿好之前，如果贸然推出创业板市场，担心会重复出现主板市场的错误和弱点。

2002 年 6 月 29 日，《中小企业促进法》正式颁布。深交所酝酿提出在现有法律框架内先为中小企业设立板块、分步推进创业板的战略思路，2002 年 11 月 16 日和 12 月 4 日分别向中国证监会提交《关于分步实施推进创业板市场建设的请示》及《关于当前推进创业板市场建设的思考与建议》，并很快取得各方认同。

2003 年 10 月，党的十六届三中全会通过《中共中央关于完善社会主义市场经济体制若干问题的决定》，明确提出："建立多层次资本市场体系，完善资本市场结构，丰富资本市场产品。规范和发展主板市场，推进风险投资和创业板市场建设。"

2004 年 5 月 17 日，经国务院批准，中国证监会正式批复深交所设立中小企业板市场；5 月 27 日，中小企业板启动；6 月 25 日，中小企业板首批 8 家公司上市，标志着分步推进创业板市场建设迈出实质性步伐，中小企业板的成功实践为创业板开辟了道路。

2007 年 8 月，国务院批复以创业板市场为重点的多层次资本市场体系建设方案。

2008 年，国际金融危机波及全球经济，为实现中国经济持续健康发展，各界呼吁尽快推出创业板。

（3）创业板市场的正式运行。

2008 年 3 月 21 日，中国证监会就《首次公开发行股票并在创业板上市管理办法》向社会公开征求意见；2008 年 12 月 8 日，国务院办公厅发布《关于当前金融促进经济发展的若干意见》，明确将“适时推出创业板”。

2009 年 3 月 31 日，中国证监会正式颁布《首次公开发行股票并在创业板上市管理暂行办法》，自 2009 年 5 月 1 日起实施。该办法对创业板上市条件、程序、信息披露、监督管理和法律责任等进行了详细规定。

2009 年 6 月 5 日，深交所发布《深圳证券交易所创业板股票上市规则》。

2009 年 7 月 26 日，中国证监会正式受理创业板申报文件。

2009 年 10 月 23 日，深交所创业板举行开板启动仪式，首批上市 28 家公司于 2009 年 10 月 30 日登陆创业板，平均发行市盈率 56.7 倍。

自此，筹备十余年的创业板开始运行，成为我国资本市场的一个重要组成部分。

2. 创业板的改革、发展及注册制的推出（2010—2020 年）主要历程有哪些？

2010 年 6 月，深交所发布创业板指数，标志着多层次资本市场指数体系得以建立。

2013 年 1 月，创业板首推行业信息披露指引，并全面实行信息披露直通车。

2014 年 5 月，中国证监会颁布《首次公开发行股票并在创业板上市管理办法》。

2019 年 8 月，中共中央、国务院发布《关于支持深圳建设中国特色社会主义先行示范区的意见》，提出研究完善创业板发行上市、再融资和并购重组制度，创造条件推动注册制改革。

2019 年 9 月，中国证监会提出全面深化资本市场改革，要求补齐多层次资本市场体系的短板，推进创业板改革。

2019 年 10 月，中国证监会公布《关于修改〈上市公司重大资产重组管理办法〉的决定》，允许符合国家战略的高新技术产业和战略性新兴产业相关资产在创业板重组上市。

2019 年 12 月，《证券法》按照全面推行注册制的基本定位，对证券发行制度做了系统的修改完善，充分体现了注册制改革的决心与方向。

2020 年 4 月，中央全面深化改革委员会第十三次会议审议通过《创业板改革并试点注册制总体实施方案》，创业板注册制改革正式启动。

2020 年 6 月 12 日，中国证监会发布《创业板首次公开发行股票注册管理办法（试行）》《创业板上市公司证券发行注册管理办法（试行）》《创业板上市公司持续监管办法（试行）》《证券发行上市保荐业务管理办法》，自公布之日起施行。同时，中国证监会、深交所等发布相关配套规则，宣告创业板改革并试点注册制正式实施。

2020 年 8 月 24 日，创业板改革并设点注册制首批 18 家企业成功上市。

3. 创业板指数及其变化情况主要体现在哪些方面？

（1）创业板指数定义。创业板指数充分体现深市创新创业特色，选取创业板市场市值大、流动性好的 100 家公司为样本，是创业板市场的标尺和产品指数。创业板指数刻画中国战略新兴产业和创新创业企业，高新技术企业在指数中占比超过九成，战略新兴产业占比超过八成。

（2）首次发布创业板指数。为了更全面地反映创业板市场情况，向市场各类投资者提供更多的跟踪投资目标指数，丰富指数基金产品以及证券市场产品品种，深交所决定于 2010 年 6 月 1 日起正式编制和发布创业板指数。2010 年 5 月 31 日，深交所和深圳证券信息有限公司发布了《关于编制和发布创业板指数的公告》，并一同发布了《创业板指数编制方案摘要》，对如下内容进行了规范：一是指数选样（包括入围标准、成分股选样方法和定期调样方法）；二是指数计算规则；三是指数的运维和管理（包括创业板指数运维及发布、创业板指数的管理）。2010 年 6 月 1 日，创业板市场标尺指数——创业板指数发布。

（3）创业板指数的演变。创业板指数上市之初，属于典型的中小市值风格的市场指数，但经过 10 年的发展，其主要权重股已经演变为 TMT、医药、中游制造和消费板块的龙头企业，涵盖了半导体、5G、自主可控、云计算、人工智能、新能源汽车、创新药等热点主题。

（4）创业板指数编制方案的优化。2010 年 8 月 20 日，深交所和深圳证券信息有限公司发布了《关于固定创业板指数样本数量的公告》，其中，根据创业板指数编制规则，当创业板指数样本数量满 100 只后，样本数量锁定不再增加。深交所决定于 2010 年 8 月 20 日起将创业板指数的样本数量固定为 100 只，以后样本调整按照定期调整规则实施。

为了反映深市创业板的特征，提供市场比较基准与投资标的，由深交所授权并委托深圳证券信息有限公司编制、维护和管理创业板指数。2019 年 2 月，深圳证券信息有限公司在深交所的指导下发布了《创业板指数编制方案》，对如下内容进行了规范：一是代码与名称，指数代码：399006；二是基日与基点，指数的基日为 2010 年 5 月 31 日，基点为 1000；三是选样空间，上市时间超过六个月，A 股总市值排名位于深圳市场前 1% 的股票除外；公司最近一年无重大违规、财务报告无重大问题；公司最近一年经营无异常、无重大亏损；考察期内股价无异常波动；四是选样方法，当创业板指数样本数量满 100 只后，样本数量锁定不再增加，以后需要对入围的股票进行排序选出样本股；五是其他重要规定与规则。

此次《创业板指数编制方案》的优化，主要体现在样本调整周期、选股指标和样本调整实施时间上：一是优化了样本调整周期，由季度调整变更为半年度调整，降低指数波动；二是将选样方法变更为剔除成交不活跃的股票后，按总市值选股的新方案，与国际通行的指数编制方法接轨；三是将调样实施时间变更为每年的 6 月和 12 月，实现与深股通的同步调整，更好地服务跨境投资。

4. 如何认识创业板改革并试点注册制的意义及定位？

（1）意义。推进创业板改革并试点注册制是深入贯彻习近平新时代中国特色社会主义思想，坚持市场化、法治化方向，完善资本市场基础制度，提升直接融资功能，发挥市场枢纽作用的重要安排，是贯彻落实新修订的《证券法》和《国务院办公厅关于贯彻实施修订后的证券法有关工作的通知》，全面深化资本市场改革承前启后的重要步骤，是落实创新驱动发展战略、支持粤港澳大湾区和中国特色社会主义先行示范区建设的重要举措，是深化资本市场改革、完善资本市场基础制度、提升资本市场功能的重要安排，对于发挥市场在资源配置中的决定性作用，打造规范、透明、开放、有活力、有韧性的资本市场具有重要意义。

创业板改革并试点注册制是党中央交办的重要任务，是新时代赋予的重要命题，是多层次资本市场体系建设的一次重大探索，是对资本市场发展理念、监管思路和审核方式的一次深刻变革。一方面以实施注册制为主线，系统完善发行、上市、信息披露、交易、退市等资本市场基础制度，增强服务创新创业能力，促进完善我国资本、科技、产业体系自主良性循环；另一方面同步推进“增量+存量”改革，在制度适配、新老衔接、协同发展等方面做出一系列探索性安排，为全市场推行注册制积累经验，推动资本市场改革向“深水区”逆风扬帆、行稳致远。

（2）定位。创业板2009年批准设立时，明确了服务创新创业的板块定位，以自主创新企业及其他成长型创业企业为主要服务对象。十多年来，创业板始终坚守定位，深入落实创新驱动发展战略，支持传统产业转型升级，成为战略性新兴产业和创新创业企业聚集地。

创业板注册制改革定位为深入贯彻创新驱动发展战略，适应发展更多依靠创新、创造、创意的大趋势，主要服务成长型创新创业企业，支持传统产业与新技术、新产业、新业态、新模式深度融合。本次改革既鼓励创新创业企业利用资本市场做优做强，也支持传统产业与新经济融合，推动传统企业转型升级，更好地服务于国家战略全局和经济高质量发展。

5. 创业板改革并试点注册制主要涉及哪些方面？

（1）总体设计。创业板改革并试点注册制在总体制度设计上主要遵循以下三点：

一是深化改革，全面贯彻落实新《证券法》。根据新《证券法》全面推行注册制的基本定位，坚持市场化、法治化改革方向，以信息披露为核心，在首发、再融资、并购重组同步实施注册制，并统筹改革完善发行承销、上市、信息披露、交易、退市等市场基础制度，进一步优化市场功能，提升市场活跃度，增强创业板对创新创业企业的服务能力。

二是协同发展，推进资本要素市场化配置。科创板开板后总体运行平稳，一系列基础制度改革经受住了市场的检验。创业板改革是继科创板之后又一重大改革举措，总结、推广科创板行之有效的制度安排，保持深沪交易所注册制整体规则体系和内容基本一致，并结合自身特点优化创新，完善创业板市场建设，更好地发挥市场在资源配置中的决定性作用。

三是稳中求进，为全市场推行注册制改革积累经验。创业板改革首次将增量与存量市场改革同步推进，既要着力保持规则的稳定性和连续性，做好新旧规则衔接，稳定存量上市公司和投资者预期，维护存量市场健康发展，又要聚焦现实发展需求，做出适应性安排，进一步补齐制度短板，推动提高上市公司质量，在法治框架下积极探索更适应创新创业企业发展特点的制度实践。

（2）主要规则。中国证监会按照党中央、国务院决策部署，坚持稳中求进的工作总基调，坚持市场化、法治化方向，借鉴科创板改革经验，在创业板改革并试点注册制，以信息披露为核心，推进创业板各项基础制度改革，着眼于打造一个规范、透明、开放、有活力、有韧性的资本市场，增强对成长型创新创业企业的服务功能，更好促进经济高质量发展，发挥资本市场服务实体经济的能力。中国证监会兼顾长远改革目标和试点阶段性特征，结合创业板的市场特点和存量企业现实情况，起草了《创业板首次公开发行股票注册管理办法（试行）》《创业板上市公司证券发行注册管理办法（试行）》等规则，搭建起创业板试点注册制的制度框架。

深交所认真按照中国证监会部署的要求，统筹创业板改革长远目标和试点阶段性特征，兼顾存量市场特点和新增企业情况，一体推进发行、上市、信息披露、交易、退市等基础性制度改革，切实做好交易所层面相关业务规则及配套安排的起草制定、修订完善工作，涉及首发审核类、再融资和并购重组审核类、持续监管类、发行承销类、交易类五个方面，着力构建体系健全、层次清晰、内容完备的规则体系。经中国证监会批准，深交所正式向市场发布创业板改革并试点注册制相关业务规则及配套安排，包括《创业板股票发行上市审核规则》等8项主要业务规则及18项配套业务细则、指引和通知。

（3）基本内容。创业板改革并试点注册制，将基于板块定位和创新创业企业特点，优化创业板首次公开发行股票（IPO）条件，制定更加多元包容的上市条件。允许符合条件的特殊股权结构企业和红筹企业在创业板上市，为未盈利企业上市预留空间。充分考虑创业板存量投资者的权益和交易习惯，存量投资者适当性要求基本保持不变，新开交易权限的投资者设置与风险相匹配的适当性管理要求。

在试点注册制安排方面，参照科创板的做法，在坚持规范、透明、公开，严把质量关的基础上，将审核注册程序分为交易所审核、中国证监会注册两个相互衔接的环节。中国证监会对深交所审核工作进行监督。压实发行人和中介机构责任，加大对违法违规行为的处罚力度。创业板再融资、并购重组涉及证券公开发行的，与IPO同步实施注册制。

在基础制度完善方面，一是构建市场化的发行承销制度，建立以机构投资者为参与主体的询价、定价、配售等机制；二是完善创业板交易机制，放宽涨跌幅限制，优化转融通机制和盘中临时停牌制度；三是构建符合创业板上市公司特点的持续监管规则体系，建立严格的信息披露规则体系并严格执行，提高信息披露的针对性和有效性；四是健全退市机制，丰富完善退市指标，精简优化退市流程，完善创业板公司退市风险警示制度，对创业板存量公司退市设置过渡期。

第二章
发行上市概要

6. 什么是直接融资？

直接融资是指资金供给者通过与资金需求者协商或在资本市场上购买资金需求者所发行的有价证券，将货币资金直接提供给资金需求者使用的融资方式。企业发行股票、债券和其他证券，以及企业之间、个人之间、企业和个人之间的直接借贷，均属直接融资。目前，我国企业的直接融资方式主要是资本市场融资，包括发行股票和债券等。

7. 什么是资本市场？

资本市场由各种融资活动组成，按融资方式的不同可分为证券市场和银行中长期信贷市场，主要包括股票、公司债券、大额可转让存单、不动产抵押贷款和金融衍生工具等。在通常意义上，资本市场主要指证券市场。我国目前已经形成涵盖股票和债券等融资工具的资本市场体系，建立了包括深沪主板、中小企业板、创业板、科创板、全国中小企业股份转让系统和区域性股权市场的多层次资本市场，为促进改革开放和经济社会发展做出了重要贡献。

8. 什么是股票市场？

股票是股份有限公司为筹集资金而发行给股东作为持股凭证并借以取得股息的一种有价证券。每股股票代表股东对企业拥有一个基本单位的所有权，这种所有权为一种综合权利，包括知情权、资产收益权（收取股息、取得股份转让差价等）、公司重大决策参与权（参加股东大会、行使表决权、提案权、质询权等）、监督权以及求偿权等。

股票市场由发行市场和流通市场两个部分组成，又称一级市场和二级市场。一级市场是指投资者从发行人处认购新增股份，典型形式为 VC、PE、Pre－IPO、股份有限公司首次面向公众公开发行股票（IPO）、上市公司定向增发；二级市场，是指股票持有人之间的交易，典型形式为通过证券交易所买卖已上市公司的股票。

股票市场主要有如下功能：

（1）筹集资本。公司作为资金需求方发行股票，投资者认购股票，从而使资金从投资者流向发行股票的公司。

（2）转让资本。股票市场为股票的流通转让提供了场所，为资产提供了流动性。

（3）转化资本。股票市场在股票买卖者之间架起了一座桥梁，可以使非资本的货币资金转化为生产资本。

（4）发现价格。股票市场众多投资者的买卖行为产生了投资者认可的股票价格。

9. 股票市场主要有哪些参与主体？

（1）发行人是指为筹措资金而发行股票的发行主体。

（2）投资人是指通过买卖股票而进行投资的机构投资者和个人投资者。

（3）中介机构是指为股票的发行、交易提供服务的各类市场机构，如证券公司、律师事务所、会计师事务所、资产评估机构等。

（4）股票市场的自律性组织是指由股票市场各类市场主体进行自律管理、自我约束而形成的行业组织机构，如证券交易所、上市公司协会、证券业协会和证券登记结算机构等。

（5）证券监管机构在我国主要是指中国证券监督管理委员会（简称中国证监会）及其派出机构（简称证监局）。

10. 什么是公众公司和非公众公司？

公众公司是指向不特定对象公开发行股票，或向特定对象发行或转让股票使股东人数超过 200 人的股份有限公司。公众公司分为上市公司和非上市公众公司。其中，股票在证券交易所上市交易的公司为上市公司，否则为非上市公众公司。

非上市公众公司是仅有特定对象持有股份/股权，且股东人数少于 200 人的企业。

11. 什么是发行？什么是上市？二者之间有什么关系？

发行是指发行人为筹集资本而进行的出售和分配股份的行为。首次公开发行（IPO）是指发行人第一次将它的股份向社会公众投资者发售的行为。上市是指首次公开发行完成后其股票在证券交易所公开挂牌交易的行为。

公开发行和上市通常是紧密联系的，我国《证券法》规定企业上市之前必须进行公开发行。公开发行和上市是两个不同的环节，公开发行在先，上市在后。公开发行须获得中国证监会核准或注册。上市应符合证券交易所规定的股票上市条件并获得中国证监会的注册同意。

12. 什么是公开发行和非公开发行？

根据发行对象的不同，可以将发行方式分为公开发行与非公开发行。公开发行是指向不特定对象发行证券或向特定对象发行证券累计超过 200 人的行为。非公开发行通常是指面向特定对象发售股票且累计股东人数不超过 200 人。对于上市公司而言，非公开发行股票的含义更加特定，是上市公司再融资的主要方式之一，非公开发行对象不超过 35 名。根据《证券法》第十条的规定，公开发行证券，必须符合法律、行政法规规定的条件，并依法报经国务院证券监督管理机构或者国务院授权的部门注册。未经依法注册，任何单位和个人不得公开发行证券。

13. 上市对企业有什么好处？

（1）有利于获取发展资金。借助上市时募集到的资金，企业能够获得快速发展的机会，同时，已上市企业具备更为宽广的融资渠道。因此，上市有助于企业降低融资成本，拓展融资渠道，改善财务结构，降低资产负债率，从而提高抗风险能力。

（2）有利于完善公司治理结构。中国证监会、证券交易所对上市公司的治理结构、信息披露都有严格要求，企业应当按照对上市公司的要求不断完善和健全企业法人治理结构，建立严格的内控体系，减少关联交易，杜绝同业竞争，遵守竞业禁止规定，从而促进企业进一步健康发展。

（3）有利于企业进行资源整合。上市后，企业可通过并购重组等资本运作手段进行产业整合，迅速做大做强。

（4）有利于提高公信力、品牌知名度、企业形象和市场地位。上市审核等事项的严格执行，有利于促进社会对上市公司真实性、合规性的认可，有利于提升上市公司的公信力。另外，企业上市具有较强的品牌传播效应，上市之后的挂牌交易和持续信息披露是最佳的广告和宣传方式之一，使企业能够持续地展示企业形象，向资本市场及社会公众呈现其综合实力，提升品牌识别度和市场地位。

（5）有利于完善激励机制。企业上市能增强员工对企业的认同感，有助于激发员工的责任感、荣誉感。企业通过股权激励、员工持股计划等方式让员工分享企业成长价值，有利于留住人才、吸引人才。

（6）有利于股东实现创业价值。上市后的股票市值是原股东创业价值的直接体现。企业股东的原始投入获得了股票市场的公开定价。企业上市后，股票流动性大大增强，为股东提供了良好的退出平台。

14. 上市对企业有什么约束？

企业公开发行上市后，其性质转变为公众公司，公司将拥有众多的社会公众股东。为保护社会公众股东的利益，上市公司需接受更为严格的监管，公司的社会责任和经营压力增大。因此，公开发行上市也会对企业产生约束，主要体现在以下几个方面：

（1）监管更为严格。公开发行上市后，企业既要接受中国证监会及证监局、证券交易所等证券监管部门和自律组织的监管，也要接受保荐机构等中介机构的持续督导。

（2）企业规范运行的要求。公开发行上市后，企业应当建立严密、完整、规范的内控制度，囊括公司治理、财务、税务、员工社会保障、环保等各个方面。

（3）严格、持续的信息披露要求。上市公司必须按照有关规定，定期披露经备案后具有资格的会计师事务所审计的财务报告，真实、准确、完整、及时、公平地披露公司信息。公司及其董事、监事、高级管理人员应当保证信息披露内容的真实、准确、完整、及时、公平，且不存在虚假记载、误导性陈述或重大遗漏。

（4）经营压力增加。在成熟的资本市场环境和机制下，投资者要求获得合理的投资回报，众多专业机构参与公司调研，公司行业排名也会实时变动。如果公司经营不善，业绩不佳，公司股票将可能被投资者抛售，公司可能面临被恶意收购的风险。

（5）大股东受到严格约束。控股股东及实际控制人应当依照法律法规以及上市公司章程的规定参与公司的管理和决策，严格履行在公司公开发行上市时做出的各项承诺，不得侵害上市公司利益，不得滥用权力，不得通过关联交易、利润分配、资产重组、对外投资等方式损害上市公司及其他股东的利益。在创业板上市的企业及其控股股东、实际控制人须遵守《深圳证券交易所创业板上市公司规范运作指引》的要求。

15. 创业板公开发行并上市需要经过哪些程序？

首次公开发行股票并在创业板上市，应当符合发行条件、上市条件以及相关信息披露要求，依法经深交所发行上市审核，并报中国证监会注册，具体程序如下：

（1）确定中介机构。企业聘请保荐机构、会计师事务所、律师事务所、资产评估机构等中介机构，确定上市工作团队。

（2）尽职调查。各方中介机构针对公司的历史沿革、业务经营、财务状况、行业情况、合法合规状况等进行全面的前期尽职调查，充分了解企业的实际情况及其面临的风险和问题。

（3）改制设立股份公司。保荐机构、会计师事务所、律师事务所、资产评估机构等中介机构协助企业拟定改制重组方案，并对改制重组方案进行可行性论证分析。改制重组方案确定后，中介机构负责对拟改制企业进行资产评估、财务审计等，起草、推动发起人签署发起人协议、公司章程等文件，协助企业设立股份有限公司。

（4）辅导备案与辅导。保荐机构和其他中介机构应当与发行人签订辅导协议并报证监局备案，对企业进行规范化培训、辅导和监督，协助企业完善组织结构和内部管理，规范企业运行，促使企业股东、实际控制人、董监高等学习、掌握发行上市必备相关知识，并准备首次公开发行申请文件。企业应明确业务发展目标和募集资金投向，参照发行上市条件对存在的问题进行整改，并需当地证监局对辅导情况进行验收。

（5）申请文件的准备和申报。企业、中介机构根据法律规定和中国证监会、深交所的相关要求制作、准备发行上市申请文件（以下简称“注册申请文件”或“申请文件”），由保荐机构保荐并向深交所申报（特殊事项预沟通安排：在提交注册申请文件前，对于重大疑难、无先例事项等涉及深交所业务规则理解与适用的问题，发行人及保荐机构可以通过深交所发行上市审核业务系统进行咨询；确需当面咨询的，可以通过深交所发行上市审核业务系统预约）。

（6）受理与补正。深交所收到注册申请文件后 5 个工作日内，对申请文件进行核对并做出是否受理的决定。注册申请文件不齐备或与中国证监会、深交所规定的要求不符的，发行人应当予以补正，补正时限最长不超过 30 个工作日。

（7）审核问询及回复。深交所发行上市审核机构自受理申请文件之日起 20 个工作日内，通过保荐机构向发行人提出首轮审核问询。首轮审核问询后，存在深交所创业板股票发行上市审核规则规定的相关情形的，深交所发行上市审核机构收到发行人回复后 10 个工作日内可以继续提出审核问询。发行人及其保荐机构、证券服务机构应当按照深交所发行上市审核机构审核问询要求进行必要的补充调查和核查，并对审核问询及时、逐项回复。深交所发行上市审核机构认为不需要进一步审核问询的，出具审核报告并提交上市委员会审议。

（8）上市委员会审议。上市委员会召开审议会议，对深交所发行上市审核机构出具的审核报告及发行上市申请文件进行审议，并通过合议形成发行人是否符合发行条件、上市条件和信息披露要求的审议意见。

（9）中国证监会注册。中国证监会收到深交所报送的审核意见、发行人注册申请文件及相关审核资料后，履行发行注册程序。中国证监会在20个工作日内对发行人的注册申请做出同意注册或者不予注册的决定。

（10）发行。中国证监会同意注册的决定自做出之日起1年内有效，发行人应当在注册决定有效期内发行股票，发行时点由发行人自主选择。

（11）上市。企业根据中国证监会规定的发行方式公开发行股票，向深交所提交上市申请，在登记结算公司办理股份的托管与登记，并在深交所挂牌上市；上市后由保荐机构按规定负责持续督导。

16.《保荐办法》主要修订内容有哪些？

为配合修订后《证券法》的实施和创业板注册制改革，进一步规范证券发行上市保荐工作，中国证监会对《证券发行上市保荐业务管理办法》进行了修订。主要修订内容如下：

（1）调整保荐业务程序相关条款。明确证券交易所对保荐业务的自律监管职责，要求保荐机构配合交易所审核，相应调整上市保荐等安排。

（2）调整保荐代表人资格管理。取消保荐代表人事前资格准入，强化事中事后监管，相应将暂停、撤销保荐代表人资格等监管措施调整为“认定为不适当人选”。

（3）强化发行人责任。明确发行人及其控股股东、实际控制人配合保荐工作的相关要求，并制定相应的法则。

（4）压实中介机构责任。细化中介机构执业要求，明确保荐机构对证券服务机构专业意见的核查要求（对证券服务机构及其签字人员出具的专业意见，由之前的“独立判断”调整为“合理信赖”），督促中介机构各尽其责、合力把关，提高保荐业务质量。

（5）强化保荐机构内部控制。要求保荐机构建立分工合理、权责明确、相互制衡、有效监督的内控机制，将保荐业务纳入公司整体合规管理和风险控制范围，建立健全廉洁从业风险防控机制，强化对保荐业务人员的管控等，并制定相应的法则。

（6）加大对中介机构的问责力度。丰富监管措施类型，扩大人员问责范围，加大处罚力度，强化内部惩戒，提高违法违规成本。

（7）其他。一是将分散在其他规则中的保荐业务相关规定统一纳入《保荐办法》，如补充境外企业上市辅导验收规定等；二是优化辅导安排，为下一步制定辅导监管细则预留空间。

17. 深交所有哪些主要职能？

1990 年 12 月 1 日，深交所诞生于深圳经济特区，是中国境内两大证券交易所之一，由中国证监会直接监督管理。深交所主要职能包括：提供证券集中交易的场所、设施和服务；制定和修改本所的业务规则；审核、安排证券上市交易或者转让，决定证券终止上市交易或者转让；组织、监督证券交易；组织实施交易品种和交易机制创新；按照会员的风险管理水平进行分类管理，并实施日常监管；对上市公司信息披露等行为进行监管；设立或者参与设立证券登记结算机构；管理和公布市场信息；开展投资者教育；法律、行政法规、规章规定的以及中国证监会许可或者授权的其他职能。

深交所立足于服务实体经济和国家战略全局，经过 30 年的发展，初步建立起板块特色鲜明、监管规范透明、运行安全可靠、服务专业高效的多层次资本市场体系。

深交所坚持完善基础性制度、增强金融服务功能，有效发挥多层次资本市场平台作用，促进科技创新企业、民营企业、成长型企业做大做强，塑造优质的创新资本中心和世界一流交易所，为建设规范、透明、开放、有活力、有韧性的资本市场积极贡献力量。

18. 深交所在吸引企业上市方面主要有哪些优势？

（1）更具市场化精神。深交所地处深圳，毗邻中国香港，受市场化、法治精神影响，秉承公开、公平、公正的市场原则，加强服务，创新监管，贴近市场。

（2）市场化的上市公司群体。深交所上市公司以中小高科技民营企业为主，还有一大批类似万科这样的混合所有制的市场化蓝筹企业。很多企业在产业细分市场有着明显的优势，具备充足的发展活力，且其管理团队更具创新意识和拼搏精神。

（3）更有利于企业融资和并购。基于投资者，尤其是专业投资机构对成长型公司的青睐，在深交所挂牌上市的中小高科技民营企业具备更好的市场认同度。

（4）更具创新服务精神。由于地处深圳经济特区，深交所更具创新氛围和服务精神，20 多年来一直坚持服务企业的传统。2013 年，深交所开始了建设“中小企业之家”的工作，进一步整合培训、上市、研究、信息等增值服务资源，打造综合服务平台，不断提升服务企业能力。深交所还持续开展“走进上市公司”活动，推出“投资易”“互动易”等服务工具，为上市公司和投资者之间的交流搭建便捷的桥梁。

（5）向拟上市企业提供全面服务。深交所全方位开展上市推广服务工作，有效地解决企业上市不同阶段的问题和困难，并通过开展面向拟上市企业的各种形式和层次的培训、交流活动，帮助企业顺利进入资本市场。

（6）更具多样性、包容性，更有利于创新型和成长型企业上市。深交所中小企业板和创业板市场已形成各自不同的特色，且创业板市场更具有独特的发行上市标准，对创新型和成长型企业具有极大的吸引力，许多文化传媒、电子商务、第三方物流企业等纷纷选择在深交所上市。

第三章

发行上市条件及可行性评估

19. 首次公开发行股票并在创业板上市的条件是什么？

（1）发行人应当符合创业板定位。

（2）发行人应当符合中国证监会《注册管理办法》及中国证监会相关规章规定的发行条件。保荐机构和律师事务所等证券服务机构出具的发行保荐书、法律意见书等文件中就发行人是否符合发行条件逐项发表明确意见，且具备充分的理由和依据。

（3）发行人应当符合深交所首发审核规则、上市规则及深交所相关规则规定的上市条件。保荐机构和律师事务所等证券服务机构应在出具的上市保荐书、法律意见书等文件中就发行人选择的上市标准以及是否符合上市条件发表明确意见，且具备充分的理由和依据。

（4）发行人的信息披露应当符合中国证监会和深交所的要求。

20.《证券法》对首次公开发行新股有何要求？

公司首次公开发行新股，应当符合下列条件：

（1）具备健全且运行良好的组织机构。

（2）具有持续经营能力。

（3）最近三年财务会计报告被出具无保留意见审计报告。

（4）发行人及其控股股东、实际控制人最近三年不存在贪污、贿赂、侵占财产、挪用财产或者破坏社会主义市场经济秩序的刑事犯罪。

（5）经国务院批准的国务院证券监督管理机构规定的其他条件。

21.《注册管理办法》对创业板企业发行条件有何要求？

（1）发行人是依法设立且持续经营三年以上的股份有限公司，具备健全且运行良好的组织机构，相关机构和人员能够依法履行职责（有限责任公司按原账面净资产值折股整体变更为股份有限公司的，持续经营时间可以从有限责任公司成立之日起计算）。

（2）发行人会计基础工作规范，财务报表的编制和披露符合企业会计准则和相关信息披露规则的规定，在所有重大方面公允地反映了发行人的财务状况、经营成果和现金流量，最近三年财务会计报告由注册会计师出具无保留意见的审计报告。发行人内部控制制度健全且被有效执行，能够合理保证公司运行效率、合法合规和财务报告的可靠性，并由注册会计师出具无保留结论的内部控制鉴证报告。

（3）发行人业务完整，具有直接面向市场独立持续经营的能力：一是资产完整，业务及人员、财务、机构独立，与控股股东、实际控制人及其控制的其他企业间不存在对发行人构成重大不利影响的同业竞争，不存在严重影响独立性或者显失公平的关联交易；二是主营业务、控制权和管理团队稳定，最近两年内主营业务和董事、高级管理人员均没有发生重大不利变化；控股股东和受控股股东、实际控制人支配的股东所持发行人的股份权属清晰，最近两年实际控制人没有发生变更，不存在导致控制权可能变更的重大权属纠纷；三是不存在涉及主要资产、核心技术、商标等的重大权属纠纷，重大偿债风险，重大担保、诉讼、仲裁等或有事项，经营环境已经或者将要发生重大变化等对持续经营有重大不利影响的事项。

（4）发行人生产经营符合法律、行政法规的规定，符合国家产业政策。最近三年内，发行人及其控股股东、实际控制人不存在贪污、贿赂、侵占财产、挪用财产或者破坏社会主义市场经济秩序的刑事犯罪，不存在欺诈发行、重大信息披露违法或者其他涉及国家安全、公共安全、生态安全、生产安全、公众健康安全等领域的重大违法行为。董事、监事和高级管理人员不存在最近三年内受到证监会行政处罚，或者因涉嫌犯罪被司法机关立案侦查或者涉嫌违法违规正在被证监会立案调查且尚未有明确结论意见等情形。

22. 上市规则对创业板企业上市条件有何要求？

发行人申请股票首次发行上市的，应当符合下列条件：

（1）符合中国证监会规定的创业板发行条件。

（2）发行后股本总额不低于3000万元。

（3）公开发行的股份达到公司股份总数的25%以上；公司股本总额超过4亿元的，公开发行股份的比例为10%以上。

（4）市值及财务指标符合上市规则规定的标准。

（5）深交所要求的其他上市条件。

针对上述第（4）条市值及财务指标上市标准，具体规定如下：

对于一般企业，即发行人，为境内企业且不存在表决权差异安排的，市值及财务指标应当至少符合下列标准中的一项：①最近两年净利润均为正，且累计净利润不低于人民币5000万元；②预计市值不低于人民币10亿元，最近一年净利润为正且营业收入不低于人民币1亿元；③预计市值不低于人民币50亿元，且最近一年营业收入不低于人民币3亿元。

对于红筹企业，一是对于符合《国务院办公厅转发证监会关于开展创新企业境内发行股票或存托凭证试点若干意见的通知》（国办发〔2018〕21号）等相关规定且最近一年净利润为正的红筹企业，可以申请其股票或存托凭证在创业板上市。二是对于营业收入快速增长，拥有自主研发、国际领先技术，在同行业竞争中处于相对优势地位的尚未在境外上市的红筹企业，申请其股票或存托凭证在创业板上市的，市值及财务指标应当至少符合下列标准中的一项：①预计市值不低于100亿元，且最近一年净利润为正；②预计市值不低于50亿元，最近一年净利润为正且营业收入不低于5亿元。

对于特殊股权结构企业，即发行人具有表决权差异安排的，市值及财务指标应当至少符合下列标准中的一项：①预计市值不低于100亿元，且最近一年净利润为正；②预计市值不低于50亿元，最近一年净利润为正且营业收入不低于5亿元。

23.《首发审核规则》对创业板企业发行上市条件有何要求？

（1）发行人申请股票首次发行上市的，应当符合中国证监会注册管理办法规定的发行条件。

（2）发行人应当结合创业板定位，就是否符合相关行业范围，依靠创新、创造、创意开展生产经营，具有成长性等事项，进行审慎评估；保荐机构应当就发行人是否符合创业板定位进行专业判断，并出具专项说明。

（3）发行人申请股票首次发行上市的，应当符合上市规则规定的上市条件。

24. 发行人在信息披露方面主要有哪些责任？

（1）申请股票首次发行上市的，发行人及其控股股东、实际控制人、董事、监事和高级管理人员应当依法履行信息披露义务，保荐机构、证券服务机构应当依法对发行人的信息披露进行核查把关。

（2）发行人应当诚实守信，依法充分披露投资者作出价值判断和投资决策所必需的信息，保证发行上市申请文件和信息披露的真实、准确、完整，简明清晰，通俗易懂，不得有虚假记载、误导性陈述或者重大遗漏。

（3）发行人应当按保荐机构、证券服务机构的要求，依法向其提供真实、准确、完整的业务运营、财务会计及其他资料，全面配合相关机构开展尽职调查和其他相关工作。

（4）发行人的控股股东、实际控制人、董事、监事、高级管理人员等相关主体应当诚实守信，保证发行上市申请文件和信息披露的真实、准确、完整，依法作出并履行相关承诺，不得损害投资者合法利益。

发行人的控股股东、实际控制人不得指使或者协助发行人进行虚假记载、误导性陈述或者重大遗漏等违法违规行为。

25. 如何界定持续经营起算时间？

有限责任公司按原账面净资产折股整体变更为股份有限公司的，持续经营时间可以从有限责任公司成立之日起计算。如有限公司以经评估的净资产折股设立股份公司，视同新设股份公司，业绩不可连续计算。

26. 最近一年、最近两年、最近三年的含义是什么？

《创业板首次公开发行股票注册管理办法（试行）》中规定的“最近一年”按12个月计，“最近两年”按24个月计，“最近三年”按36个月计。

27. 如何组建内部上市团队？

为统筹规划和组织发行上市，拟上市公司应聘请董事会秘书、证券事务代表，同时可以设立证券事务部门，负责与中介机构的沟通，联络证券监管等政府部门、证券交易所、投资机构，组织开展公司“三会”等工作。为更好地推进发行上市工作，建议拟上市公司组建由实际控制人、董事长/总经理、董事会秘书、财务总监及其他相关部门骨干人员参与的上市工作小组。公司情况较复杂的，上市工作小组可再分设业务组、法律组和财务组，由熟悉公司情况且具备相关知识的公司人员组成，分别对接保荐机构、律师事务所、会计师事务所、资产评估师等中介机构。

（1）业务组负责协调业务尽职调查，协助完成募投项目设计；负责提供招股说明书业务部分所需资料和分析，并对相应部分的内容进行复核等。

（2）法律组负责协调法律尽职调查，办理与规范、重组、改制相关的法律事务及工商变更手续；履行“三会”的程序及撰写相关会议文件；建立与完善对外担保及信息披露管理制度等；负责提供招股说明书法律部分所需资料和分析，并对相应部分的内容进行复核等。

（3）财务组负责协调财务尽职调查，配合中介机构完成审计、评估等相关工作；完善内部控制制度；提供招股说明书财务部分所需资料和分析，并对相应部分的内容进行复核等。

28. 如何评估上市的业务条件？

（1）企业所处行业是否是国家鼓励和优先发展的行业。如果企业所处的行业是国家鼓励和优先发展的行业，这类企业上市的可行性就较高；反之，如果是国家限制和淘汰的行业，上市的可能性就大幅降低。

（2）企业在行业中的地位。一般而言，在细分行业中处于领先地位的企业往往更受资本市场青睐。

（3）企业所处行业是否具有广阔发展空间。一般而言，所处行业具有广阔发展空间的企业上市的可能性较大。某些具有未来概念的行业以及高科技行业具有较为广阔的发展空间。

（4）稳定的盈利模式和创新的商业模式。企业的盈利模式稳定，不存在盈利模式的重大不确定性。企业在商业模式上进行创新，并在财务业绩上得到充分体现，是企业差异化竞争优势的体现。一般而言，具有独特商业模式和持续盈利能力的企业，往往在上市融资方面具有优势。

（5）客户和供应商。企业拥有优质的客户和供应商，表明企业的供应链系统较为健康，拥有稳定的上下游。采购或销售的地域范围广，供应商或客户的结构多元化，不对单一主体构成依赖，表明企业具备较强的抗风险能力，容易得到资本市场的认可。

（6）管理团队和人才队伍。人才是企业发展的重要资源，特别是在激烈的市场竞争中，企业间的竞争已经转化为人才竞争。公司要生存、发展，就必须吸引优秀人才，用好、培养好现有人才。拥有优秀的管理团队和人才队伍，意味着企业拥有较强的市场竞争力，更容易在众多企业中脱颖而出。

（7）较强的创新能力和核心知识产权。企业要有较强的创新能力，拥有较多的核心发明专利、商标等知识产权或其他专有技术，并能据此产生差异化的竞争优势。

（8）有一定的定价权。公司对自身的产品，要掌握一定的定价权，以便于在经营环境发生不利变化时将成本上涨等不利因素向外转移。

（9）其他方面的差异化核心竞争力。企业具有其他方面的差异化核心竞争力，能增强企业的持续盈利能力，实现企业的稳步成长。

29. 如何评估上市的法律条件？

（1）主体资格。上市主体应当是依法设立、合法存续且持续经营时间在三年以上的股份有限公司。有限责任公司按原账面净资产值折股整体变更为股份有限公司的，持续经营时间可以从有限责任公司成立之日起计算。

（2）历史沿革。企业注册资本足额缴纳，股东用作出资的资产的所有权转移手续已办理完毕。企业股权清晰，历次股权转让和增资合法有效，不存在股权权属纠纷。

（3）独立性。企业应当具备完整的业务体系和直接面向市场独立经营的能力，具体如下：①资产独立。生产型企业应当具备与生产经营有关的生产系统、辅助生产系统和配套设施，合法拥有与生产经营相关的土地、厂房、机器设备以及商标、专利、非专利技术的所有权或者使用权，具备独立的采购和销售系统；非生产型企业应当具备与经营有关的业务体系和资产。②人员独立。企业的高级管理人员不得在控股股东、实际控制人及其控制的其他企业中担任除董事、监事以外的其他职务，不在控股股东、实际控制人及其控制的其他企业领薪。发行人的财务人员不得在控股股东、实际控制人及其控制的其他企业中兼职。③财务独立。企业应当有独立的财务核算系统，能够独立做出财务决策，具备规范的财务会计制度和对分公司、子公司的财务管理制度；不得与控股股东、实际控制人及其控制的其他企业共用银行账户。④机构独立。企业应当建立内部经营管理机构，独立行使经营管理职权，与控股股东、实际控制人及其控制的其他企业间不得有机构混同的情形。⑤业务独立。企业的业务应当独立于控股股东、实际控制人及其控制的其他企业，与控股股东、实际控制人及其控制的其他企业之间不存在对发行人构成重大不利影响的同业竞争，以及严重影响独立性或者显失公平的关联交易。

（4）同业竞争。同业竞争指发行人与其控股股东、实际控制人及其近亲属或其所控制的企业从事相同或相似的业务，双方构成或可能构成直接或间接的竞争关系。发行人与其控股股东、实际控制人及其控制的其他企业间不应存在对发行人构成重大不利影响的同业竞争。

（5）关联交易。关联交易是指关联方之间转移资源、劳务或义务的行为。企业应减少不必要的关联交易，不能完全避免的关联交易，关键应注意在关联交易定价的公允性、决策程序的合法性、合规性及对发行人的独立性影响方面的分析上取得监管机构的认同。

（6）公司治理。企业应具有权责分明、各司其职、有效制衡、科学决策、协调运作的法人治理结构。企业应建立股东大会、董事会、监事会、独立董事、董事会秘书制度，促使股东大会、董事会、监事会规范运行，相关机构和人员依法履行职责。企业主营业务、控制权和管理团队稳定，拟在创业板上市的企业应确保最近两年内主营业务和董事、高级管理人没有发生重大变化，实际控制人没有发生变更。

（7）企业经营和董事、监事、高级管理人员。企业的生产经营符合法律、行政法规和公司章程的规定，符合国家产业政策，未从事法律禁止或须特许批准而未取得批准的经营活动。董事、监事、高级管理人员符合法律、行政法规和规章规定的任职资格，不属于被中国证监会采取禁入措施尚在禁入期的人员，不属于最近 36 个月内受到中国证监会行政处罚，或者因涉嫌犯罪被司法机关立案侦查或者涉嫌违法违规正在被中国证监会立案调查且尚未有明确结论意见的人员。

30. 如何评估上市的财务条件？

（1）企业资产及负债。企业资产质量良好，资产负债结构合理，持续经营能力无重大疑虑，现金流量正常。

（2）会计基础工作及内部控制。企业会计基础工作规范，财务报表编制符合企业会计准则和相关会计制度的规定，且财务报表在重大方面公允地反映了企业的财务状况、经营成果和现金流量等情况，并由注册会计师出具了无保留意见的审计报告。企业内部控制制度健全且被有效执行，能够合理保证公司运行效率、合法合规和财务报告的可靠性，并由注册会计师出具了无保留结论的内部控制鉴证报告。企业编制财务报表应以实际发生的交易或者事项为依据，在进行会计确认、计量和报告时保持应有的谨慎，对相同或者相似的经济业务，应选用一致的会计政策，不得随意变更。

（3）关联交易。企业应完整披露关联方关系并按重要性原则恰当披露关联交易。关联交易价格公允，不得存在通过关联交易操纵利润的情形。

（4）依法纳税和税收优惠。企业在经营过程中应依法纳税，享受的各项税收优惠应当符合相关法律法规的规定。企业经营成果对税收优惠不存在严重依赖。

（5）债务风险。企业不存在重大偿债风险，不存在影响持续经营的担保、诉讼以及仲裁等重大或有事项。

（6）其他影响持续经营能力的情形。企业不能有下列影响持续经营能力的情形：发行人所处行业受国家政策限制或国际贸易条件影响存在重大不利变化风险；发行人所处行业出现周期性衰退、产能过剩、市场容量骤减、增长停滞等情况；发行人所处行业准入门槛低，竞争激烈，相比竞争者，发行人在技术、资金、规模效应等方面不具有明显优势；发行人所处行业上下游供求关系发生重大变化，导致原材料采购价格或产品售价出现重大不利变化；发行人因业务转型的负面影响导致营业收入、毛利率、成本费用及盈利水平出现重大不利变化，且最近一期经营业绩尚未出现明显好转趋势；发行人重要客户本身发生重大不利变化，进而对发行人业务的稳定性和持续性产生重大不利影响；发行人由于工艺过时、产品落后、技术更迭、研发失败等原因导致市场占有率持续下降、重要资产或主要生产线出现重大减值风险、主要业务停滞或萎缩；发行人多项业务数据和财务指标呈现恶化趋势，短期内没有好转迹象；对发行人业务经营或收入实现有重大影响的商标、专利、专有技术以及特许经营权等重要资产或技术存在重大纠纷或诉讼，已经或者未来将对发行人财务状况或经营成果产生重大影响。

（7）其他明显影响或丧失持续经营能力的情形。

第四章
上市地选择和费用

31. 选择上市地应考虑哪些因素？

首发企业可以根据自身意愿自主选择上市地。企业在选择上市地时需立足长远，考虑周全，这既是选择交易所也是选择股东。适合自己的交易所、股东群体将使产业发展与资本增值相得益彰。企业在选择上市地时一般应考虑以下因素：

（1）上市地是否符合企业发展战略的需要，包括但不限于产品市场、客户区域、品牌形象、企业与拟上市地国家（或地区）业务的关联度等。

（2）上市条件的差异。境内外交易所上市条件差异较大，境内交易所的各个板块也有不同的定位，企业需结合自身情况判断在不同交易所上市的可能性，以便做出“门当户对”的选择。

（3）一级市场的市盈率水平、筹资能力、投资者基础。同类企业在不同上市地的市盈率水平会有一定差异，在同等条件下，市盈率越高，企业可募集资金越多；同时，如投资者基础较为成熟，企业的亮点和优势可能更容易被市场发现与识别，更有利于股价稳定。

（4）二级市场的流通性、市场活跃状况、后续融资能力。在企业上市后，市场的流通性、活跃度及后续融资能力直接影响企业的持续优化和发展情况。

（5）上市成本，包括初始上市成本与后续维护费用。

（6）上市时间与进程。在不同的监管环境和审核制度下，境内外交易所的上市时间有所不同，但随着境内注册制改革的进一步到位，境内各板块的审核时间也逐步提速，企业需结合自身的上市时间规划和募集资金需求程度进行筛选。

（7）地理位置、文化背景、法律制度等。足够了解拟上市地的“游戏规则”对企业成功上市而言尤为重要，一定程度上可减少企业在上市申报中的阻力，也为企业在上市后的资本运作提供更多可能性与便利性。

（8）上市地的相关政策、上市地的市场与监管环境等。例如，境内外上市交易所对企业上市后的信息披露的要求是不同的，信息披露要求越严格，对上市公司经营决策的影响就越大。整体而言，上市是为企业的业务发展服务的，企业需充分做好上市前的准备工作，结合自身情况，具体问题具体分析，充分取舍各因素，寻求最适合的上市地，以避免上市后出现“水土不服”的情况，浪费企业的成本和精力。

32. 如何判断企业适合在境内还是境外上市？

企业选择在境内上市或境外上市应视各自的具体情况而定，关键是要找准定位。一般而言，在境内上市对各方面情况比较熟悉，对相关法律法规和实务操作比较了解，文化背景相通，上市成本较低，有地理位置优势。主要产品和市场在国内的企业容易得到投资者认同，广告效应明显。但因为企业对境内上市的认同度较高，所以排队现象较为明显，上市时间与进程较难以把握。随着注册制改革的进一步到位，上述现象有望得到缓解。因此对大多数企业而言，在境内上市利大于弊。

实际上，从国际经验来看，大多数国家的企业都是充分利用本国市场的地利、人和的优势在本土上市，随着企业经营规模的扩大和业务的国际化发展再选择境外多地挂牌。如到了跨国公司的规模，可实现多国挂牌交易，因为企业规模大，才能承受多地上市的成本。

当然，如果企业的主要产品和市场在境外，或者国际化程度较高，能得到境外市场及投资者高度认同，或者企业规模大，需要多地上市解决融资问题，就可选择合适的境外市场上市。

33. 创业板的定位和特点如何？

中央全面深化改革委员会第十三次会议于 2020 年 4 月 27 日审议通过的《创业板改革并试点注册制总体实施方案》明确指出："坚持创业板和其他板块错位发展，找准各自定位，办出各自特色，推动形成各有侧重、相互补充的适度竞争格局。"

中国证监会于 2020 年 6 月 12 日发布的《创业板首次公开发行股票注册管理办法（试行）》明确规定："发行人申请股票首次发行上市，应当符合创业板定位。创业板深入贯彻创新驱动发展战略，适应发展更多依靠创新、创造、创意的大趋势，主要服务成长型创新创业企业，支持传统产业与新技术、新产业、新业态、新模式深度融合。"

深交所于 2020 年 6 月 1 日发布的《深圳证券交易所创业板企业发行上市申报及推荐暂行规定》明确规定："属于证监会公布的《上市公司行业分类指引（2012 年修订）》中下列行业的企业，原则上不支持其申报在创业板发行上市，但与互联网、大数据、云计算、自动化、人工智能、新能源等新技术、新产业、新业态、新模式深度融合的创新创业企业除外：①农林牧渔业；②采矿业；③酒、饮料和精制茶制造业；④纺织业；⑤黑色金属冶炼和压延加工业；⑥电力、热力、燃气及水生产和供应业；⑦建筑业；⑧交通运输、仓储和邮政业；⑨住宿和餐饮业；⑩金融业；⑪房地产业；⑫居民服务、修理和其他服务业。"

由此来看，在坚持板块差异化定位的前提下，创业板大力支持创新创造类企业的同时，鼓励新旧产业融合，设置行业负面清单，以充分发挥资本市场助力科技创新与实体经济的功能。

34. 上市需要承担哪些费用？

企业从改制到发行上市需要支付一定的费用，主要包括中介机构费用、交易所费用和推广辅助费用三个部分。其中，中介机构费用包括改制设立财务顾问费用、辅导费用、保荐与证券承销费用、会计师费用、律师费用、资产评估费用等。交易所费用系企业发行上市后所涉及的费用，主要包括上市初费和年费等。推广辅助费用主要包括印刷费、媒体及路演的宣传推介费用等。上述三项费用中，中介机构费用是发行上市成本高低的主要决定因素。

在境内上市企业承担的费用的财务处理方面，根据财政部于2010年12月28日发布的《财政部关于执行企业会计准则的上市公司和非上市企业做好2010年年报工作的通知》（财会〔2010〕25号）的规定，承销费、保荐费、上网发行费、招股说明书印刷费、申报会计师费、律师费、评估费等与发行权益性证券直接相关的新增外部费用应自所发行权益性证券的发行收入中扣减，会计处理上并不影响企业的当期成本费用和利润。广告费、路演及财经公关费、上市酒会费等其他费用应在发生时计入当期损益。

第二部分

股票发行上市前期准备

第一章

聘请中介机构

35. 需要聘请哪些中介机构?

股票发行上市需要聘请以下中介机构:

(1) 保荐机构,即具有保荐承销业务资格的证券公司;

(2) 经过备案且有资格的会计师事务所;

(3) 律师事务所;

(4) 经过备案且有资格的资产评估机构;

(5) 行业以及公关顾问(视企业情况)。

36. 中介机构主要有哪些责任?

中介机构应当严格遵守法律法规、中国证监会依法制定的监管规则、执业准则、职业道德守则、交易所依法制定的业务规则及其他相关规定,建立并保持有效的质量控制体系、独立性管理和投资者保护机制,审慎履行职责,做出专业判断与认定,并对招股说明书中与其专业职责有关的内容及其所出具的文件的真实性、准确性、完整性负责。

中介机构及其相关执业人员应当对与本专业相关的业务事项履行特别注意义务,对其他业务事项履行普通注意义务,并承担相应法律责任。

37. 选择中介机构应注意哪些问题?

(1) 中介机构是否具有从事证券业务的资格。在我国,会计师事务所和资产评估机构从事股票发行上市业务必须经过备案,证券公司须具有“证券承销与保荐”业务资格。

（2）中介机构的执业经验、执业能力和执业质量。企业应关注中介机构的知名度、专业水平、成功案例和行业声誉，具有丰富执业经验、较高执业能力和执业质量的中介机构可以及时发现问题，解决问题，有助于企业顺利通过审核。

（3）中介机构对企业发行上市的重视程度和资源投入情况。通常，企业融资规模越大，中介机构收入越高，中介机构越重视，投入的资源越多。

（4）中介机构之间能否良好合作。股票发行上市是发行人和各中介机构共同努力的结果，保荐机构与律师、会计师之间需要能够进行良好的合作，才能推动项目的顺利进行，其中保荐机构是牵头人和组织者。

（5）中介机构的收费水平。收费标准由企业和中介机构双方协商确定，企业可参考市场相关数据。

（6）保荐机构的保荐代表人数量。如果保荐机构的保荐代表人数量不足，可能会影响企业的正常申报。

（7）中介机构派遣从事企业改制上市工作的项目团队。企业应尽量选择有相关行业经验和实战案例的保荐机构，这样便于保荐机构与企业深入沟通行业竞争格局、市场发展趋势，挖掘公司核心竞争力，审慎讨论公司募投项目与发展战略。在协议签订前，企业最好能与保荐机构确定至少一名牵头保荐代表人作为项目负责人，该保荐代表人应具有较高的专业水准、敬业精神、沟通与协调能力。

（8）项目成员的精力。企业应了解项目成员同时参与的项目数量，尤其是现场负责人同时负责的其他项目情况和项目时间安排，确保项目成员有足够精力投入到企业尽调和项目运作中。

（9）项目成员的敬业精神、职业道德等。中介机构相关人员应保持足够的独立性，企业对于中介机构相关人员提出的入股等不合理要求应予以回绝。

38. 保荐机构主要负责哪些工作？

保荐机构应当诚实守信，勤勉尽责，按照依法制定的业务规则和行业自律规范的要求，充分了解发行人经营情况和风险，对注册申请文件和信息披露资料进行全面核查验证，对发行人是否符合发行条件、上市条件独立做出专业判断，审慎做出推荐决定，并对招股说明书及其所出具的相关文件的真实性、准确性、完整性负责。

39. 会计师事务所和注册会计师主要负责哪些工作？

（1）负责对企业发行上市涉及的财务会计事项进行审查。

（2）负责企业财务报表审计，并出具三年一期审计报告。

（3）负责企业注册资本验证，并出具有关验资报告。

（4）负责企业盈利预测报告审核，并出具盈利预测审核报告（如果需要）。

（5）负责企业内部控制鉴证（或内控审计），并出具内部控制鉴证报告（或内控审计报告）。

（6）负责核验企业的非经常性损益明细项目和金额。

（7）负责对发行人主要税种纳税情况出具专项意见。

（8）负责对发行人原始财务报表与申报财务报表的差异情况出具专项意见。

（9）发行人财务报告审计截止日至招股说明书签署日之间超过4个月的，负责对发行人提供的期间季度财务报表进行审阅。

（10）配合企业、保荐机构落实相关反馈问题的回复，并根据中国证监会、交易所等机构的要求出具专业意见。

40. 律师事务所和律师主要负责哪些工作？

（1）负责对改制重组方案的合法性进行论证。

（2）负责指导企业设立或变更为股份有限公司。

（3）负责协助和指导发行人制定法人治理规范运作的相关制度并遵照执行。

（4）负责对企业发行上市涉及的法律事项进行审查并协助企业进行规范、调整和完善。

（5）负责对发行主体的历史沿革、股权结构、业务、资产、组织机构运作、独立性、税务等法律事项的合法性做出判断。

（6）负责对股票发行上市的各种法律文件的合法性进行判断。

（7）负责协助和指导发行人起草公司章程等公司法律文件。

（8）负责出具法律意见书。

（9）负责出具律师工作报告。

（10）负责出具相关资产产权证书的鉴证意见。

（11）负责对有关申请文件提供鉴证意见。

（12）负责配合企业、保荐机构落实相关反馈问题的回复，并根据中国证监会、交易所等机构的要求出具专业意见。

41. 资产评估机构和评估师主要负责哪些工作?

企业申请公开发行股票涉及资产评估的，应聘请经过备案并具有资格的资产评估机构承担，资产评估工作一般包括资产清查、评定估算、出具评估报告。

企业以实物、知识产权、土地使用权等非货币资产出资设立公司的，应当评估作价，核实资产。国有及国有控股企业以非货币资产出资或者接受其他企业的非货币资产出资，应当遵守国家有关资产评估的规定，委托有资格的资产评估机构和执业人员进行评估；其他的非货币资产出资的评估行为，可以参照执行。

各级财政或国有资产管理部门对国有资产评估项目实行核准制和备案制。有关经济行为的资产评估活动由国有资产占有单位按照现行法律、行政法规的规定，聘请具有相应资质的中介机构独立进行，评估报告的法律责任由签字的注册资产评估师及其所在的评估机构共同承担。经各级政府批准的涉及国有资产产权变动、对外投资等经济行为的重大经济项目，其国有资产评估实行核准制或备案制。

第二章
尽职调查

42. 什么是发行上市尽职调查？

发行上市尽职调查，是指中介机构履行职责，根据自身的专业知识对拟上市公司合并报表内的公司以及合并报表外可能相关的公司进行全面核查的行为。

尽职调查是掌握拟上市公司是否存在发行上市障碍和制订改制上市方案的重要基础工作。尽职调查越早开展，越有利于准确抓住问题，对症下药，尽早消除发行上市障碍。

43. 发行上市尽职调查的目的是什么？

让中介机构全面和充分地了解发行人的生产经营情况，以及发行上市所面临的风险和问题，使中介机构有充分理由确信发行人符合《证券法》等法律法规及中国证监会、交易所规定的发行条件，确信发行人申请文件和公开发行募集文件真实、准确、完整，不存在虚假记载、误导性陈述或者重大遗漏。

44. 发行上市尽职调查的意义是什么？

（1）减少信息不对称。发行人和中介机构对企业的了解程度不一样，所获取信息的范围也不尽相同，这种信息的不对称会影响股票发行上市保荐工作的成效，甚至影响股票发行上市的成败。

（2）评估企业潜在风险。任何准备发行上市的企业都存在各种各样的风险，如过往财务账册的规范性和准确性、相关资产是否具有发行人赋予的相应价值、是否存在任何可能导致发行人运营或财务运作出现问题的因素等。尽职调查是发行上市风险管理的第一步，有助于中介机构更好地了解企业，及时发现企业存在的各种风险，评估并降低其影响。

（3）发现企业内在价值。发行上市过程中，保荐机构需要发掘企业内在价值，以便确定股票的发行价格。企业内在价值不仅取决于当前的财务账面价值，也取决于未来的收益，而尽职调查有助于保荐机构更好地从当前价值和未来收益两个方面全面发现企业的内在价值。

45. 尽职调查的主要方式有哪些？

（1）审阅文件资料。通过审阅公司工商注册、财务报告、业务文件、法律合同等各项资料，发现潜在的异常情况及重大问题。

（2）查阅外部信息。通过网络、行业杂志、业内人士等信息渠道，了解公司及其所处行业的情况。

（3）访谈相关人员。与企业内部各层级各职能人员、供应商、客户、关联方、主管机关、相关中介机构进行充分沟通交流，获取第一手资料。

（4）实地调查企业。查看企业厂房、土地、设备、产品和存货等实物资产。

（5）函证。向供应商、客户、关联方、银行等机构发函，核对相关数据。

（6）分析性复核。通过研究不同财务数据之间以及财务数据与非财务数据之间的内在关系，对财务信息做出评价。以人工或计算机辅助方式，对记录或文件中的数据计算的准确性进行核对。

46. 对于以企业改制成股份有限公司为目标的尽职调查，调查重点是什么？

调查重点是：了解企业的历史沿革、主体资格、主营业务和主要资产的构成及其真实性、合法性，业务、资产、机构、财务和人员等方面的独立性、同业竞争、关联方关系等方面的情况。

47. 股份有限公司成立后以股票发行和上市为目标的尽职调查，调查重点是什么？

调查重点是：结合《创业板首次公开发行股票注册管理办法（试行）》《深圳证券交易所创业板股票发行上市审核规则》，从主体资格、独立性、规范运行、财务与会计、募集资金运用等方面进行全面尽职调查。

48. 保荐机构尽职调查的主要内容有哪些？

（1）发行人基本情况调查，包括改制与设立情况、历史沿革、发起人股东的出资情况、重大股权变动、重大重组情况、主要股东情况、员工情况、独立情况、内部职工股情况、商业信用情况。

（2）业务与技术调查，包括行业情况及竞争情况、采购情况、生产情况、销售情况、核心技术人员、技术与研发情况、同业竞争情况、关联方与关联交易情况等。

（3）高管人员调查，包括其经历与操守、胜任能力与勤勉尽责、薪酬及兼职、报告期内高管人员变动、高管人员持股及其他对外投资情况等。

（4）组织结构与内部控制调查，包括公司章程及其规范运行情况、组织结构和“三会”运作情况、独立董事制度及其执行情况、内部控制环境、业务控制、信息系统控制、会计管理控制、内部控制的监督等。

（5）财务与会计调查，包括财务报告及相关财务资料、会计政策和会计估计、评估报告、内控鉴证报告、财务比率分析、销售收入、销售成本与销售毛利、期间费用、非经常性损益、货币资金、应收款项、存货、对外投资、固定资产、无形资产、投资性房地产、主要债务、现金流量、或有负债、合并报表的范围、纳税情况、盈利预测等。

（6）业务发展目标调查，包括发展战略、经营理念和经营模式、业务发展目标、募集资金投向与未来发展目标的关系等。

（7）募集资金运用调查，包括本次募集资金使用情况、募集资金投向产生的关联交易等。

（8）风险因素及其他重要事项调查，包括风险因素、重大合同、诉讼和担保、信息披露制度的建设和执行情况、其他中介机构执业情况等。

（9）其他。根据《保荐人尽职调查工作准则》规定，凡涉及发行条件或对投资者做出投资决策有重大影响的信息，保荐机构均应当勤勉尽责地进行尽职调查。

49. 保荐机构在尽职调查中的责任和义务有哪些？

保荐机构尽职调查时，应当考虑其自身专业胜任能力和独立性，并确保参与尽职调查工作的相关人员能够恪守独立、客观、公正的原则，具备良好的职业道德和专业胜任能力。保荐机构应在此基础上，履行以下职责：

（1）对发行人公开发行募集文件中无中介机构及其签名人员专业意见支持的内容，保荐机构应当在获得充分的尽职调查证据并对各种证据进行综合分析的基础上进行独立判断。

（2）对发行人公开发行募集文件中有中介机构及其签名人员出具专业意见的内容，保荐机构应当结合尽职调查过程中获得的信息，对专业意见的内容进行审慎核查。对专业意见存有异议的，应当主动与中介机构进行协商，并可要求其做出解释或出具依据；发现专业意见与尽职调查过程中获得的信息存在重大差异的，应当对有关事项进行调查、复核，并可聘请其他中介机构提供专业服务。

（3）保荐机构应在尽职调查基础上形成发行保荐书和保荐工作报告，同时应当建立尽职调查工作底稿制度。工作底稿应当真实、准确、完整地反映尽职调查工作。

50. 律师尽职调查的主要内容有哪些？

律师应在进行充分核查验证的基础上，对股票发行上市的下列（包括但不限于）事项明确发表结论性意见：发行上市的批准和授权；发行人发行上市的主体资格；发行上市的实质条件；发行人的设立；发行人的独立性；发起人或股东（实际控制人）；发行人的股本及其演变；发行人的业务；关联交易及同业竞争；发行人的主要财产；发行人的重大债权债务；发行人的重大资产变化及收购兼并；发行人公司章程的制定与修改；发行人股东大会、董事会、监事会议事规则及规范运作；发行人董事、监事和高级管理人员及其变化；发行人的税务；发行人的环境保护和产品质量、技术等标准；发行人募集资金的运用；发行人的劳动社保；发行人业务发展目标；诉讼、仲裁或行政处罚；原定向募集公司增资发行的有关问题（如有）；发行人招股说明书法律风险的评价；律师认为需要说明的其他问题。

51. 律师在尽职调查中的责任和义务有哪些?

律师应严格履行法定职责，遵循勤勉尽责和诚实信用原则，对发行人的行为以及本次申请的合法、合规、真实、有效进行充分的核查验证，保证法律意见书和律师工作报告不存在虚假记载、误导性陈述及重大遗漏。律师的尽职调查是发表法律意见，制作律师工作报告和工作底稿的基础。

52. 会计师尽职调查的主要内容有哪些?

会计师的尽职调查主要侧重于财务数据的真实性和准确性，包括资产、负债、收入、成本等的真实性、准确性和完整性，以及内部控制的有效性等。会计师事务所应重点关注首发公司报告期内收入、盈利是否真实、准确，是否存在粉饰业绩或财务造假等情形。

53. 发行人在尽职调查中的责任和义务有哪些?

发行人作为信息披露第一责任人，必须始终恪守诚实守信的行为准则。在尽职调查过程中，发行人的基本义务和责任是：为保荐机构、会计师事务所和律师事务所等中介机构提供真实、完整的财务会计资料和其他资料，并且全面配合中介机构开展尽职调查工作。

第三章
企业内部组织和业务架构的调整

54. 企业内部组织和业务架构设计应遵循哪些原则？

一般来说，涉及多家关联公司的架构需要进行梳理甚至重组，遵循的原则为：

（1）根据创业板定位要求突出主营业务。尽管注册制下创业板没有要求“主要经营一种业务”，但要求具备“三创四新”，所以仍应将非主营业务及相关资产、人员，从拟上市公司及其控制的公司中剥离，同时也要保持主营业务的稳定，避免出现报告期内主营业务发生重大变化，导致业绩中断计算。

（2）避免存在重大不利影响的同业竞争情形。如在合并报表范围外还存在与拟上市公司有相同或者相似的业务，可能导致拟上市公司与关联方之间的非公平竞争、利益输送以及商业利益让渡等情形的，应当由拟上市公司或其控制的公司收购，或出售给无关联的第三方，也可以停止业务、注销公司。

（3）避免出现严重影响独立性和显失公平的关联交易。保证拟上市公司及子公司的资产完整，人员、业务、财务和机构独立，不能将拟上市公司必要的经营环节放在合并报表范围之外，也不要形成供应商或客户成为公司股东的利益输送模式。此外，拟上市公司与其董事、监事及管理人员共同成立子公司也是关联交易，并且这种持续性的关联交易容易造成利益输送或让渡不当利益的嫌疑，因此，拟上市公司应当慎重采用这种架构。

55. 什么是分公司、子公司？

分公司是公司的分支机构，不具有法人资格，其民事责任由公司承担。分公司应当向公司登记机关申请登记，领取营业执照；需要在当地进行税务登记。分公司设负责人，不设董事、监事等。分公司不存在股权问题，不能转让。

子公司是公司持有股权比例达到控制程度的次一级机构。子公司具有法人资格，依法独立承担民事责任，应按照《公司法》的规定设置董事会或执行董事、监事会或监事、经理等组织架构，并独立纳税。公司以认缴的出资额为限承担有限责任，持有子公司的股权可以依法转让。

对分公司和子公司的规范要求和对拟上市主体的要求是相同的。分公司或子公司数量众多本身不会成为上市的障碍，但会增加改制上市的工作量，因为中介机构须逐个核查子公司和分公司的经营和财务状况（子公司还要核查历史沿革），并发表专业意见。子公司和分公司的重大不规范事项或重大违法行为可能会成为公司上市的法律障碍。

创业板注册制的审核中，在合并报表范围内的各级子公司，对拟上市公司的主营业务收入或净利润不构成重大影响（占比不超过5%），其违法行为可不视为拟上市公司本身存在相关情形，但导致严重环境污染、重大人员伤亡或社会影响恶劣的除外。

56. 什么叫参股公司？其收益如何计入拟上市公司的业绩？对拟上市公司可能构成什么影响？

参股公司，是指公司作为出资一方设立，但持股比例尚未达到控制程度的次一级机构。参股公司具有法人资格，依法独立承担民事责任。一般来说，参股公司已实现的分红或股权转让获得的收益应按权益法计入拟上市公司的收益，但不作为拟上市公司的主营业务收入以考核公司的经营能力。

虽然参股公司不在拟上市公司的合并报表范围内，但如果参股公司对拟上市公司的收入和净利润可能产生重大影响的，拟上市公司的审计机构应根据重要性原则，对参股公司实施审计程序。

57. 什么是控股子公司？如何合并财务报表？

一般来说，公司控制子公司分为以下两种情形：公司对其持股比例超过50%且可以依照股权比例行使表决权，选择管理人员，这为绝对控股；虽然公司对其持股比例没有达到50%，但是可以控制其重要管理人员选任和重大决策活动，这为相对控股。

合并财务报表，是指应当由公司编制的反映公司及其全部子公司形成的企业集团整体财务状况、经营成果和现金流量的财务报表。

合并财务报表至少应当包括下列组成部分：合并资产负债表；合并利润表；合并现金流量表；合并所有者权益（或股东权益）变动表；附注。

根据《企业会计准则第33号——合并财务报表》的规定，合并财务报表的合并范围应当以控制为基础予以确定。所谓控制，是指公司拥有对子公司的权力，通过参与子公司的相关活动而享有可变回报，并且有能力运用对子公司的权力，影响其回报金额；所谓相关活动，是指对子公司的回报产生重大影响的活动。子公司的相关活动应当根据具体情况进行判断，通常包括商品或劳务的销售和购买、金融资产的管理、资产的购买和处置、研究与开发活动以及融资活动等。

第四章

企业规范运作与重组

58. 拟上市企业在规范运作方面应满足哪些要求？

对拟上市企业的规范运作要求远高于一般企业的经营规范运作标准。《公司法》《证券法》《创业板首次公开发行股票注册管理办法（试行）》及其他由中国证监会、证券交易所等相关部门发布的与企业上市有关的相关规定构建了对拟上市公司的严格的监管体系。同时，拟上市公司的日常经营活动，也必须按照其所在行业的产业政策、法规以及工商、财税、环保、劳动等部门的相关规定进行规范运作。

拟上市主体在日常经营规范运作的基础上，还需满足多项条件才能实现首次公开发行并上市：

（1）主体资格方面。要求股份公司或红筹公司主体持续经营满三年，且最近三年（主板、中小企业板）或两年（创业板）主营业务、董事和高级管理人员没有发生重大变化，实际控制人没有发生变更，股权清晰等。

（2）法人治理方面。要求企业已建立健全公司治理结构，且“三会”运作规范，董事、监事和高级管理人员满足任职资格要求，内部控制制度健全且得到有效执行，无对关联方担保和被大股东占用资金的情形，无重大违法违规行为。红筹企业股权结构、公司治理、运行规范等事项可适用境外注册地《公司法》等法律法规规定，但关于投资者权益保护的安排总体上应不低于境内法律要求。

（3）财务与会计方面。要求企业会计基础工作规范且财务报表编制公允反映企业经营情况，内部控制由注册会计师出具无保留结论的鉴证报告，依法纳税，经营业绩符合上市要求等。

此外，拟上市公司还需要达到发行监管对资产完整，人员、财务、机构及业务独立的要求，控股股东、实际控制人及其控制的其他企业不存在重大不利影响的同业竞争情形，避免出现严重影响独立性和显失公平的关联交易。

59. 拟上市企业在法律规范方面应包括哪些内容？

（1）主体资格方面。要求股份有限公司依法设立和存续，且持续经营三年以上。

（2）资产权属方面。要求出资已足额缴纳并且规范，主要资产不存在瑕疵或重大权属纠纷。

（3）经营合规性方面。要求企业生产经营符合国家产业政策，不存在违反工商、税收、土地、环保、海关以及其他法律、行政法规受到行政处罚且情节严重的情形，且主营业务在最近两年没有发生重大变化。

（4）股权及实际控制人方面。要求企业的股权清晰，实际控制人最近两年没有发生变更。

（5）公司治理结构方面。要求企业已经依法建立健全股东大会、董事会、监事会、独立董事、董事会秘书制度，且“三会”运作规范。

（6）董事、监事和高级管理人员方面。要求相关人员符合法律、行政法规和规章规定的任职资格，且董事及高级管理人员在最近两年没有发生重大变化。

（7）对外担保方面。不存在为控股股东、实际控制人及其控制的其他企业进行违规担保的情形。

（8）独立性与同业竞争方面。要求企业实现资产完整、人员独立、财务独立、机构独立及业务独立，且不存在同业竞争情形。

60. 拟上市企业在财务规范方面应包括哪些内容？

（1）税收方面。要求企业依法纳税，各项税收优惠合法合规。

（2）会计基础工作方面。要求会计基础工作规范，财务报表符合准则的规定，并由会计师出具无保留意见的审计报告。

（3）内部控制方面。要求企业内控制度健全并且有效，并由会计师出具无保留结论的内部控制鉴证报告。

（4）资金管理方面。要求企业建立严格的资金管理制度，不存在大股东占用资金的情形。

61. 改制上市一定要重组吗？

改制上市不一定需要重组。需要重组的情形主要有：拟上市主体的资产不完整，业务、财务、机构和人员不独立；存在主业不突出、重大不利影响的同业竞争和不必要关联交易的情形；架构不合理导致法律或财税关系不清晰、成本税负过高和管理效率较低。

62. 拟上市公司和中介机构之间如何协调工作安排？

会计师事务所结合财务报表对公司的出资状况及近三年的财务状况、财务规范性进行核查，律师事务所对公司的历史沿革、股权状况、资产权属状况、公司架构等进行核查，保荐机构在会计师事务所和律师事务所工作的基础上，对公司的商业模式、经营情况进行综合的分析、判断，然后协调公司和三方中介机构将规范要求和公司诉求相结合，制订系统的改制上市方案，再组织实施并根据具体进展情况进行调整。

公司应当向中介机构全面、真实地披露相关情况并提供有关资料，不要有所保留或隐藏，否则可能导致其重组、规范方案出现障碍甚至会推倒重做，造成不必要的时间、经济成本。公司还需要将自己的诉求完整地表达给中介机构，并根据中介机构的要求，讨论调整公司架构、模式、制度等事项，以便在保障经营、获得利润的基础上最大限度地规范经营活动。

在尽职调查的基础上，中介机构应当结合公司诉求，制订规范、重组、改制和上市的系统规划，制作具体的工作清单和时间表，明确工作内容、责任方和时间要求，并持续监督、检查工作计划的执行情况。在规范、重组过程中，公司应当及时和中介机构沟通、协调，对重组改制方案的变更、调整进行讨论并修正工作清单和时间表，以达到动态系统管理的效果。

第五章

设立股份有限公司

63. 设立股份有限公司是必需的吗?

除了以红筹模式上市的公司外，根据《创业板首次公开发行股票注册管理办法（试行)》，境内拟上市主体应当是股份有限公司。因此，拟上市公司如果还不是股份有限公司的，均需要从其他组织形式变更为股份有限公司。

64. 设立股份有限公司应具备哪些条件?

经国务院特别批准，有限责任公司在依法变更为股份有限公司时，可以采取募集设立方式公开发行股票。除此之外，境内企业申请发行股票，必须先设立股份有限公司。根据《公司法》，设立股份有限公司应当具备以下条件：

（1）发起人符合法定人数。发起人数量应当有 2 人以上 200 人以下，其中须有半数以上的发起人在中国境内有住所。

（2）有符合公司章程规定的全体发起人认购的股本总额或者募集的实收股本总额。法律、行政法规以及国务院决定对股份有限公司注册资本实缴、注册资本最低限额另有规定的，从其规定。

（3）股份发行、筹办事项符合法律规定。发起人必须依照规定申报文件，承担公司筹办事务。

（4）发起人应根据《公司法》制定公司章程，采用募集设立的应经创立大会通过。

（5）有公司名称，建立符合股份有限公司要求的组织机构。拟设立的股份有限公司应当依照工商登记的要求确定公司名称，并建立股东大会、董事会、监事会和经理等组织机构。

（6）有公司住所。

65. 股份有限公司有哪些设立方式？

（1）发起设立，是指由发起人认购公司应发行的全部股份而设立公司。主要分为以下两种情况：一是新设设立，即 2 个以上 200 个以下发起人出资新设立一个公司；二是变更设立，即有限责任公司以经审计的账面净资产值为限折成股份有限公司注册资本的设立方式，有限责任公司的股东根据自身的出资比例作为股份有限公司的发起人。

（2）募集设立，是指由发起人认购公司应发行股份的一部分（不得少于公司股份总数的 35%），其余股份向社会公开募集或者向特定对象募集而设立公司。经国务院批准，有限责任公司在依法变更为股份有限公司时，可以采取募集设立方式公开发行股票。实践中，募集设立的方式非常少见。

66. 以发起方式设立股份有限公司需要经过哪些程序？

（1）主发起人拟订设立股份有限公司方案，确定发起人数量、注册资本和股本规模、业务范围、邀请发起人等。

（2）对拟出资的非货币资产进行资产评估或审计。

（3）签订发起人协议书，明确各自在公司设立过程中的权利和义务。

（4）发起人制定公司章程。

（5）由全体发起人指定的代表或者共同委托的代理人向公司登记机关申请名称预先核准。

（6）法律、行政法规规定设立公司必须报经批准的，或者公司经营范围中属于法律、行政法规或者国务院决定规定在登记前须经批准的项目的，以公司登记机关核准的公司名称报送批准，履行有关报批手续。

（7）发起人按公司章程规定缴纳出资，并依法办理以非货币性财产出资的财产权的转移手续。

（8）选举董事会成员和监事会成员，由董事会向公司登记机关报送公司章程以及法律、行政法规规定的其他文件，申请设立登记。

67. 以募集设立方式设立股份有限公司需要经过哪些程序？

（1）发起人签订发起人协议，明确各自在公司设立过程中的权利和义务。

（2）发起人制定公司章程。

（3）发起人认购一定数额的股份。发起人认购的股份不得少于公司股份总数的35%。法律、行政法规另有规定的，从其规定。

（4）公开募集股份。发起人向社会公开募集股份须报经国务院证券监督管理机构核准，公告招股说明书，并制作认股书。

（5）发起人与依法设立的证券公司签订承销协议并由证券公司承销。

（6）发起人同银行签订代收股款协议。

（7）发行股份的股款缴足后，经依法设立的验资机构验资并出具证明。

（8）发起人应当自股款缴足后30日内召开公司创立大会。

（9）董事会于创立大会结束后30日内申请设立登记。

68. 拟上市公司需要在公司治理方面做出哪些改变？

有限责任公司变更为股份制有限公司后，股份有限公司应依照《公司法》建立“三会一层”，即股东大会、董事会、监事会、经理层，并适时增设独立董事、董事会秘书等岗位，形成相互协调、彼此制衡、规范的法人治理结构。

依法制定股东大会议事规则、董事会议事规则、监事会议事规则等决策及内部控制制度，对于决策权限、决策程序、关联交易等重要事项进行清晰、有效的规定，并依法召开各项会议。

健全股东投票计票制度，建立公司与股东之间的多元化纠纷解决机制，切实保障投资者能够依法行使收益权、知情权、参与权、监督权、求偿权等股东权利。

69. 如何选择设立股份有限公司的时点？

企业设立股份有限公司大多会在规范和重组完成的基础下进行，少数企业会将部分重组事项放在拟上市公司改制为股份公司过程中或以后开展。企业进行改制时点的选择时，需要结合规范、重组的目标以及企业改制方案的复杂程度、上市时间计划、改制对于引进各项经营资源的影响等多重因素综合考虑。

70. 改制对企业运作有何影响？

（1）设立股份有限公司后，公司需要依法按照股份公司的各项要求开展“三会”运作、健全内控制度及其他决策管理活动，规范性要求会明显提高。

（2）改制可能导致自然人股东产生个人所得税，改制时点的选择对于纳税数额和纳税时点有重要的影响。

（3）在改制为股份公司后一年内，发起人的股份不能够转让，股份公司董事、监事和高级管理人员每年转让的股份不超过年初持股的25%。

71. 上市协调事项主要涉及哪些政府部门？

（1）地方人民政府。企业需要地方政府协调解决的问题包括涉及国有资产、集体资产改制所形成的股权的合法性认定、国有企业土地处理事项相关审批、国有股权设置等协调事项。

（2）企业注册地的上市主管部门（金融办、上市办）。主导企业改制上市过程中的组织协调和指导服务工作，协调地方政府及其相关职能部门解决企业在改制上市过程中遇到的相关问题，推进企业改制上市工作。

（3）辖区证监局。受理所辖区域企业上市辅导报备，进行辅导验收，配合中国证监会进行举报信核查等。

（4）发改部门。对企业上市所募集资金投资项目进行核准或备案。

（5）税务机关。为企业报告期内经营活动及改制过程中的纳税行为是否规范出具证明。

(6) 国土资源管理部门。协调办理历史遗留的各种土地等产权问题，出让募集资金用途涉及的土地，为企业土地使用是否合法合规出具证明。

(7) 房产管理部门。协调办理历史遗留的各种房产产权等问题。

(8) 劳动与社会保障部门。对企业是否遵守国家劳动法规，是否按规定给员工缴纳社保“五险一金”等出具无违规证明。

(9) 工商行政管理部门。为企业办理注册及变更登记、年检，提供登记档案复印件，就是否合法开展经营活动出具证明。

(10) 商务部门。审批（或备案）外商投资企业的设立及其变更、外商投资企业的改制上市相关事项。

(11) 国有资产管理部门。根据权限审查批准涉及国有资产或股权的出资行为、股权转让、改制上市等，对改制过程中涉及国有资产的界定、转让或其他处置行为是否合法、合规出具证明。

(12) 其他涉及公司经营活动的部门，包括环保、海关、外汇管理等。

72. 为上市而设立的股份有限公司应达到哪些要求？

(1) 形成清晰的业务发展战略目标。

(2) 突出主营业务，形成核心竞争力和持续经营的能力。

(3) 避免有重大不利影响的同业竞争，减少和规范关联交易。

(4) 产权关系清晰，不存在法律障碍。

(5) 建立健全公司治理结构，股东大会、董事会、监事会以及经理层规范运作，比照上市公司适时设立并聘任董事会秘书，引入独立董事。

(6) 具有完整的业务体系和直接面向市场独立经营的能力，做到资产完整、人员独立、财务独立、机构独立、业务独立。

(7) 会计基础工作规范，财务报表的编制符合《企业会计准则》和相关会计制度的规定，在所有重大方面公允地反映了发行人的财务状况、经营成果和现金流量。

(8) 建立健全有效的内部控制制度，能够保证财务报告的可靠性、生产经营的合法性和营运的效率与效果。

（9）公司章程明确对外担保的审批权限和审议程序，不存在为控股股东、实际控制人及其控制的其他企业进行违规担保的情形。

（10）有严格的资金管理制度，不得有资金被控股股东、实际控制人及其控制的其他企业以借款、代偿债务、代垫款项或者其他方式占用的情形。

73. 如何设计股本规模？

（1）拟在创业板上市的公司公开发行后的股本总额不少于3000万元。

（2）股本规模大小不直接影响企业的市值，亦不直接影响企业首次公开发行的融资额。

（3）股本规模大小，与发行规模有关，如发行后股本在4亿股以上，最低只需要发行总股本的10%；如发行后股本在4亿股以下，则最低需要发行总股本的25%。

（4）股本规模应与企业营收规模、净利润规模相匹配。股本规模直接影响每股收益，可以充分参考目前上市公司同行业的平均每股收益来确定改制时的股本规模。

（5）改制时设定的股本与改制前注册资本的差额大小，可能会对改制时自然人股东应缴的个人所得税数额产生影响。

74. 非公司制的国有股份应如何折股？

（1）国有资产作价入股必须进行资产评估。国有资产的转让方应当委托具有相关资质的资产评估机构，依照国家有关规定进行资产评估。评估报告经核准或者备案后，作为确定企业国有产权转让价格的参考依据。

（2）国有资产作价入股时，企业应当以经核准或备案的资产评估结果为作价参考依据；当交易价格低于评估结果的90%时，应当暂停交易，在获得原经济行为批准机构同意后方可继续交易。

（3）国有资产严禁低估作价折股。一般应以评估确认后的净资产折为国有股的股本。如不全部折股，则折股方案须与募股方案和预计发行价格一并考虑。

（4）企业改制设立股份有限公司时，要取得关于企业设立时国有股权（包括国家股及国有法人股）的设置文件。国务院国资委、财政部、省级财政或国资部门出具的关于公司国有股权设置的批复文件是企业提交公开发行股票申请文件的必备文件。该设置文件中需要明确国有股的界定及设置，包括股东名称、持股数量、占总股本的比例、股权性质等。

75. 外商投资企业改制需要哪些特别注意事项？

（1）应符合国家有关外商投资准入负面清单的规定，按规定需由中方控股（包括相对控股）或对中方持股比例有特殊规定的外商投资股份有限公司，上市后应按有关规定的要求继续保持中方控股地位或持股比例。

（2）以发起方式设立外商投资股份有限公司，应符合《公司法》关于必须有半数以上的发起人在中国境内有住所的规定，因此，境内发起人数量应当多于或等于境外发起人数量，且合计为 2 人以上 200 人以下。

76. 改制后股份公司可以增资或股权转让吗？

（1）改制后，发起人在股份公司成立之日起一年内不得转让股权，但老股东或新股东可以对股份公司进行增资。

（2）股份公司成立之日满一年，发起人的股份就可以转让，其他股东并不具有优先受让权，也不需要公司进行决策或审批程序。如改制后选择由产权交易机构托管股权，在股权转让方和受让方签署股权转让合同后，双方在托管机构办理变更手续，否则由公司变更股东名册和/或公司章程，并提交工商管理部门备案。

（3）增资事项需要由股份公司股东大会以特别决议通过方能进行，即需要出席股东大会股东所持表决权三分之二以上通过。增资方案需要结合公司的股权结构和资金需求来制订，企业规模较小时最好仅对原有股东进行增资，保证股权相对集中，避免股权过早被稀释。

第三部分

股票发行申报材料制作和审核原则与流程

第一章

发行申报材料的制作

77. 制作发行申请文件需要做哪些准备?

（1）建立相关工作底稿。

（2）关于本次发行上市事宜召开董事会、股东大会。

（3）取得政府部门的相关批文或文件。

（4）聘请中介机构出具相关专业意见。

（5）准备好各类申请文件的原件或做好鉴证，并汇总制作申请文件。

（6）配合中介机构履行内部问核、立项和内核申请程序。

78. 发行上市申请文件包括哪些内容?

根据《信息披露内容与格式准则第 29 号》，创业板企业首次公开发行股票并上市申请文件主要如下：

（1）招股文件，包括招股说明书（申报稿）。

（2）发行人关于本次发行上市的申请与授权文件，包括：①关于本次公开发行股票并在创业板上市的申请报告；②董事会有关本次发行并上市的决议；③股东大会有关本次发行并上市的决议；④关于符合创业板定位要求的专项说明。

（3）保荐机构和证券服务机构关于本次发行上市的文件，包括：①保荐机构关于本次发行上市的文件：关于发行人符合创业板定位要求的专项意见、发行保荐书、上市保荐书、保荐工作报告、关于发行人预计市值的分析报告（如适用）、保荐机构相关子公司参与配售的相关文件（如有）；②会计师关于本次发行上市的文件：财务报表及审计报告、发行人审计报告基准日至招股说明书签署日之间的相关财务报表及审阅报告（如有）、盈利预测报告及审核报告（如有）、内部控制鉴证报告、经注册会计师鉴证的非经常性损益明细表；③发行人律师关于本次发行上市的文件：法律意见书、律师工作报告，关于发行人董事、监事、高级管理人员、发行人控股股东和实际控制人在相关文件上签名盖章的真实性的鉴证意见，关于申请电子文件与预留原件一致的鉴证意见。

（4）发行人设立的文件，包括：①发行人的企业法人营业执照；②发行人公司章程（草案）；③发行人关于公司设立以来股本演变情况的说明及其董事、监事、高级管理人员的确认意见；④商务主管部门出具的外资确认文件（如有）。

（5）与财务会计资料相关的其他文件，包括：①发行人关于最近三年及一期的纳税情况及政府补助情况：发行人最近三年及一期所得税纳税申报表，有关发行人税收优惠、政府补助的证明文件，主要税种纳税情况的说明、注册会计师对主要税种纳税情况说明出具的意见、发行人及其重要子公司或主要经营机构最近三年及一期发行人纳税情况的证明；②最近三年及一期原始财务报表、原始财务报表与申报财务报表的差异比较表、注册会计师对差异情况出具的意见；③发行人设立时和最近三年及一期的资产评估报告（如有）；④发行人的历次验资报告或出资证明；⑤发行人大股东或控股股东最近一年的原始财务报表及审计报告（如有）。

（6）关于本次发行上市募集资金运用的文件，包括：①发行人关于募集资金运用方向的总体安排及其合理性、必要性的说明；②募集资金投资项目的审批、核准或备案文件（如有）；③发行人拟收购资产（或股权）的财务报表、资产评估报告及审计报告、盈利预测报告（如有）；④发行人拟收购资产（或股权）的合同或合同草案（如有）。

（7）其他文件，主要包括：①产权和特许经营权证书：发行人拥有或使用的对其生产经营有重大影响的商标、专利、计算机软件著作权等知识产权以及土地使用权、房屋所有权等产权证书清单

(需列明证书所有者或使用者名称、证书号码、权利期限、取得方式、是否及存在何种他项权利等内容)，发行人律师就上述清单所列产权证书出具的鉴证意见，特许经营权证书（如有）；②重要合同：对发行人有重大影响的商标、专利、专有技术等知识产权许可使用协议（如有)，重大关联交易协议（如有)，重组协议（如有)，特别表决权股份等差异化表决安排涉及的协议（如有)，高管员工配售协议（如有)，其他重要商务合同（如有)；③特定行业（或企业）的管理部门出具的相关意见（如有)；④承诺事项：发行人及其实际控制人、控股股东、持股5%以上股东以及发行人董事、监事、高级管理人员等责任主体的重要承诺以及未履行承诺的约束措施，有关消除或避免同业竞争的协议以及发行人的控股股东和实际控制人出具的相关承诺，发行人全体董事、监事、高级管理人员对发行申请文件真实性、准确性、完整性的承诺书，发行人控股股东、实际控制人对招股说明书的确认意见，发行人关于申请电子文件与预留原件一致的承诺函，保荐机构关于申请电子文件与预留原件一致的承诺函，发行人保证不影响和干扰审核的承诺函；⑤说明事项：发行人关于申请文件不适用情况的说明，发行人关于招股说明书不适用情况的说明，信息披露豁免申请（如有)；⑥保荐协议；⑦其他文件(如证券服务机构的承诺性文件)。

上述申请文件目录是对发行申请文件的最低要求。中国证监会和交易所根据审核需要可以要求发行人、保荐机构和相关证券服务机构补充文件。如果某些文件对发行人不适用，应做出书面说明。

79. 招股说明书主要包括哪些内容?

根据《信息披露内容与格式准则第28号》规定，招股说明书主要包括如下内容：

（1）封面、书脊、扉页、目录、释义。

（2）概览。

（3）本次发行概况。

（4）风险因素。

（5）发行人基本情况。

(6) 业务与技术。

(7) 公司治理与独立性。

(8) 财务会计信息与管理层分析。

(9) 募集资金运用与未来发展规划。

(10) 投资者保护。

(11) 其他重要事项。

(12) 声明。

(13) 附件。

80. 招股说明书信息披露的特殊规定主要包括哪些方面?

根据《信息披露内容与格式准则第28号》规定，招股说明书信息披露的特殊规定主要包括：

(1) 格式准则的规定是对招股说明书信息披露的最低要求，不论准则是否有明确规定，凡对投资者做出价值判断和投资决策有重大影响的信息，均应披露。

(2) 发行人作为信息披露第一责任人，应以投资者投资需求为导向编制招股说明书，为投资者做出价值判断和投资决策提供充分且必要的信息，保证相关信息的内容真实、准确、完整。

(3) 发行人在招股说明书中披露的财务会计资料应有充分的依据，所引用的发行人的财务报表、盈利预测报告（如有）应由符合《证券法》规定的会计师事务所审计或审核。

(4) 发行人在招股说明书中披露盈利预测及其他涉及发行人未来经营和财务状况信息，应谨慎、合理。

(5) 发行人应在招股说明书显要位置提示创业板投资风险，作如下声明："本次股票发行后拟在创业板市场上市，该市场具有较高的投资风险。创业板公司具有创新投入大、新旧产业融合成功与否存在不确定性、尚处于成长期、经营风险高、业绩不稳定、退市风险高等特点，投资者面临较大的市场风险。投资者应充分了解创业板市场的投资风险及本公司所披露的风险因素，审慎做出投资决定"。

(6) 本准则某些具体要求对发行人确实不适用的，发行人可根据实际情况，在不影响披露内容完整性的前提下进行适当调整，但应在提交申请时作书面说明。

（7）信息披露事项涉及重要性水平判断的，发行人应结合自身业务特点，披露重要性水平的确定标准和依据。

（8）发行人下属企业的资产、收入或利润规模对发行人有重大影响的，应参照本准则的规定披露该下属企业的相关信息。

（9）发行人在报送申请文件后，发生应予披露事项的，应按规定及时履行信息披露义务。申请文件受理后，发行人应按规定履行预先披露程序。

81. 哪些情形可以申请招股说明书豁免披露？

根据《信息披露内容与格式准则第 28 号》规定，可以申请豁免披露的情形主要为：若发行人有充分依据证明本准则要求披露的某些信息涉及国家秘密、商业秘密及其他因披露可能导致其违反国家有关保密法律法规规定或严重损害公司利益的，发行人可申请豁免按本准则披露。

82. 盈利预测报告是不是申请材料的必备文件？

根据《信息披露内容与格式准则第 29 号》，盈利预测报告不是申请材料的必备文件。如果发行人能够提供准确的盈利预测，投资者就可以对于发行人及其股票做出相对正确的判断。

根据《注册管理办法》相关规定，发行人披露盈利预测，利润实现数如未达到盈利预测的 80% 的，除因不可抗力外，其法定代表人、财务负责人应当在股东大会以及交易所网站、符合中国证监会规定条件的媒体上公开做出解释并道歉；中国证监会可以对法定代表人处以警告。利润实现数未达到盈利预测的 50% 的，除因不可抗力外，中国证监会在三年内不受理该公司的公开发行证券申请。注册会计师为上述盈利预测出具审核报告的过程中未勤勉尽责的，中国证监会视情节轻重，对相关机构和责任人员采取监管谈话等监管措施；情节严重的，给予警告等行政处罚。

83. 纳税申报资料包括哪些内容？

（1）发行人最近三年及一期所得税纳税申报表。

（2）有关发行人税收优惠、政府补助的证明文件。

（3）主要税种纳税情况的说明。

（4）注册会计师对主要税种纳税情况说明出具的意见。

（5）发行人及重要子公司或主要经营机构最近三年及一期发行人纳税情况的证明。

84. 曾经发行过内部职工股企业的申请文件有何特殊要求？

历史上曾经允许企业发行内部职工股，此类发行人提交给中国证监会的申请材料中，除常规材料外，还应提供的文件包括：有关内部职工股发行和演变情况的文件（历次发行内部职工股的批准文件、内部职工股发行的证明文件、托管机构出具的历次托管证明、有关违规清理情况的文件、发行律师对前述文件真实性的鉴证意见）；省级人民政府或国务院有关部门关于发行人内部职工股审批、发行、托管、清理以及是否存在潜在隐患等情况的确认文件；中介机构的意见（发行人律师关于发行人内部职工股审批、发行、托管和清理情况的核查意见以及保荐机构关于发行人内部职工股审批、发行、托管和清理情况的核查意见）。

在招股说明书中，发行人如发行过内部职工股，或出现原工会持股或职工持股进行转让的，应主要披露以下情况：①内部职工股的审批及发行情况，包括审批机关、审批日期、发行数量、发行方式、发行范围、发行缴款及验资情况。②本次发行前的内部职工股托管情况，包括托管单位、前十名自然人股东名单、持股数量及比例、应托管数量、实际托管数量、托管完成时间，未托管股票数额及原因、未托管股票的处理办法。省级人民政府对发行人内部职工股托管情况及真实性的确认情况。③发生过的违法违规情况，包括超范围和超比例发行的情况，通过增发、配股、国家股和法人股转配等形式变相增加内部职工股的情况，内部职工转让和交易中的违法违规情况，法人股个人化的情况，这些违法违规行为的纠正情况及省级人民政府对清理、纠正情况的确认意见。④对尚存在内部职工股潜在问题和风险隐患的，应披露有关责任的承担主体。⑤发行人曾存在工会持股、职工持股会持股、信托持股、委托持股或股东数量超过 200 人的，应详细披露有关股份的形成原因及演变情况；进行过清理的，应当说明是否存在潜在问题和风险隐患，以及有关责任的承担主体等。

85. 发行上市申请文件格式有哪些要求？

根据《信息披露内容与格式准则第 29 号》的规定，发行上市申请文件的格式要求主要包括：

（1）发行人向交易所发行上市审核业务系统报送的申请文件应采用标准“.doc”“.docx”或“.pdf”格式文件，按幅面为 209 毫米×295 毫米规格的纸张（相当于标准 A4 纸张规格）进行排版，并应采用合适的字体、字号、行距，易于投资者阅读。

（2）申请文件的正文文字应为宋体小四号，1.5 倍行距，一级标题应为黑体三号，二级标题应为黑体四号，三级标题应为黑体小四号，且各级标题应分别采用一致的段落间距。

（3）申请文件中章与章之间、节与节之间应有明显的分隔标识，文档应根据各级标题建立文档结构图以便于阅读。

（4）申请文件中的页码应与目录中标识的页码相符。例如，第四部分 4－1 的页码标注为 4－1－1、4－1－2、4－1－3……4－1－n。

86. 上市申请文件对原件及复印件的报送有何要求？

根据《信息披露内容与格式准则第 29 号》规定，发行人应通过深圳证券交易所发行上市审核业务系统报送电子文件。报送的电子文件应和预留原件一致，发行人律师应对报送的电子文件与预留原件的一致性出具鉴证意见，报送的电子文件和预留原件具有同等的法律效力。

发行人应确保申请文件的原始纸质文件已存档，对于申请文件的原始纸质文件，发行人不能提供有关文件原件的，应由发行人律师提供鉴证意见，或由出文单位盖章，以保证与原件一致。如原出文单位不再存续，由承继其职权的单位或做出撤销决定的单位出文证明文件的真实性。对于申请文件的原始纸质文件中需要由发行人律师鉴证的文件，发行人律师应在该文件首页注明“以下第××页至第××页与原件一致”，并签名和签署鉴证日期，律师事务所应在该文件首页加盖公章，并在第××页至第××页侧面以公章加盖骑缝章。

87. 如何理解招股说明书具有可读性和可理解性？

根据《信息披露内容与格式准则第28号》规定，招股说明书应便于投资者阅读，简明清晰，通俗易懂，尽量使用图表、图片或其他较为直观的披露方式，具有可读性和可理解性：

（1）应客观、全面，使用事实描述性语言，突出事件实质，不得选择性披露，不得使用市场推广的宣传用语。

（2）应使用直接、简洁、确定的语句，尽量避免使用艰深晦涩、生僻难懂的专业术语或公文用语。

（3）披露的内容应清晰、明确，并结合发行人情况进行具体准确的解释说明。

（4）对不同章节或段落出现的同一语词、表述、事项的披露应具有一致性，在不影响信息披露的完整性和不致引起阅读不便的前提下，可以相互引证。

88. 招股说明书引用相关意见、数据或有外文译本的，应符合哪些要求？

根据《信息披露内容与格式准则第28号》规定，招股说明书引用相关意见、数据或有外文译本的，应符合如下要求：

（1）应准确引用与本次发行有关的中介机构的专业意见或报告。

（2）引用第三方数据或结论，应注明资料来源，确保有权威、客观、独立的依据并符合时效性要求。

（3）引用的数字应采用阿拉伯数字，货币金额除特别说明外，应指人民币金额，并以元、千元、万元或百万元为单位。

（4）可根据有关规定或其他需求，编制招股说明书外文译本，但应保证中外文文本的一致性，并在外文文本上注明：“本招股说明书分别以中、英（或日、法等）文编制，在对中外文文本的理解上发生歧义时，以中文文本为准。”

89. 招股说明书及其引用的财务报告的有效期如何？

根据《注册管理办法》规定，招股说明书的有效期为6个月，自公开发行前最后一次签署之日起计算。招股说明书引用经审计的财务报表在其最近一期截止日后6个月内有效，特殊情况下发行人可申请适当延长，但至多延长不超过3个月。财务报表应当以年度末、半年度末或者季度末为截止日。

90. 报送发行上市申请文件需要注意哪些问题？

（1）材料完备性。按格式准则附件文件目录制作上市申请文件，文件目录是对发行申请文件的最低要求，中国证监会和交易所根据审核需要可以要求发行人、保荐机构和相关证券服务机构补充文件。如果某些文件对发行人不适用，应做出书面说明，补充文件和相关说明也应通过交易所发行上市审核业务系统报送。

（2）申请文件签字要求。申请文件的原始纸质文件所有需要签名处，应载明签名字样的印刷体，并由签名人亲笔签名，不得以名章、签名章等代替。

（3）申请文件的更换和补充。申请文件一经受理，未经同意，不得增加、撤回或更换。发行人应根据交易所对申请文件的问询及中国证监会对申请文件的反馈问题提供补充材料，保荐机构和相关证券服务机构应对相关问题进行尽职调查并补充出具专业意见。

第二章

发行审核原则与流程

91. 中国证监会对于发行审核有哪些责任?

（1）加强对审核注册工作的统筹指导，统一审核理念，统一审核标准，定期检查深圳证券交易所审核标准、制度的执行情况。

（2）首次公开发行股票并在创业板上市的企业，依法经深圳证券交易所上市审核后报中国证监会注册，中国证监会收到交易所报送的审核意见、发行人注册申请文件及相关审核资料后，履行发行注册程序。发行注册主要关注交易所发行上市审核内容有无遗漏，审核程序是否符合规定，以及发行人在发行条件和信息披露要求的重大方面是否符合相关规定。中国证监会认为存在需要进一步说明或者落实事项的，可以要求交易所进一步问询。中国证监会认为交易所对影响发行条件的重大事项未予关注或者交易所的审核意见依据明显不充分的，可以退回交易所补充审核。交易所补充审核后，认为发行人符合发行条件和信息披露要求的，重新向中国证监会报送审核意见及相关资料。

（3）中国证监会在20个工作日内对发行人的注册申请做出同意注册或者不予注册的决定。

（4）同意发行人首次公开发行股票注册的，不表明中国证监会和交易所对该股票的投资价值或者投资者的收益做出实质性判断或者保证，也不表明中国证监会和交易所对注册申请文件的真实性、准确性、完整性做出保证。

92. 创业板企业首次公开发行的审核机构有哪些?

深圳证券交易所设立独立的审核部门，负责审核发行人公开发行并在创业板上市的申请；设立行业咨询专家库，负责为创业板建设和发行上市审核提供专业咨询和政策建议；设立创业板上市委员会，负责对审核部门出具的审核报告和发行人的申请文件提出审议意见。

93. 上市委员会的工作职责是什么?

（1）对深交所发行上市审核机构出具的审核报告以及发行上市申请文件进行审议，就发行上市审核机构提出的初步审核意见提出审议意见。

（2）对发行人提出异议的深交所不予受理、终止审核决定进行复审，提出复审意见。

（3）对深交所发行上市审核机构及相关部门提交咨询的事项进行讨论，提出咨询意见。

（4）对上市委员会年度工作进行讨论、研究。

（5）深交所规定的其他职责。

94. 上市委员会是如何组成的?

（1）上市委员会委员主要由深圳证券交易所以外的专家和所内相关专业人员组成，由交易所聘任。

（2）上市委员会由不超过60名委员组成。交易所可以根据需要对上市委员会委员人数和人员构成进行调整。

95. 上市委员会委员应当符合哪些条件?

（1）具有较高的政治思想素质、理论水平和道德修养。

（2）坚持原则，公正廉洁，忠于职守，严格遵守法律、行政法规、部门规章和深交所及相关自律组织的业务规则。

（3）熟悉证券发行上市相关业务及有关证券法律、行政法规、部门规章和深交所业务规则。

（4）熟悉所从事行业的专业知识，在所从事领域内有较高声誉。

（5）没有违法、违规记录以及严重不良诚信记录。

（6）交易所认为必要的其他条件。

96. 聘任上市委员会委员的程序是怎样的？

（1）由交易所提请相关单位推荐上市委员会委员人选。

（2）交易所将委员人选名单在交易所网站公示，公示期不少于5个工作日。

（3）公示期满后，交易所总经理办公会议根据委员选任条件进行遴选，拟定拟聘任委员名单后提交理事会审定。

（4）交易所做出聘任决定，接受聘任的委员按照交易所规定签署履职相关承诺。

97. 上市委员会委员的任期是多长时间？

深圳证券交易所创业板上市委员会委员每届任期二年，可以连任，但最长不超过两届。委员任期届满的，由交易所予以续聘或者更换。交易所根据需要，可以调整委员每届任期年限和连续任职期限。

98. 上市委员会委员有哪些情形，深交所予以解聘？

上市委员会委员有下列情形之一的，深交所予以解聘：

（1）不符合《深圳证券交易所创业板上市委员会管理办法》第八条规定的条件。

（2）存在不遵守回避制度，利用委员身份开展商业活动等违反工作纪律的行为。

（3）未勤勉尽责，不符合深交所考核要求。

（4）本人提出辞职申请。

（5）所在单位或者推荐其担任委员的机构提请解聘，经交易所研究认为不适合担任上市委员会委员的。

（6）两次以上无故不参加上市委员会会议。

（7）交易所认为不适合担任上市委员会委员的其他情形。上市委员会委员的解聘不受任期是否届满的限制。上市委员会委员解聘后，交易所将及时选聘新的上市委员会委员。

99. 上市委员会委员应履行哪些职责？

（1）保证足够的时间和精力参与上市委员会的工作，勤勉尽责。

（2）按时出席上市委员会会议，独立、客观、公正地发表意见。

（3）及时向深交所报告影响或可能影响其公正履职的有关事项。

（4）遵守深交所上市委员会有关规则和纪律要求，接受深交所的考核和监督，签署并遵守其履职承诺。

（5）深交所规定的其他职责。

100. 上市委员会委员是否可以委托他人代为出席？

上市委员会委员应当亲自出席会议，不得委托他人代为出席。上市委员会委员因回避、不可抗力、意外事件或者其他特殊情形不能亲自出席会议的，应当提前通知上市委员会秘书处。深交所可根据情况对参会委员或会议安排等做相应调整。

101. 上市委员会委员履行职责时，哪些情形应当回避？

上市委员会委员履行职责时，有下列情形之一的，应当回避：

（1）上市委员会委员或者其亲属近两年内担任发行人或其控股股东、实际控制人或者保荐机构、独立财务顾问的董事、监事、高级管理人员。

（2）上市委员会委员或者其亲属、上市委员会委员所在工作单位与发行人、保荐机构、独立财务顾问存在股权关系，可能影响其公正履行职责。

（3）上市委员会委员或者其亲属、上市委员会委员所在工作单位近两年内为发行人提供保荐、承销、审计、评估、法律、咨询等服务，可能影响其公正履行职责。

（4）上市委员会委员或者其亲属担任董事、监事、高级管理人员的公司与发行人存在行业竞争关系，或者与发行人、保荐机构、独立财务顾问有利害关系，经认定可能影响其公正履行职责。

（5）上市委员会会议召开前，与发行人、保荐机构、独立财务顾问及其他相关单位或者个人进行过接触，可能影响其公正履行职责。

（6）深交所认定的可能产生利害冲突或者上市委员会委员认为可能影响其公正履行职责的其他情形。

上述条款所称亲属，包括上市委员会委员的配偶、父母、子女、兄弟姐妹、配偶的父母、子女的配偶、兄弟姐妹的配偶。

102. 上市委员会秘书处负责处理哪些具体事务？

深交所设立上市委员会秘书处，作为上市委员会的办事机构，负责处理下列具体事务：

（1）选定上市委员会委员参加会议，安排会议场地及设施，通知参会人员，送达会议材料等。

（2）维护会场秩序，负责上市委员会会议录音录像，记录会议讨论情况，起草会议纪要。

（3）在深交所网站发布上市委员会会议有关信息，对有关文件资料进行存档。

（4）落实上市委员会委员遴选、聘任、解聘、换届等工作。

（5）负责委员的联络沟通、服务保障、考核监督等日常工作。

（6）上市委员会要求办理的其他事项。

103. 咨询委员会专家库如何组成？

咨询委员会专家库由从事与新技术、新产业、新业态、新模式紧密相关行业的权威专家、知名企业家、资深投资专家组成，并可根据行业设立不同咨询组别。所有专家均为兼职。深交所可以根据需要对专家库人数和人员构成进行调整，并在深交所网站公开。

104. 咨询委员会专家库的工作职责有哪些？

专家库是深交所专家咨询机构，负责向交易所提供专业咨询、人员培训和政策建议。

105. 专家库专家应当具备哪些条件？

（1）严格遵守国家法律法规，坚持原则，公正廉洁，恪守职业道德和诚信准则，没有严重不良诚信记录。

（2）从事与新技术、新产业、新业态、新模式紧密相关行业的科学研究、企业经营、投资管理、政策制定等相关工作，熟悉相关方面的产业政策、前沿技术、发展前景、竞争态势等，在所在领域取得突出成就，享有较高社会声望。

（3）愿意且保证认真参与咨询工作。

（4）深交所认为需要符合的其他条件。

106. 专家库专家有哪些情形之一的，深交所予以解聘？

（1）违反法律、行政法规、中国证监会和深交所相关规定。

（2）未按照深交所相关规定勤勉履职。

（3）本人提出辞职申请。

（4）深交所认为不适合继续担任专家的其他情形。

107. 专家库专家就哪些事项提供咨询意见？

（1）发行上市申请文件中与发行人业务和技术相关的信息披露问题。

（2）发行人是否符合创业板定位。

（3）重组上市标的资产是否为符合国家战略的高新技术产业和战略性新兴产业资产。

（4）国内外科技创新及产业化应用的发展动态。

（5）深交所相关行业信息披露规则的制定。

（6）深交所根据工作需要提请咨询的其他事项。

108. 专家库专家提供咨询意见时有哪些情形之一的，应当回避？

（1）专家或者其亲属近两年内担任发行人或其控股股东，实际控制人或者保荐机构，独立财务顾问的董事、监事、高级管理人员。

（2）专家或者其亲属、专家所在工作单位与发行人或者保荐机构、独立财务顾问存在股权关系，可能影响其公正履行职责。

（3）专家或者其亲属、专家所在工作单位近两年内与发行人存在业务往来，可能影响其公正履行职责。

（4）专家或者其亲属担任董事、监事、高级管理人员的公司与发行人存在行业竞争关系或者与发行人或保荐机构、独立财务顾问有利害关系，经认定可能影响其公正履行职责。

（5）专家提供咨询意见前，与发行人、保荐机构或独立财务顾问及其他相关单位或者个人进行过接触，可能影响其公正履行职责。

（6）深交所认定的可能产生利害冲突或者专家认为可能影响其公正履行职责的其他情形。

前款所称亲属，包括专家的配偶、父母、子女、兄弟姐妹、配偶的父母、子女的配偶、兄弟姐妹的配偶。

109. 发行上市注册程序有哪些？

（1）申请与受理。发行人申请股票首次发行上市，应当按照规定聘请保荐机构进行保荐，并委托保荐机构通过深交所发行上市审核业务系统报送发行上市申请文件。深交所收到发行上市申请文件后5个工作日内，对文件进行核对，做出是否受理的决定，告知发行人及其保荐机构，并在深交所网站公示。

（2）交易所审核。深交所对发行条件、上市条件、信息披露的要求等进行审核，结合上市委员会的审议意见，出具发行人符合发行条件、上市条件和信息披露要求的审核意见或者做出终止发行上市审核的决定。交易所主要通过向发行人提出审核问询、发行人回答问题方式开展审核工作，判断发行人是否符合发行条件、上市条件和信息披露要求。

（3）中国证监会注册。深交所认为发行人符合发行条件和信息披露要求的，将审核意见、发行人注册申请文件及相关审核资料报中国证监会履行发行注册程序。中国证监会在20个工作日内对发行人的注册申请做出同意注册或者不予注册的决定。发行人在取得中国证监会同意注册决定后，方可启动股票公开发行。

110. 交易所在提高审核工作透明度方面有哪些举措？

公开以下内容，提高审核工作透明度：

（1）发行上市审核标准和程序等发行上市审核业务规则，以及相关业务细则。

（2）在审企业名单、企业基本情况及审核工作进度。

（3）发行上市审核问询及回复情况，但涉及国家秘密或者发行人商业秘密的除外。

（4）上市委员会会议的时间、参会委员名单、审议的发行人名单、审议结果及现场问询问题。

（5）对股票公开发行并上市相关主体采取的自律监管措施或者纪律处分。

（6）交易所规定的其他事项。

111. 董事会决议包括哪些事项？

发行人董事会应当依法就本次发行股票的具体方案、本次募集资金使用的可行性及其他必须明确的事项做出决议，并提请股东大会批准。

112. 股东大会决议包括哪些事项？

（1）本次公开发行股票的种类和数量。

（2）发行对象。

（3）定价方式。

（4）募集资金用途。

（5）发行前滚存利润的分配方案。

（6）决议的有效期。

（7）对董事会办理本次发行具体事宜的授权。

（8）其他必须明确的事项。

113. 发行上市受理流程如何？

（1）发行人申请首次公开发行股票并在创业板上市，应当按照中国证监会有关规定制作注册申请文件，由保荐机构保荐并向交易所申报。

（2）交易所收到注册申请文件后，5 个工作日内做出是否受理的决定。

（3）自注册申请文件受理之日起，发行人及其控股股东、实际控制人、董事、监事、高级管理人员，以及与本次股票公开发行并上市相关的保荐机构、证券服务机构及相关责任人员，应承担相应法律责任。

（4）注册申请文件受理后，未经中国证监会或者交易所同意，不得改动。发生重大事项的，发行人、保荐机构、证券服务机构应当及时向交易所报告，并按要求更新注册申请文件和信息披露资料。

114. 首发申请审核主要环节有哪些？

（1）对股票首次发行上市申请，深交所发行上市审核机构自受理之日起20个工作日内，通过保荐机构向发行人提出首轮审核问询。在首轮审核问询发出前，发行人及其保荐机构、证券服务机构及其相关人员不得与审核人员接触，不得以任何形式干扰审核工作。

（2）在首轮审核问询发出后，发行人及其保荐机构对深交所审核问询存在疑问的，可以通过深交所发行上市审核业务系统进行沟通；确需当面沟通的，可以通过深交所发行上市审核业务系统预约。

（3）首轮审核问询后，存在下列情形之一的，深交所发行上市审核机构收到发行人回复后10个工作日内可以继续提出审核问询：①首轮审核问询后，发现新的需要问询事项；②发行人及其保荐机构、证券服务机构的回复未能有针对性地回答深交所发行上市审核机构提出的审核问询，或者深交所就其回复需要继续审核问询；③发行人的信息披露仍未满足中国证监会和深交所规定的要求；④深交所认为需要继续审核问询的其他情形。

（4）发行人及其保荐机构、证券服务机构应当按照深交所发行上市审核机构审核问询要求进行必要的补充调查和核查，及时、逐项回复深交所发行上市审核机构提出的审核问询，相应补充或者修改发行上市申请文件，并于上市委员会审议会议结束后10个工作日内汇总补充报送与审核问询回复相关的保荐工作底稿和更新后的验证版招股说明书。

（5）深交所发行上市审核机构可以根据需要，就发行上市申请文件中与发行人业务与技术相关的信息披露问题，向深交所行业咨询专家库中的相关专家进行咨询；相关专家所提出的咨询意见，可以供深交所审核问询参考。

(6) 深交所在发行上市审核中，可以根据需要，约见问询发行人的董事、监事、高级管理人员、控股股东、实际控制人以及保荐机构、证券服务机构及其相关人员，调阅发行人、保荐机构、证券服务机构与发行上市申请相关的资料。

(7) 深交所依照相关规定，从发行上市申请文件已被深交所受理的发行人中抽取一定比例，对其信息披露质量进行现场检查。

(8) 深交所发行上市审核机构收到发行人及其保荐机构、证券服务机构对深交所审核问询的回复后，认为不需要进一步审核问询的，将出具审核报告并提交上市委员会审议。

(9) 上市委员会召开审议会议，对深交所发行上市审核机构出具的审核报告及发行上市申请文件进行审议。上市委员会进行审议时要求对发行人及其保荐机构进行现场问询的，发行人代表及保荐代表人应当到会接受问询，回答委员提出的问题。上市委员会审议时，参会委员就审核报告的内容和发行上市审核机构提出的初步审核意见发表意见，通过合议形成发行人是否符合发行条件、上市条件和信息披露要求的审议意见。

(10) 深交所结合上市委员会的审议意见，出具发行人符合发行条件、上市条件和信息披露要求的审核意见，或者做出终止发行上市审核的决定。

115. 发行条件审核应重点关注哪些方面？

发行人是否符合《注册管理办法》及中国证监会规定的发行条件；保荐机构和律师事务所等证券服务机构出具的发行保荐书、法律意见书等文件中是否就发行人符合发行条件逐项发表明确意见，且具备充分的理由和依据。对上述事项存在疑问的，发行人应当按照要求做出解释说明，保荐机构及证券服务机构应当进行核查，并相应修改发行上市申请文件。

116. 信息披露审核应重点关注哪些方面？

（1）对发行上市申请文件进行审核，通过提出问题、回答问题等多种方式，督促发行人及其保荐机构、证券服务机构完善信息披露，真实、准确、完整地披露信息，提高信息披露质量。

（2）在信息披露审核中，应重点关注发行人的信息披露是否达到真实、准确、完整的要求，是否符合招股说明书内容与格式准则的要求。

（3）在信息披露审核中，应重点关注发行上市申请文件及信息披露内容是否包含对投资者做出投资决策有重大影响的信息，披露程度是否达到投资者做出投资决策所必需的水平。包括但不限于是否充分、全面披露发行人业务、技术、财务、公司治理、投资者保护等方面的信息以及本次发行的情况，是否充分揭示可能对发行人经营状况、财务状况产生重大不利影响的所有因素。

（4）在信息披露审核中，应重点关注发行上市申请文件及信息披露内容是否一致、合理和具有内在逻辑性，包括但不限于财务数据是否钩稽合理，是否符合发行人实际情况，非财务信息与财务信息是否相互印证，保荐机构、证券服务机构核查依据是否充分，能否对财务数据的变动或者与同行业公司存在的差异做出合理解释。

（5）在信息披露审核中，应重点关注发行上市申请文件披露的内容是否简明易懂，是否便于一般投资者阅读和理解。包括但不限于是否使用浅白语言，是否简明扼要、重点突出、逻辑清晰，是否结合企业自身特点进行有针对性的信息披露。

（6）对发行上市申请文件的信息披露进行审核时，可以视情况在审核问询中对发行人、保荐机构及证券服务机构提出下列要求：解释和说明相关问题及原因；补充核查相关事项；补充提供新的证据或材料；修改或更新信息披露内容。

117. 审核过程中企业应注意哪些问题？

（1）在首轮审核问询发出前，发行人及其保荐机构、证券服务机构及其相关人员不得与审核人员接触，不得以任何形式干扰审核工作。

（2）在首轮审核问询发出后，发行人及其保荐机构对深交所审核问询存在疑问的，可以通过深交所发行上市审核业务系统进行沟通；确需当面沟通的，可以通过深交所发行上市审核业务系统预约。

（3）发行上市申请文件和对深交所发行上市审核机构审核问询的回复中，拟披露的信息属于国家秘密、商业秘密，披露后可能导致其违反国家有关保密的法律法规或者严重损害公司利益的，发行人及其保荐机构可以向深交所申请豁免披露。深交所认为豁免披露理由不成立的，发行人应当按照规定予以披露。

（4）深交所在发行上市审核中，可以根据需要，约见问询发行人的董事、监事、高级管理人员、控股股东、实际控制人以及保荐机构、证券服务机构及其相关人员，调阅发行人、保荐机构、证券服务机构与发行上市申请相关的资料。

（5）深交所在发行上市审核中，发现发行上市申请文件存在重大疑问且发行人及其保荐机构、证券服务机构回复中无法做出合理解释的，可以对发行人及其保荐机构、证券服务机构进行现场检查。

118. 更换中介机构及中介人员的处理程序是怎样的?

（1）发行人更换保荐机构的，除因保荐机构存在被立案调查或者执业受限等非发行人原因的情形外，需重新履行申报及受理程序。

（2）发行人更换签字保荐代表人、签字律师、签字会计师、签字资产评估师无须中止审查。相关中介机构应当做好更换的衔接工作，更换后的中介机构签字人员完成尽职调查并出具专业意见后，相关中介机构应当将齐备的文件及时提交发行监管部门，并办理中介机构签字人员更换手续。更换手续完成前，中介机构原签字人员继续承担相应法律责任。

（3）发行人因中止审查事项中的第二项至第五项，保荐机构、证券服务机构或者相关签字人员因立案调查或者业务受限等非发行人原因中止审核的，发行人根据规定需要更换保荐机构或者证券服务机构的，更换后的保荐机构或者证券服务机构应当自中止审核之日起三个月内完成尽职调查，重新出具相关文件，并对原保荐机构或者证券服务机构出具的文件进行复核，出具复核意见，对差异情况做出说明。发行人根据规定无须更换保荐机构或者证券服务机构的，保荐机构或者证券服务机构应当及时向深交所出具复核报告。

（4）发行人因中止审查事项中第二项至第五项，保荐机构、证券服务机构或者相关签字人员因立案调查或者业务受限等非发行人原因中止审核的，发行人更换签字保荐代表人或者证券服务机构相关签字人员的，更换后的保荐代表人或者证券服务机构相关人员应当自中止审核之日起一个月内，对原保荐代表人或者证券服务机构相关人员签字的文件进行复核，出具复核意见，对差异情况做出说明。

（5）更换中介机构或签字人员过程中，发行人、保荐机构应当出具专项说明，变更前后的中介机构或签字人员均应当出具承诺函。如仅涉及签字人员变更的，除变更前后的签字人员外，所属中介机构应当出具承诺函。专项说明或承诺函应当说明变更原因、变更后中介机构或签字人员的基本情况（从业资格、执业情况）等内容，还应当对变更前后中介机构或签字人员签署的相关文件的真实性、准确性、完整性等事项进行承诺。专项说明或承诺函应当由相关负责人及签字人员签字，发行人或中介机构盖章。

119. 中介机构及中介人员被行政机关调查的处理程序是怎样的？

（1）出现下列情形的，发行人、保荐机构和证券服务机构应当及时告知深交所，深交所将中止发行上市审核，通知发行人及其保荐机构：发行人的保荐机构或者签字保荐代表人、证券服务机构或者相关签字人员因首次公开发行并上市、上市公司发行证券、并购重组业务涉嫌违法违规，或者其他业务涉嫌违法违规且对市场有重大影响被中国证监会立案调查，或者被司法机关侦查，尚未结案的。

（2）出现上述情形，发行人、保荐机构和证券服务机构未及时告知深交所，深交所经核实符合中止审核情形的，将直接中止审核。

（3）因上述情形中止审核，发行人根据规定需要更换保荐机构或者证券服务机构的，更换后的保荐机构或者证券服务机构应当自中止审核之日起三个月内完成尽职调查，重新出具相关文件，并对原保荐机构或者证券服务机构出具的文件进行复核，出具复核意见，对差异情况做出说明。发行人根据规定无须更换保荐机构或者证券服务机构的，保荐机构或者证券服务机构应当及时向深交所出具复核报告。

（4）因上述情形中止审核，发行人更换签字保荐代表人或者证券服务机构相关签字人员的，更换后的保荐代表人或者证券服务机构相关人员应当自中止审核之日起一个月内，对原保荐代表人或者证券服务机构相关人员签字的文件进行复核，出具复核意见，对差异情况做出说明。

（5）因上述中止审核情形未能在相关时限内完成相关事项的，深交所将终止发行上市审核，通知发行人及其保荐机构。

120. 哪些情形需要中介机构履行复核程序，如何履行复核程序？

发行人由于中介机构或相关签字人员被立案调查或执业受限等非发行人原因中止审核的，需履行以下复核程序：

（1）根据规定需要更换保荐机构或者证券服务机构的，应由更换后的保荐机构或者证券服务机构自中止审核之日起三个月内完成尽职调查，重新出具相关文件，并对原保荐机构或者证券服务机构出具的文件进行复核，出具复核意见，对差异情况做出说明。

（2）发行人根据规定无须更换保荐机构或者证券服务机构的，保荐机构或者证券服务机构应当及时向交易所出具复核报告。

（3）发行人更换签字保荐代表人或者证券服务机构相关签字人员的，更换后的保荐代表人或者证券服务机构相关人员应当自中止审核之日起一个月内，对原保荐代表人或者证券服务机构相关人员签字的文件进行复核，出具复核意见，对差异情况做出说明。

121. 中止审查的情形有哪些？

根据《首发审核规则》的相关规定，出现下列情形之一的，发行人、保荐机构和证券服务机构应当及时告知深交所，深交所将中止发行上市审核，通知发行人及其保荐机构：

（1）发行人及其控股股东、实际控制人涉嫌贪污、贿赂、侵占财产、挪用财产或者破坏社会主义市场经济秩序的犯罪，或者涉嫌欺诈发行、重大信息披露违法或其他涉及国家安全、公共安全、生态安全、生产安全、公众健康安全等领域的重大违法行为，被立案调查或者被司法机关立案侦查，尚未结案。

（2）发行人的保荐机构或者签字保荐代表人、证券服务机构或者相关签字人员因首次公开发行并上市、上市公司发行证券、并购重组业务涉嫌违法违规，或者其他业务涉嫌违法违规且对市场有重大影响被中国证监会立案调查，或者被司法机关侦查，尚未结案。

（3）发行人的保荐机构、证券服务机构被中国证监会依法采取限制业务活动、责令停业整顿、指定其他机构托管或者接管等措施，尚未解除。

（4）发行人的签字保荐代表人、证券服务机构相关签字人员被中国证监会依法采取市场禁入、认定为不适当人选等监管措施，尚未解除。

（5）保荐机构或者签字保荐代表人、证券服务机构或者相关签字人员，被深交所实施一定期限内不接受其出具的相关文件的纪律处分，尚未解除。

（6）发行上市申请文件中记载的财务资料已过有效期，需要补充提交。

（7）发行人及保荐机构主动要求中止审核，理由正当并经深交所同意。

122. 中止审查的程序有哪些？

根据《首发审核规则》的相关规定，出现中止审查情形之一，发行人、保荐机构和证券服务机构应当及时告知深交所，深交所将中止发行上市审核，通知发行人及其保荐机构；发行人、保荐机构和证券服务机构未及时告知深交所，深交所经核实符合中止审核情形的，将直接中止审核。

123. 中止审查事项消失后，恢复审查需履行哪些程序？

（1）根据《首发审核规则》的相关规定，因中止审查情形的第二项至第五项中止审核，发行人根据规定需要更换保荐机构或者证券服务机构的，更换后的保荐机构或者证券服务机构应当自中止审核之日起三个月内完成尽职调查，重新出具相关文件，并对原保荐机构或者证券服务机构出具的文件进行复核，出具复核意见，对差异情况做出说明。发行人根据规定无须更换保荐机构或者证券服务机构的，保荐机构或者证券服务机构应当及时向深交所出具复核报告。

（2）因中止审查情形第二项至第五项中止审核，发行人更换签字保荐代表人或者证券服务机构相关签字人员的，更换后的保荐代表人或者证券服务机构相关人员应当自中止审核之日起一个月内，对原保荐代表人或者证券服务机构相关人员签字的文件进行复核，出具复核意见，对差异情况做出说明。

（3）因中止审查情形第六项、第七项中止审核的，发行人应当在中止审核后三个月内补充提交有效文件或者消除主动要求中止审核的相关情形。

（4）因中止审核的情形消除或者在规定的时限内完成相关事项后，发行人、保荐机构和证券服务机构应当及时告知深交所。深交所经审核确认后，恢复对发行人的发行上市审核，并通知发行人及其保荐机构。

（5）依照前述规定恢复审核的，审核时限自恢复审核之日起继续计算。但发行人对其财务报告期进行调整达到一个或一个以上会计年度的，审核时限自恢复审核之日起重新起算。

124. 终止审查的情形有哪些？

根据《首发审核规则》的相关规定，出现下列情形之一的，深交所将终止发行人上市审核，并通知发行人及其保荐机构：

（1）发行上市申请文件内容存在重大缺陷，严重影响投资者理解和深交所审核。

（2）发行人撤回发行上市申请或者保荐机构撤销保荐。

（3）发行人未在规定时限内回复深交所审核问询或者未对发行上市申请文件做出解释说明、补充修改。

（4）发行上市申请文件被认定存在虚假记载、误导性陈述或者重大遗漏。

（5）发行人阻碍或者拒绝深交所依法实施的检查。

（6）发行人及其关联方以不正当手段严重干扰深交所发行上市审核工作。

（7）发行人的法人资格终止。

（8）根据本审核规则规定的中止审核情形未能在三个月内消除，或者未能在本审核规则规定的时限内完成相关事项。

（9）深交所审核认为发行人不符合发行条件、上市条件和信息披露要求。

125. 未获核准的企业何时可以再次报送申请材料？

根据《注册管理办法》的规定，深交所认为发行人不符合发行条件和信息披露要求，做出终止发行上市审核决定，或者中国证监会做出不予注册决定的，自决定做出之日起 6 个月后，发行人可以再次提出公开发行股票并上市申请。

126. 上市委员会会议审议如何进行？

（1）会议组成人员。上市委员会召开审议会议，对深交所发行上市审核机构出具的审核报告及发行上市申请文件进行审议。每次审议会议由五名委员参加，其中会计、法律专家至少各一名。

（2）审议形式。上市委员会进行审议时要求对发行人及其保荐机构进行现场问询的，发行人代表及保荐代表人应当到会接受问询，回答委员提出的问题。

上市委员会审议时，参会委员就审核报告的内容和发行上市审核机构提出的初步审核意见发表意见，通过合议形成发行人是否符合发行条件、上市条件和信息披露要求的审议意见。

发行人存在尚待核实的重大问题，无法形成审议意见的，经会议合议，上市委员会可以对该发行人的发行上市申请暂缓审议，暂缓审议时间不超过 2 个月。对发行人的同一发行上市申请，上市委员会只能暂缓审议一次。

（3）审核结果。深交所结合上市委员会的审议意见，出具发行人符合发行条件、上市条件和信息披露要求的审核意见或者做出终止发行上市审核的决定。

上市委员会认为发行人符合发行条件、上市条件和信息披露要求，但要求发行人补充披露有关信息的，深交所发行上市审核机构应告知保荐机构组织落实；发行上市审核机构对发行人及其保荐机构、证券服务机构的落实情况予以核对，通报参会委员，无须再次提请上市委员会审议。发行人对相关事项补充披露后，深交所出具发行人符合发行条件、上市条件和信息披露要求的审核意见。

127. 上市委员会复审会议如何进行?

（1）根据《注册管理办法》的规定，深交所对发行上市申请不予受理或者终止审核的，发行人可以在收到深交所相关文件后五个工作日内，向深交所申请复审。但因发行人撤回发行上市申请或者保荐机构撤回保荐终止审核的，发行人不得申请复审。

（2）发行人根据前款规定申请复审的，应当向深交所提交下列申请文件：①复审申请书；②保荐机构就复审事项出具的意见书；③律师事务所就复审事项出具的法律意见书；④深交所规定的其他文件。

（3）深交所收到复审申请后20个工作日内，召开上市委员会复审会议。上市委员会复审期间，原决定的效力不受影响。

（4）上市委员会复审会议认为申请复审理由成立的，深交所对发行上市申请予以受理或者重新审核，审核时限自受理之日或重新审核之日起算，深交所对审核时限另有规定的除外；复审会议认为申请复审理由不成立的，深交所维持原决定。

（5）深交所因发行人不符合发行条件、上市条件和信息披露要求做出终止发行上市审核的决定后，发行人提出异议申请复审的，参加上市委员会原审议会议的委员，不得参加本次复审会议。

128. 申请注册需要关注哪些事项?

（1）根据《注册管理办法》的规定，深交所审核通过的，向中国证监会报送发行人符合发行条件、上市条件和信息披露要求的审核意见、相关审核资料和发行人的发行上市申请文件。

（2）中国证监会要求深交所进一步问询的，深交所向发行人及保荐机构、证券服务机构提出反馈问题。

（3）中国证监会在注册程序中，决定退回深交所补充审核的，深交所发行上市审核机构对要求补充审核的事项重新审核，并提交上市委员会审议。深交所审核通过的，重新向中国证监会报送审核意见及相关资料；审核不通过的，做出终止发行上市审核的决定。

（4）发行人应当根据深交所审核意见或者其他需要更新预先披露文件的情形，修改相关信息披露文件；深交所向中国证监会报送发行人符合发行条件、上市条件和信息披露要求的审核意见时，发行人应当将修改后的招股说明书、发行保荐书、上市保荐书、审计报告和法律意见书等文件在中国证监会网站和深交所网站同步公开。

第四部分

股票发行审核——市场定位

129. 创业板主要服务什么类型的企业？

为深入贯彻创新驱动发展战略，适应发展更多依靠创新、创造、创意的大趋势，创业板主要服务成长型创新创业企业，并支持传统产业与新技术、新产业、新业态、新模式深度融合。

130. 创业板行业负面清单中包含哪些行业？

创业板设置行业负面清单，原则上不支持《上市公司行业分类指引（2012 年修订）》（中国证监会公告〔2012〕31 号）中下列行业的企业申报发行上市：

（1）农林牧渔业。

（2）采矿业。

（3）酒、饮料和精制茶制造业。

（4）纺织业。

（5）黑色金属冶炼和压延加工业。

（6）电力、热力、燃气及水生产和供应业。

（7）建筑业。

（8）交通运输、仓储和邮政业。

（9）住宿和餐饮业。

（10）金融业。

（11）房地产业。

（12）居民服务、修理和其他服务业。

131. 如何理解创业板支持传统产业与新技术、新产业、新业态、新模式深度融合？

创业板原则上不支持行业负面清单中的企业申报发行上市，但如果其是与互联网、大数据、云计算、自动化、人工智能、新能源等新技术、新产业、新业态、新模式深度融合的创新创业企业，则支持其申报创业板发行上市。

132. 发行人如果对自身是否属于创业板支持的行业存在疑问，应如何咨询?

发行人及其保荐机构如果对其自身是否属于创业板支持的行业存在疑问，可在申报前，向深交所进行咨询。

133. 行业负面清单是否会对已申报企业产生影响?

按照“新老划断”原则，2020 年 6 月 12 日之前已申报创业板并在审的企业不适用行业负面清单的规定。

第五部分

股票发行审核——法律问题

第一章
股权清晰

134. 什么是发起人？有何要求？

股份有限公司发起人，是指参加订立发起人协议，提出设立股份公司申请，认购股份并对公司设立承担责任的人。发起人享有股东的权利并承担股东的义务，同时还须承担发起人的义务。受让发起人持有的股份而成为股东的不是发起人。

可以作为发起人的主体包括：能独立承担民事责任的自然人；企业法人；社会团体法人、事业单位法人（法律法规禁止从事投资和经营活动的除外）等非营利法人；外商投资企业；机关法人、农村集体经济组织（如合作社、经济联合社或代行集体经济管理职能的村民委员会）、具有投资能力的城市居民委员会等特别法人；个人独资企业、合伙企业等非法人组织。

不能作为发起人的主体包括：不具有法人资格的企业分支机构；会计师事务所、审计事务所、律师事务所和资产评估机构；工会和职工持股会。

135. 哪些自然人不能成为拟上市公司股东？

（1）公务员。

①在职公务员（禁止）。《公务员法》第五十九条第十六款规定，公务员必须遵纪守法，不得违反有关规定从事或者参与营利性活动，在企业或者其他营利性组织中兼任职务，国家公务员不可以成为公司股东。

②离职、退休公务员（受限）。《公务员法》第一百零七条第一款规定，公务员辞去公职或者退休的，原系领导成员的公务员在离职三年内，其他公务员在离职两年内，不得到与原工作业务直接相关的企业或者其他营利性组织任职，不得从事与原工作业务直接相关的营利性活动。

（2）党政机关的干部及其配偶、子女和职工。

①乡（含乡）以上党政机关在职干部、职工（禁止）。根据《中共中央、国务院关于严禁党政机关和党政干部经商、办企业的决定》（中发〔1984〕27号）第二条规定，乡（含乡）以上党政机关在职干部（包括退居二线的干部），一律不得以独资或合股、兼职取酬、搭干股分红等方式经商、办企业，也不允许利用职权为其家属亲友所办的企业谋取利益。

《中共中央、国务院关于进一步制止党政机关和党政干部经商、办企业的规定》（中发〔1986〕6号）第二条规定，机关的干部、职工，包括退居二线的干部，除中央书记处、国务院特殊批准的以外，一律不准在各类企业中担任职务。已经担任企业职务的，必须立即辞职；否则，必须辞去党政机关职务。在职干部、职工一律不许停薪留职去经商、办企业。已停薪留职的，或者辞去企业职务回原单位复职，或者辞去机关公职。

《中国共产党纪律处分条例》（2018年修订）第九十四条规定，党组织和党员不得违反有关规定从事营利性活动以及在经济实体、社会团体等单位中兼职等。综上，党政机关的在职干部和职工不得兴办企业、经商，担任企业职务以及兼职，除中央书记处、国务院特殊批准的以外。

②选聘的乡镇干部（受限）。《中共中央、国务院关于严禁党政机关和党政干部经商、办企业的决定》（中发〔1984〕27号）第二条规定，选聘的乡镇干部，除了其中担任乡镇党委正副书记、正副乡镇长、正副乡经管会主任的以外，在做好本职工作的前提下，可以利用业余时间兴办企业和参与有关企业的经营活动，但不得经营与本人分管工作业务有直接联系的工商企业。

③领导干部配偶、子女（受限）。《中共中央、国务院关于进一步

步制止党政机关和党政干部经商、办企业的规定》（中发〔1986〕6号）第五条规定，领导干部的子女、配偶，在党政机关及所属编制序列的事业单位工作的，一律不得离职经商、办企业；不在党政机关及所属编制序列的事业单位工作的，不准利用领导干部的影响和关系经商、办企业，非法牟利。对违反规定的，要严肃处理。非法所得，一律没收。

根据中央纪委《关于“不准在领导干部管辖的业务范围内个人从事可能与公共利益发生冲突的经商办企业活动”的解释》（中纪发〔2000〕4号）、《关于省、地两级党委、政府主要领导干部配偶、子女个人经商办企业的具体规定（试行）》（中纪发〔2001〕2号）的规定，省（自治区、直辖市）、地（市）两级党委、政府主要领导干部配偶、子女不准在领导干部管辖的业务范围内投资兴办可能与公共利益发生冲突的企业。上市公司的行业主管部门、上市公司的国有控股单位的主管部门、证券监督管理机构的领导干部，其配偶、子女不准从事上述部门、机构所管理的公司的证券交易活动。

④县以上党和国家机关离退休干部（禁止）。《中共中央办公厅、国务院办公厅关于县以上党和国家机关退（离）休干部经商办企业问题的若干规定》（中办发〔1988〕11号）第一条至第二条规定，县级以上党和国家机关的退（离）休干部，不得兴办商业性企业，不得在该类企业任职，不得到全民所有制企业和外商投资企业（公司）担任任何领导职务（含名誉职务）和其他管理职务。

（3）国有企业领导人及其配偶、子女等特定关系人。

①国有企业领导人（受限）。《国有企业领导人员廉洁从业若干规定》（中办发〔2009〕26号）第五条第一款规定，国有企业领导人员不得个人从事营利性经营活动和有偿中介活动，或者在本企业的同类经营企业、关联企业和与本企业有业务关系的企业投资入股谋取私利以及损害本企业利益的行为。第六条第七款规定，国有企业领导人员不得在离职或者退休后三年内，在与原任职企业有业务关系的私营企业、外资企业和中介机构担任职务、投资入股，或者在上述企业或者机构从事、代理与原任职企业经营业务相关的经营活动。

《中央企业贯彻落实〈国有企业领导人员廉洁从业若干规定〉

实施办法》（国资党委纪检〔2011〕197 号）第四条第三款规定，中央企业各级领导人员不得从事同类经营和其他营利性经营活动，违反规定投资入股。

②国有企业领导人配偶、子女等特定关系人（受限）。《国有企业领导人员廉洁从业若干规定》（中办发〔2009〕26 号）第六条规定，国有企业领导人员的配偶、子女及其他特定关系人不得在本企业的关联企业、与本企业有业务关系的企业投资入股；国有企业领导人员的配偶、子女及其他特定关系人投资或者经营的企业不得与本企业或者有出资关系的企业发生可能侵害公共利益、企业利益的经济业务往来。

（4）国有企业职工（受限）。《国务院国有资产监督管理委员会关于规范国有企业职工持股、投资的意见》（国资发改革〔2008〕139 号）规定，国有企业职工投资限制如下：国有企业主业企业的职工不得持有辅业企业股权；职工持股不得处于控股地位；职工入股原则限于持有本企业股权。国有企业集团公司及其各级子企业改制，经国资监管机构或集团公司批准，职工可投资参与本企业改制，确有必要的，也可持有上一级改制企业股权，但不得直接或间接持有本企业所出资各级子企业、参股企业及本集团公司所出资其他企业股权。

（5）工会、青年团和妇联等人民团体的干部、职工。《中共中央、国务院关于进一步制止党政机关和党政干部经商、办企业的规定》（中发〔1986〕6 号）第七条规定，工会、共青团、妇联、文联、科协和各种协会、学会等群众组织，以及这些组织的干部和职工的股东资格受限同样适用于对党政机关干部及职工的规定。

《中共中央办公厅、国务院办公厅关于县以上党和国家机关退（离）休干部经商办企业问题的若干规定》（中办发〔1988〕11 号）适用于县以上工会、妇联、共青团、文联以及各种协会、学会等群众组织的退休干部。

（6）现役军人（禁止）。《中国人民解放军内务条令》（试行）（军令〔2018〕58 号）第一百零五条规定，军人不得经商，不得从事本职以外的其他职业和传销有偿中介活动，不得参与以营利为目的的文艺演出、商业广告、企业形象代言和教学活动，不得利用工作时间和办公设备从事证券交易、购买彩票，不得擅自提供军人肖像用于制作商品。

《中国人民解放军纪律条令》（军发〔2010〕22号）第一百一十四条规定，参与经商或者偷税漏税，情节较轻的，给予警告、严重警告处分；情节较重的，给予记过、记大过处分；情节严重的，给予降职（级）、降衔（级）、撤职处分。

（7）银行工作人员（受限）。《银行业金融机构从业人员职业操守指引》（银监发〔2011〕6号）第十条规定，从业人员应当遵守有关法律法规和本单位有关进行证券投资和其他投资的规定。现今各商业银行对其员工对外投资均有不同程度的限制性规定。

根据《银行业金融机构从业人员职业操守指引》（银监发〔2011〕6号）第九条第三款规定，从业人员未经批准不得在其他经济组织兼职。

（8）证券市场禁入人员，不得参与二级市场股票买卖。《证券法》规定，证券交易所、证券公司和证券登记结算机构的从业人员、证券监督管理机构的工作人员以及法律、行政法规禁止参与股票交易的其他人员，在任期或者法定限期内，不得直接或者以化名、借他人名义持有、买卖股票，也不得收受他人赠送的股票。

（9）在职教师（允许）。我国《教师法》和《教师职业道德规范》没有规定教师不可以做股东。教师也不是公务员，他们可以投资做股东。但《关于加强高等学校反腐倡廉建设的意见》对教师，尤其是高校、科研院所的教师担任公司的董事、监事、高级管理人员提出了限制。

（10）未成年人、无民事行为能力人和限制民事行为能力人（允许）。国家工商行政管理总局《关于未成年人能否成为公司股东问题的答复》（工商企字〔2007〕131号）指出，未成年人可以成为公司股东，其股东权利可以由法定代理人代为行使。

136. 哪些主体不能成为拟上市公司股东？

（1）分公司（禁止）。《公司法》第十四条规定，分公司不具有法人资格，不能对外投资成为公司的股东。

（2）商业银行（受限）。《商业银行法》第四十三条规定，商业银行在中华人民共和国境内不得从事信托投资和证券经营业务，不得向非自用不动产投资或者向非银行金融机构和企业投资，但国家另有规定的除外。第四十六条第一款规定，同业拆借，应当遵守中国人民银行的规定。禁止利用拆入资金发放固定资产贷款或者用于投资。因此，商业银行原则上不能成为非金融机构的股东，但国家另有规定的除外，如司法判决或抵押质押取得股权等不属于主动投资行为。

（3）被吊销营业执照的公司（允许）。拟上市公司股东被吊销营业执照，但其法人资格并未就此消亡，因此不影响其对股份的持有。但因为营业执照被吊销，可能存在法人资格丧失的风险，由此导致股权的不确定性。因此，拟上市公司鉴于股权的稳定性考虑，若出现被吊销营业执照的法人股东，建议进行转让或者清算注销企业。

（4）非营利法人（受限）。总体上来说，机关法人、社会团体法人、事业单位法人等非企业法人都可以投资设立有限责任公司、股份有限公司和外商投资企业等。但是，国家政府性质的非营利性的非企业法人不具备股权投资的主体资格。例如，根据《中共中央、国务院关于进一步制止党政机关和党政干部经商办企业的规定》（中发〔1986〕6号）第七条规定，工会、共青团、妇联、文联、科协和各种协会、学会等群众组织对外投资的限制同样适用于该规定。

（5）个人独资企业（允许）。个人独资企业可以作为公司的股东，并可设立分支机构，不得投资设立非公司企业法人。

（6）外商投资企业（受限）。外商投资企业不得作为国家禁止外商投资行业的公司的股东或发起人。

（7）合伙企业（允许）。合伙企业可以作为公司的股东，并可以设立分支机构。

（8）中介机构（存在争议）。律师事务所不得设立公司。《律师法》（2017年修正）第二十七条规定，律师事务所不得从事法律服务以外的经营活动。但是，会计事务所、审计事务所、资产评估公司等中介机构可否对外投资，还有争议。1998 年实行的《公司登记管理若干问题的规定》第二十一条曾规定，会计师事务所、审计事务所、律师事务所和资产评估机构不得作为投资主体向其他行业投资设立公司，但是该规定已于 2006 年 6 月 23 日被废止。此后的《公司登记管理条例》《公司法》《注册会计师法》以及《会计师事务所审批和监督暂行办法》均未对会计师事务所能否成为股东进行明确的禁止。

（9）事业单位（受限）。《中央行政事业单位国有资产管埋暂行办法》第二十九条规定，各部门行政单位和参照公务员法管理的单位，不得将国有资产用于对外投资。其他事业单位应当严格控制对外投资，不得利用国家财政拨款、上级补助资金和维持事业正常发展的资产对外投资。

《事业单位国有资产管理暂行办法》（2019 年修订）第六条第三款规定，（各级财政部门）按规定权限审批本级事业单位有关资产购置、处置和利用国有资产对外投资、出租、出借和担保等事项；第七条第三款规定，（各级事业单位的主管部门）审核本部门所属事业单位利用国有资产对外投资、出租、出借和担保等事项，按规定权限审核或者审批有关资产购置、处置事项。

（10）高校（受限）。2005 年，教育部发布了《教育部关于积极发展、规范管理高校科技产业的指导意见》（教科发〔2005〕2 号文）。该指导意见规定，高校要对所投资企业占有和使用的国有资产进行清产核资，清产核资要申请立项，清产核资结果应经上级主管部门审核并报国有资产管理部门确认。高校除对高校资产公司进行投资外，不得再以事业单位法人的身份对外进行投资。

《关于加强高等学校反腐倡廉建设的意见》（教监〔2008〕15 号）第十五条规定，高校不得以事业单位法人的身份直接投资办企业。高校所属院系及各部处等非法人单位严禁对外开展任何形式的经营活动和投资活动。

137. 为什么不受理职工持股会及工会持股公司 IPO 申请？

中国证监会停止审批职工持股会及工会作为发起人或股东的公

司 IPO 申请，主要出于以下考虑：

（1）防止发行人借职工持股会及工会的名义变相发行内部职工股，甚至演变成公开发行前的非法集资行为。

（2）根据民政部办公厅 2000 年 7 月 7 日印发的《关于暂停对企业内部职工持股会进行社团法人登记的函》（民办函〔2000〕第 110 号）的精神，职工持股会属于单位内部团体，不再由民政部门登记管理。在民政部门不再接受职工持股会的社团法人登记之后，职工持股会不再具备法人资格，不再具备成为上市公司发起人或股东的主体资格。

（3）工会设立及活动的目的是代表企业职工的利益，依法维护职工的合法权益，工会成为上市公司的发起人或股东与该目的不符。

根据《审核问答》第 11 条，考虑到发行条件对发行人控股权权属的要求，发行人控股股东或实际控制人存在职工持股会或工会持股情形的，应当予以清理。对于间接股东存在职工持股会或工会持股情形的，如不涉及发行人实际控制人控制的各级主体，发行人不需要清理，但应予以充分披露。对于工会或职工持股会持有发行人子公司股份，经保荐机构、发行人律师核查后认为不构成发行人重大违法违规的，发行人不需要清理，但应当予以充分披露。

138. 公司型及合伙型私募股权基金成为拟上市公司的发起人或股东需满足哪些要求？

公司型私募股权基金和合伙型私募股权基金成为拟上市公司的发起人或股东，在 IPO 申报前，基金需要按照规定在中国基金业协会进行备案，基金的管理人需要按照规定在中国基金业协会进行登记。

139. 新三板企业 IPO 涉及的“三类股东”问题监管要求有哪些？

（1）中介机构应核查确认发行人控股股东、实际控制人、第一大股东不属于“三类股东”。

（2）中介机构应核查确认发行人的“三类股东”依法设立并有效存续，已纳入国家金融监管部门有效监管，并已按照规定履行审批、备案或报告程序，其管理人已依法注册登记。

（3）发行人应当按照首发信息披露准则的要求对“三类股东”进行信息披露。通过协议转让、特定事项协议转让和大宗交易方式形成的“三类股东”，中介机构应对控股股东、实际控制人，董事、监事、高级管理人员及其近亲属，本次发行的中介机构及其负责人、高级管理人员、经办人员是否直接或间接地在这些“三类股东”中持有权益进行核查并发表明确意见。

（4）中介机构应核查确认“三类股东”已做出合理安排，可确保符合现行锁定期和减持规则要求。

140. 发行人为新三板挂牌、摘牌公司、H股公司，或者涉及境外分拆、退市的，应注意哪些事项？

发行人曾为或现为新三板挂牌公司、境外上市公司的，应说明并简要披露其在挂牌或上市过程中，以及挂牌或上市期间在信息披露、股权交易、董事会或股东大会决策等方面的合法合规性，披露摘牌或退市程序的合法合规性（如有），是否存在受到处罚的情形。涉及境外退市或境外上市公司资产出售的，发行人还应披露相关外汇流转及使用的合法合规性。保荐机构及发行人律师应对上述事项进行核查并发表意见。

此外，对于新三板挂牌、摘牌公司或H股公司因二级市场交易产生的新增股东，原则上应对持股5%以上的股东进行披露和核查。如新三板挂牌公司的股东中包含被认定为不适格股东的，发行人应合并披露相关持股比例，合计持股比例较高的，应披露原因及其对发行人生产经营的影响。

141. 股东超过200人的非上市公众公司IPO应满足什么要求？

对于股东人数已经超过200人的未上市股份有限公司，符合《非上市公众公司监管指引第4号——股东人数超过200人的未上市股份有限公司申请行政许可有关问题的审核指引》规定的，可申请公开发行并在证券交易所上市。具体要求如下：

（1）公司依法设立且合法存续。①公司的设立、增资等行为不违反当时法律明确的禁止性规定，目前处于合法存续状态。城市商业银行、农村商业银行等银行业股份公司应当符合《关于规范金融企业内部职工持股的通知》（财金〔2010〕97号）。②公司的设立、历次增资依法需要批准的，应当经过有权部门的批准。存在不规范情形的，应当经过规范整改，并经当地省级人民政府确认。③公司在股份形成及转让过程中不存在虚假陈述、出资不实、股权管理混乱等情形，不存在重大诉讼、纠纷以及重大风险隐患。

（2）股权清晰。具体要求包括：①股权权属明确。公司应当设置股东名册并进行有序管理，股东、公司及相关方对股份归属、股份数量及持股比例无异议。股权结构中存在工会或职工持股会代持、委托持股、信托持股，以及通过“持股平台”（指单纯以持股为目的的合伙企业、公司等持股主体）间接持股等情形的，应当按照《非上市公众公司监管指引第4号——股东人数超过200人的未上市股份有限公司申请行政许可有关问题的审核指引》的相关规定进行规范。②股东与公司之间、股东之间、股东与第三方之间不存在重大股份权属争议、纠纷或潜在纠纷。③股东出资行为真实，不存在重大法律瑕疵，或者相关行为已经得到有效规范，不存在风险隐患。申请行政许可的200人公司应当对股份进行确权，通过公证、律师见证等方式明确股份的权属。申请公开发行并在证券交易所上市的，经过确权的股份数量应当达到股份总数的90%以上（含90%）。未确权的部分应当设立股份托管账户，专户管理，并明确披露有关责任的承担主体。

（3）经营规范。公司持续规范经营，不存在资不抵债或者明显缺乏清偿能力等破产风险的情形。

（4）公司治理与信息披露制度健全。公司按照中国证监会的相关规定，已经建立健全了公司治理机制和履行信息披露义务的各项制度。

在计算“200人”时，为防止规避法律，不仅多次发行需累计计算，而且对于间接持有证券的实际人数也应当计算在内。此外，因股份转让导致股东人数超过200人的行为也视同公开发行。

142. 股东超过200人但符合法律规定的情形有哪些？

（1）根据《非上市公众公司监管指引第4号——股东人数超过

200 人的未上市股份有限公司申请行政许可有关问题的审核指引》第二条第二款，股东超过 200 人但符合法律规定的情形包括：①1994年 7 月 1 日《公司法》实施前，经过体改部门批准设立，但存在内部职工股超范围或超比例发行、法人股向社会个人发行等不规范情形的定向募集公司。②1994 年 7 月 1 日《公司法》实施前，依法批准向社会公开发行股票的公司。③按照《国务院办公厅转发证监会关于清理整顿场外非法股票交易方案的通知》（国办发〔1998〕10 号），清理整顿证券交易场所后“下柜”形成的股东超过 200 人的公司。④中国证监会认为需要省级人民政府出具确认函的其他情形。

（2）根据《非上市公众公司监管指引第 4 号——股东人数超过 200 人的未上市股份有限公司申请行政许可有关问题的审核指引》第五条，2006 年 1 月 1 日《证券法》修订实施后，未上市股份有限公司股东人数超过 200 人的，应当符合《证券法》和《非上市公众公司监督管理办法》的有关规定。国家另有规定的，从其规定。

143. 对于历史上涉及人数较多的自然人股东应主要关注哪些方面？

（1）自然人股东入股、退股（含工会、职工持股会清理等事项）是否按照当时有效的法律法规履行了相应程序。

（2）入股或股权转让协议、款项收付凭证、工商登记资料等法律文件是否齐备，并抽取一定比例的股东进行访谈。

（3）自然人股东股权变动是否真实，是否合法履行相关程序。

（4）是否存在委托持股或信托持股。

（5）是否存在争议或潜在纠纷，对于存在争议或潜在纠纷的，保荐机构、发行人律师应对相关纠纷对发行人股权清晰稳定的影响发表明确意见。

（6）发行人以定向募集方式设立股份公司的，中介机构应以有权部门就发行人历史沿革的合规性、是否存在争议或潜在纠纷等事项的意见作为其发表意见的依据。

144. 股权代持如何清理？

股权代持，又称委托持股、隐名投资或假名出资，是指实际出资人与名义出资人签订股权代持协议，以他人名义享有和履行股东权利义务的一种股权或股份处置方式。股权代持多被用于规避公司股东人数上限、境外自然人或法人的投资限制、其他股东的优先购买权，以及保护知名、敏感人物的隐私等。股权代持直接影响发行人股权的清晰度，股权代持协议在某些情形下可能会被认定为无效合同或者可撤销合同，使得拟上市公司存在潜在的股权纠纷风险。

实际控制人认定中涉及股权代持情况的，发行人、相关股东应说明存在代持的原因，并提供支持性证据。对于存在代持关系但不影响发行条件的，发行人应在招股说明书中如实披露，保荐机构、发行人律师应出具明确的核查意见。如经查实，股东之间知晓代持关系的存在，且对代持关系没有异议、代持的股东之间没有纠纷和争议，则应将代持股份还原至实际持有人。

发行人及中介机构通常不应以股东间存在代持关系、表决权让与协议、一致行动协议等为由，认定公司控制权未发生变动。

145. 对赌协议如何处理？

对赌协议，包含对赌条款的私募股权投资协议，是企业估值与融投资方持股比例或然性的一种约定安排。通常约定：如果企业未来的获利能力达到业绩增长指标，由融资方行使估值调整的权利，以弥补其因企业价值被低估而遭受的损失，否则由投资方行使估值调整的权利，以补偿其因企业价值被高估而遭受的损失。对赌协议作为企业原股东与新股东等主体对其民事权利义务的约定和处分，如果系相关各方真实意思的表示且未违反法律、行政法规的强制性规定，应受到法律的保护。对赌协议主要包括股权对赌型、现金补偿型、股权稀释型、股权回购型、股权激励型、股权优先型。

首发审核时，为了确保发行人控制权稳定并维护投资者合法权益，投资机构在投资发行人时如约定对赌协议等类似安排的，原则上要求发行人在申报前清理，但同时满足以下要求的对赌协议可以不清理：一是发行人不作为对赌协议当事人；二是对赌协议不存在可能导致公司控制权变化的约定；三是对赌协议不与市值挂钩；四是对赌协议不存在严重影响发行人持续经营能力或者其他严重影响投资者权益的情形。保荐机构及发行人律师应当就对赌协议是否符合上述要求发表明确核查意见。

发行人应当在招股说明书中披露对赌协议的具体内容、对发行人可能存在的影响等，并进行风险提示。

146. 首发申报前实施员工持股计划应当符合哪些要求？

在很长一段时间内，IPO 前企业存在未执行完毕的股权激励安排，会导致公司未来股权的不确定性，监管层出于对公司股权稳定性的考虑，一般要求企业需要提前行权或予以清理。在《审核问答》中，监管明确了对上市前实施员工持股的，不再要求企业必须提前行权或予以清理。

发行人首发申报前实施员工持股计划的，原则上应当全部由公司员工构成，体现增强公司凝聚力、维护公司长期稳定发展的导向，建立健全激励约束长效机制，有利于兼顾员工与公司长远利益，为公司持续发展夯实基础。

员工持股计划应当符合下列要求：

（1）发行人实施员工持股计划，应当严格按照法律、法规、规章及规范性文件要求履行决策程序，并遵循公司自主决定、员工自愿参加的原则，不得以摊派、强行分配等方式强制实施员工持股计划。

（2）参与持股计划的员工，与其他投资者权益平等，盈亏自负，风险自担，不得利用知悉公司相关信息的优势，侵害其他投资者合法权益。员工入股应主要以货币出资，并按约定及时足额缴纳。按照国家有关法律法规，员工以科技成果出资入股的，应提供所有权属证明并依法评估作价，及时办理财产转移手续。

（3）发行人实施员工持股计划，可以通过公司制企业、合伙制企业、资产管理计划等持股平台间接持股，并建立健全持股在平台内部的流转、退出机制，以及所持发行人股权的管理机制。

参与持股计划的员工因离职、退休、死亡等原因离开公司的，其间接所持股份权益应当按照员工持股计划章程或协议约定的方式处置。

147. 发行人首发申报前制订、上市后实施的期权激励计划应当符合哪些要求？

（1）激励对象应当符合相关板块上市规则相关规定。

（2）激励计划的必备内容与基本要求、激励工具的定义与权利限制、行权安排、回购或终止行权、实施程序等内容，应参考《上市公司股权激励管理办法》的相关规定予以执行。

（3）期权的行权价格由股东自行商定确定，但原则上不应低于最近一年经审计的净资产或评估值。

（4）发行人全部在有效期内的期权激励计划所对应股票数量占上市前总股本的比例原则上不得超过15%，且不得设置预留权益。

（5）在审期间，发行人不应新增期权激励计划，相关激励对象不得行权；最近一期末资产负债表日后行权的，申报前须增加一期审计。

（6）在制订期权激励计划时应充分考虑实际控制人稳定，避免上市后期权行权导致实际控制人发生变化。

（7）激励对象在发行人上市后行权认购的股票，应承诺自行权日起三年内不减持，同时承诺上述期限届满后比照董事、监事及高级管理人员的相关减持规定执行。

148. 出现股权被质押等不确定性事项的，应当如何判断是否影响发行条件？

发行条件要求发行人的控制权应当保持稳定。对于控股股东、实际控制人支配的发行人股权出现被质押、冻结或诉讼仲裁的，发行人应当按照招股说明书准则要求予以充分披露。保荐机构、发行人律师应当充分核查发生上述情形的原因，相关股权比例，质权人申请人或其他利益相关方的基本情况，约定的质权实现情形，控股股东、实际控制人的财务状况和清偿能力，以及是否存在股份被强制处分的可能性、是否存在影响发行人控制权稳定的情形等。

对于被冻结或诉讼纠纷的股权达到一定比例或被质押的股权达到一定比例且控股股东、实际控制人明显不具备清偿能力，导致发行人控制权存在不确定性的，保荐机构及发行人律师应充分论证，并就是否符合发行条件审慎发表意见。对于发行人的董事、监事及高级管理人员所持股份发生被质押、冻结或发生诉讼纠纷等情形的，发行人应当按照招股说明书准则的要求予以充分披露，并向投资者揭示风险。

149. 发行人股权转让应注意哪些问题？

（1）履行相应的决策、审批程序，包括转让双方的决策程序和被转让公司的相应决策程序；涉及国有资产、集体资产转让的，需按照国有集体产权变动的相关要求履行审批程序；涉及中外合资的，需按照中外合资及外汇管理的相关规定履行审批或登记备案程序。

（2）股权转让作价需公允、合理。根据《股权转让所得个人所得税管理办法（试行）》，“股权转让收入应当按照公平交易原则确定”，“主管税务机关可以核定股权转让收入”，列示了“股权转让收入明显偏低的情形”，要求公司历次股权转让作价应当公允、合理。

（3）根据《股权转让所得个人所得税管理办法（试行）》等相关规定，个人转让股权收入应缴纳个人所得税的，应依法申报、缴纳个人所得税。

（4）股权受让方需具备合格的股东资格。根据法律、行政法规规定，不具备公司股东资格的人，不得受让股权并成为股东。

150. 引进新股东应注意哪些问题？

（1）发行人新股东的基本情况、产生新股东的原因、股权转让或增资的价格及定价依据；新股东增资的资金来源合法、清晰；新股东是否具备法律、行政法规规定的股东资格。

（2）股权变动真实、合法合规，履行了相应的程序。有关股权变动是双方的真实意思表示，双方签署了合法有效的转让合同，完成了股权转让款的支付并办理相关公司变更手续，不存在争议或潜在纠纷，不存在股权代持。转让有限责任公司的股权需要得到其他股东的放弃认购承诺。

（3）在信息披露方面，除满足招股说明书信息披露准则的要求外，如新股东为法人，应披露其股权结构及实际控制人；如新股东为自然人，应披露其基本信息；如新股东为合伙企业，应披露合伙企业的普通合伙人及其实际控制人、有限合伙人的基本信息。最近一年末资产负债表日后增资扩股引入新股东的，申报前须增加一期审计。

（4）在股份锁定方面，申报前6个月内进行增资扩股的，新增股份的持有人应当承诺：新增股份自发行人完成增资扩股工商变更登记手续之日起锁定3年；在申报前6个月内从控股股东或实际控制人处受让的股份，应比照控股股东或实际控制人所持股份进行锁定。

（5）新股东与发行人其他股东、董事、监事、高级管理人员、本次发行的中介机构及其负责人、高级管理人员、经办人员是否存在亲属关系、关联关系、委托持股、信托持股或其他利益输送安排；应避免新股东与公司存在同业竞争的情形。

（6）筹集的资金规模适当，以免对企业上市融资的必要性构成不利影响；如果新股东以资产折股出资，应考虑该资产对公司营业记录可比性的影响。

（7）引入新股东不影响公司连续计算经营时间（业绩），比如未发生主营业务的重大变化，未发生董事、高级管理人员的重大变化，未发生公司实际控制人的变更，未对发行人股权结构的稳定性和持续盈利能力造成不利影响，否则不符合《注册管理办法》第十二条第二款规定的稳定性条件。

（8）应避免引进公司的供应商、经销商或客户成为股东，这样的架构使得采购、销售的真实性及财务成果的真实性难以考证，可能导致利益倾斜，给上市造成障碍。

（9）有关增资和股权转让的定价原则问题，新增股份的认购价格或股价一般是在净资产值的基础上溢价一定比例，对在IPO前以净资产增资或转让或者以低于净资产转让的，要求说明原因并由中介机构进行核查；涉及国有股权的，需履行国有资产评估，并报主管部门备案程序，履行国有资产转让需实行挂牌交易的程序，因历史遗留问题存在程序瑕疵的，需取得有权部门的确认文件。

（10）如原股东（自然人）以转让股权方式引入新股东，根据《股权转让所得个人所得税管理办法（试行）》，在受让方已支付股权转让价款，股权转让协议已签订生效的，受让方已经实际履行股东职责或享受股东权益的，国家有关部门判决、登记或公告已生效以及股权转让行为已完成等情况下，扣缴义务人、纳税人应当依法在次月15日内向主管税务机关申报纳税。

（11）申报后，通过增资或股权转让产生新股东的，原则上发行人应当撤回发行申请，重新申报。但股权变动未造成实际控制人变更，未对发行人股权结构的稳定性和持续盈利能力造成不利影响，且符合下列情形的除外：新股东产生系因继承、离婚、执行法院判决或仲裁裁决、执行国家法规政策要求或由省级及以上人民政府主导，且新股东承诺其所持股份上市后36个月之内不转让、不上市交易（继承、离婚原因除外）。

在核查和信息披露方面，发行人申报后产生新股东且符合上述要求无须重新申报的，应比照申报前一年新增股东的核查和信息披露要求处理。除此之外，保荐机构和发行人律师还应对股权转让事项是否造成发行人实际控制人变更，是否对发行人股权结构的稳定性和持续盈利能力造成不利影响进行核查并发表意见。

第二章

出资问题

151. 注册资本缴纳有何要求?

(1) 有限责任公司的注册资本为在公司登记机关登记的全体股东认缴的出资额。法律、行政法规以及国务院决定对有限责任公司注册资本实缴、注册资本最低限额另有规定的，从其规定。

(2) 股东可以用货币出资，也可以用实物、知识产权、土地使用权等可以用货币估价并可以依法转让的非货币财产作价出资，法律、行政法规规定不得作为出资的财产除外。对作为出资的非货币财产应当评估作价，核实财产，不得高估或者低估作价；法律、行政法规对评估作价有规定的，从其规定。

(3) 股东应当按期足额缴纳公司章程中规定的各自所认缴的出资额。股东以货币出资的，应当将货币出资足额存入有限责任公司在银行开设的账户，以非货币财产出资的，应当依法办理其财产权的转移手续。股东不按照前款规定缴纳出资的，除应当向公司足额缴纳外，还应当向已按期足额缴纳出资的股东承担违约责任。

(4) 有限责任公司成立后，发现作为设立公司出资的非货币财产的实际价额显著低于公司章程所定价额的，应当由交付该出资的股东补足其差额，公司设立时的其他股东承担连带责任。

152. 出资方式有哪些?

根据《公司法》第二十七条，股东可以用货币出资，也可以用实物、知识产权、土地使用权等可以用货币估价并可以依法转让的非货币财产作价出资。但根据《公司登记管理条例（2016 年修订）》第十四条，股东不得以劳务、信用、自然人姓名、商誉、特许经营权或者设定担保的财产等作价出资。

153. 出资程序有何要求？

（1）根据《公司法》第二十八条和第八十三条，股东应当按照公司章程规定的金额和期限，按期足额缴纳各自认缴的出资额。

（2）对于货币出资，根据《公司法》第二十八条，应当将货币出资足额存入公司在银行开立的账户。

（3）对于非货币财产出资，需满足以下条件：① 根据《公司法》第二十七条，出资的非货币财产应当评估作价，核实财产，不得高估或者低估作价；②根据《公司法》第二十八条及八十三条，出资的非货币财产应当依法办理财产权的转移手续，财产权人应由出资人变更为公司。

（4）以设立方式成立股份公司的还应注意，根据《公司法》第八十九条，发行股份的股款缴足后，还应聘请依法设立的验资机构验资并出具验资证明。

（5）根据《最高人民法院关于适用〈中华人民共和国公司法〉若干问题的规定（三）》第十一条，股权出资需满足以下条件才可以认定出资有效：一是出资人对股权合法持有并可依法转让；二是股权无权利瑕疵及权利负担；三是股权转让法定手续履行合法；四是股权价值依法进行了评估。

154. 注册资本足额缴纳有何具体要求？

（1）发行人的注册资本应足额缴纳，用于出资的资产的财产权转移手续已办理完毕。股东应履行全面出资义务，不存在抽逃出资或在出资方式等方面存在瑕疵。存在出资瑕疵的，应在申报前依法采取补救措施。

（2）发行人的重要子公司应足额缴纳注册资本，包括发行人及构成合并报表主要部分的重要子公司及募投项目的实施主体。

155. 注册资本未足额缴纳的表现形式有哪些？

（1）出资不足。根据《公司法》第二十八条，出资不足具体表现为货币出资没有及时到位或者非货币出资财产没有办理财产权的转移程序。

（2）出资不实。根据《公司法》第三十条，出资不实具体表现为非货币出资财产过高估价。

（3）抽逃出资。根据《公司法》第三十五条，公司成立后，股东不得抽逃出资。

（4）根据《最高人民法院关于适用〈中华人民共和国公司法〉若干问题的规定（三）》第七条第一款，出资人以不享有处分权的财产出资，由此引发的出资行为效力纠纷，也有可能导致注册资本未足额缴纳。

156. 有限责任公司整体变更股份有限公司时，应依据什么折股？

有限责任公司整体变更为股份有限公司过程中，企业需要将改制基准日的净资产根据一定的方法折算为股份公司的股本，折合的实收股本总额不得高于公司净资产额。公司净资产，是指母公司的净资产，净资产的核算是遵循会计准则及相关规定得出。

对于对外投资较多的公司，在考虑母公司的净资产时，还需要考虑长期股权投资中的某些子公司是否会出现较大亏损，需要考虑该子公司未来经营规划和盈利能力来预计投资的可收回性。如果子公司只是暂时出现较大亏损，按照公司经营管理者的计划，未来是有利润增长的，可以弥补股改基准日以前的亏损，可以不考虑子公司在折股基准日的已有亏损。但如果子公司未来的亏损预计无法弥补，则母公司需要按照《企业会计准则第 2 号——长期股权投资》计提减值准备的方法考虑子公司未来可实现的投资收回，否则在净资产折股基准日这个时点就会出现合并净资产小于母公司净资产的情况。

157. 如何处理委托出资和代出资问题？

《注册管理办法》第十二条要求控股股东和受控股股东、实际控制人支配的股东所持发行人的股份权属清晰。委托他人出资或由他人代为出资将导致实际出资人与登记在册的股东不一致，增加了股权纠纷的隐患。对此，双方应及时解除委托出资或待出资关系，将代持股权还原至实际持有人。

158. 注册资本未足额缴纳的解决思路有哪些?

（1）与公司其他股东协商一致，由出资不实的股东及时采取补救措施，包括置换资产、补足出资额、补办出资资产过户手续等。

（2）由中介机构进行复核，出具注册资本足额到位的验资复核报告，还可由原验资单位出具变更登记验资报告书。

（3）大股东承诺承担发行人及股东因出资瑕疵导致的利益损失，其他股东承诺放弃向导致出资瑕疵的股东追偿的权利。

（4）市场监管部门出具证明，证明发行人无违规、不会因出资瑕疵受到行政处罚。

保荐机构和发行人律师应当对出资瑕疵事项的影响及发行人或相关股东是否因出资瑕疵受到过行政处罚、是否构成重大违法行为及本次发行的法律障碍、是否存在纠纷或潜在纠纷进行核查并发表明确意见。发行人应当充分披露存在的出资瑕疵事项、采取的补救措施，以及中介机构的核查意见。

159. 非货币财产出资应注意哪些问题?

（1）发起人以实物、知识产权、土地使用权等非货币财产出资设立公司的，应当评估作价，核实资产。国有及国有控股企业以非货币财产出资或者接受其他企业的非货币财产出资，应当遵守国家有关资产评估的规定，委托有资质的资产评估机构和执业人员进行；其他非货币财产出资的评估行为，可以参照执行。

（2）法律法规禁止流通的财产，如枪支、弹药等，依法被查封、扣押、监管的财产，因不具备可依法转让性，不得作为出资。“可依法转让”与“可自由转让”必须区别开来，比如国家限制流通的财产是否可以作为出资，则需根据具体情况而定。所谓限制流通的财产，是指法律法规规定只能在特定主体之间流通或需经特别程序流通的财产，如金、银、文物等。

（3）关于作为出资的非货币财产，是否应为被投资公司生产经营所必需的问题。一般情况下，用于出资的非货币财产的范围，除法律法规明确禁止的情形外，可以由公司股东之间自行协议决定。

（4）以非货币财产出资，涉及财产权利自投资方转移给被投资公司，需要注意是否需要缴纳税金的问题。根据《增值税暂行条例实施细则》规定，将自产、委托加工或购买的货物作为投资，提供给其他单位或个人工商户，视同销售货物，需要征收增值税。营改增之前，以无形资产、不动产投资入股，参与接受投资方的利润分配、共同承担投资风险的行为，不征收营业税。营改增以后，以无形资产、不动产投资入股的，按照国家和地方税务机关的相关规定征收增值税。

（5）以非货币财产出资，还需要注意投资方应如期办理其财产权的转移手续。对于动产，原则上以交付为转移；对于不动产、机动车，由于我国一般实行登记主义，则需要进行相应的过户登记；对于法律法规规定需要办理过户登记才能算为财产权转移的，如违反规定未及时办理过户登记，即使非货币财产已实际交付给公司使用，仍将视为投资方未实际缴纳认缴资本。

（6）以非货币财产出资的，必须关注出资作价的公允性，如以技术等无形资产出资，还需要说明是否使用到生产经营中。如果监管部门认为有失公允，则会认定为出资不实。

160. 股权出资应注意哪些问题？

根据《公司注册资本登记管理规定》第六条、《商务部关于涉及外商投资企业股权出资的暂行规定》第六条、第七条、第十九条的相关规定，股权出资应注意以下问题：

（1）可以用于出资的股权只能是在中国境内设立的有限责任公司或者股份有限公司的股权，投资对象也只能是境内设立的有限责任公司或者股份有限公司。

（2）用于出资的股权应当权属清楚，权能完整，依法可以转让。具有下列情形的股权不得用作出资：股权已被设立质权；股权所在公司章程约定不得转让；法律、行政法规或者国务院决定规定，股权所在公司股东转让股权应当报经批准而未经批准；法律、行政法规或者国务院决定规定不得转让的其他情形。

（3）用于出资的股权应当经依法设立的评估机构评估，股权出资人与被投资企业的股东或其他投资者可在股权评估的基础上协商确定股权作价金额、股权出资金额。其中，股权作价金额是指以上各方在股权评估基础上共同认定的用于出资股权的交易作价；股权出资金额是指股权作价金额中计入被投资企业注册资本的部分，股权出资金额不得高于股权评估值。

（4）股权出资应当符合国家有关税收管理的规定。

161. 债权出资有何要求？

根据《公司注册资本登记管理规定》第七条、《企业公司制改建有关国有资本管理与财务处理问题的暂行规定》第十六条的相关规定：

（1）债权人可以将其依法享有的在中国境内设立的公司的债权转为公司股权。转为公司股权的债权应当符合下列情形之一：债权人已经履行债权所对应的合同义务，且不违反法律、行政法规、国务院决定或者公司章程的禁止性规定；经人民法院生效裁判或者仲裁机构裁决确认；公司破产重整或者和解期间，列入经人民法院批准的重整计划或者裁定认可的和解协议。债权转为公司股权的，公司应当增加注册资本。

（2）涉及政策性债权转股权的，按照国务院有关部门的规定处理。国有企业实行公司制改建时，经批准或者与债权人协商，可以实施债权转为股权，并按以下规定处理：①经国家批准的各金融资产管理公司持有的债权，可以实行债权转股权；原企业相应的债务转为资产管理公司的股权，企业相应增加实收资本或者资本公积。②经银行以外的其他债权人协商同意，可以按照有关协议和公司章程将其债权转为股权，企业相应增加实收资本或者资本公积。③改建企业经过充分协商，债权人同意给予全部或者部分豁免的债务，应当转作资本公积。

（3）一般情况下，发起人能够以其对公司的债权，转为公司股权，但不得单纯以其对第三人的债权出资，即发起人不得以拟设立公司以外的债权出资。股东以债权作为出资的，中介机构应核查债权的形成过程及其真实性，并发表明确意见。

162. 无形资产出资应注意哪些问题？

（1）无形资产出资必须进行资产评估作价，由资产评估机构进行资产评估和办理产权转移程序。

（2）无形资产出资形式有一定限制，即无形资产必须符合可以用货币估价和可以依法转让的要求，如发明专利、软件著作权和土地使用权等，股东不得以知名度、自然人姓名、劳务、信用、商誉、思想、特许经营权（包括业务资质，如不可转让的生产经营许可证）等作价出资。

（3）涉及以非专利技术出资的，发起人应以法定方式向公司交付该技术，确保公司在使用该技术上不存在障碍。

（4）涉及以专利权和计算机软件著作权出资的，应注意其剩余保护年限、是否许可第三人使用及其对公司经营的影响。

（5）用以出资的无形资产的权属应该无争议，如以专利、商标、设计、技术成果等出资，必须明确其权属，特别是要说明是否属于职务成果，权属是否清晰。

（6）用于出资的无形资产，如商标、专利、非专利技术等，必须是对公司经营能起重要作用，能产生一定收益的无形资产，其评估作价应持谨慎性原则，不得低估或高估。

163. 对发行人是国有企业、集体企业改制而来的或历史上存在挂靠集体组织经营的企业有何要求？

若改制过程中法律依据不明确、相关程序存在瑕疵或与有关法律法规存在明显冲突，原则上发行人应在招股说明书中披露有权部门关于该程序的合法性、是否造成国有或集体资产流失的意见。国有企业、集体企业改制过程不存在上述情况的，保荐机构、发行人律师应结合当时有效的法律法规等，分析说明有关改制行为是否经有权机关批准、法律依据是否充分、履行的程序是否合法，以及对发行人的影响。发行人应在招股说明书中披露相关中介机构的核查意见。

164. 发行人部分资产来自上市公司的应关注哪些问题？

如发行人部分资产来自上市公司，则保荐机构和发行人律师应当针对以下事项进行核查并发表意见：

（1）发行人取得上市公司资产的背景、所履行的决策程序、审批程序与信息披露情况，是否符合法律法规、交易双方公司章程以及中国证监会和证券交易所有关上市公司监管和信息披露要求；资产转让是否存在诉讼、争议或潜在纠纷。

（2）发行人及其关联方的董事、监事和高级管理人员在上市公司及其控制公司的历史任职情况及合法合规性，是否存在违法竞业禁止义务的情形；上述资产转让时，与上市公司及其董事、监事和高级管理人员是否存在亲属及其他密切关系。如存在上述关系，在相关决策程序履行过程中，上述人员是否需要回避表决或采取保护非关联股东利益的有效措施。

（3）发行人及其关联方的董事、监事、高级管理人员以及上市公司在转让上述资产时，是否存在损害上市公司及其中小投资者合法利益的情形。

（4）发行人来自上市公司的资产置入发行人的时间，在发行人资产中的占比情况，对发行人生产经营的作用。

（5）境内上市公司在境内分拆子公司并在创业板上市，是否符合境内分拆上市的相关规定。

（6）境外上市公司在境内分拆子公司上市，是否符合境外监管的相关规定。

165. 土地使用权的审核应关注哪些方面？

（1）发行人存在使用或租赁使用集体建设用地、划拨地、农用地、耕地、基本农田及其上建造的房产等情形的，保荐机构和发行人律师应对其取得和使用是否符合《土地管理法》等法律法规的规定、是否依法办理了必要的审批或租赁备案手续、有关房产是否为合法建筑、是否可能被行政处罚、是否构成重大违法行为出具明确意见，说明具体理由和依据。

（2）发行人主要生产经营场所相关土地使用权的取得和使用原则上需符合法律法规规定。上述土地为发行人自有或虽为租赁但房产为自建的，如存在不规范情形且短期内无法整改，保荐机构和发行人应结合该土地或房产面积占发行人全部土地或房产面积的比例、使用上述土地或房产产生的收入、毛利、利润情况，评估其对发行人的重要性。如面积占比较低，对生产经营影响不大，应披露未来如因土地问题被处罚的责任承担主体、搬迁的费用及承担主体、有无下一步解决措施等，并对这些事项做重大风险提示。

（3）发行人生产经营用的主要房产系租赁上述土地上所建房产的，如存在不符合规范的情形，原则上不构成发行上市障碍。保荐机构和发行人律师应就其是否对发行人持续经营构成重大影响发表明确意见。发行人应披露如因土地问题被处罚的责任承担主体、搬迁的费用及承担主体、有无下一步解决措施等，并对这些事项作重大风险提示。

（4）发行人募投用地尚未取得的，需披露募投用地的计划、取得土地的具体安排、进度等。保荐机构、发行人律师需对募投用地是否符合土地政策、城市规划、募投用地落实的风险等进行核查并发表明确意见。

第三章

国有企业、集体企业改制

166. 国有企业改制应注意哪些问题?

对于发行人是国有企业改制而来的，若改制过程中法律依据不明确、相关程序存在瑕疵或与有关法律法规存在明显冲突，原则上发行人应在招股说明书中披露有权部门关于改制程序的合法性、是否造成国有或集体资产流失的意见。国有企业改制过程不存在上述情况的，保荐人、发行人律师应结合当时有效的法律法规等，分析说明有关改制行为是否经有权机关批准、法律依据是否充分、履行的程序是否合法以及对发行人的影响等。发行人应在招股说明书中披露相关中介机构的核查意见。

167. 什么是国有股东?

我国法律法规及规范性文件中对国有企业并无明确统一的定义性规定。相较而言，《企业国有资产交易监督管理办法》中对国有及国有控股企业、国有实际控制企业的规定较为细致，但也仅限于国有资产交易中对相关国有主体的认定，并不构成对“国有”企业的统一定义。

《企业国有资产交易监督管理办法》第四条规定，国有及国有控股企业、国有实际控制企业包括：

(1) 政府部门、机构、事业单位出资设立的国有独资企业（公司)，以及上述单位、企业直接或间接合计持股 100% 的国有全资企业。

（2）本条第（1）款所列单位、企业单位或共同出资，合计拥有产（股）权比例超过50%，且其中之一为最大股东的企业。

（3）本条第（1）、第（2）款所列企业对外出资，拥有股权比例超过50%的各级子企业。

（4）政府部门、机构、事业单位、单一国有及国有控股企业直接或间接持股比例未超过50%，但为第一大股东，并且通过股东协议、公司章程、董事会决议或者其他协议安排能够对其实际支配的企业。

168. 国有资产折股应符合什么要求？

根据《企业国有资产评估管理暂行办法》第六条、第八条、第二十二条，《股份有限公司国有股权管理暂行办法》第十二条，国有资产折股应注意以下问题：

（1）国有资产作价入股必须进行评估。国有资产的转让方应当委托具有相关资质的资产评估机构，依照国家有关规定进行资产评估。评估报告经核准或者备案后，作为确定企业国有产权转让价格的参考依据。

（2）国有资产作价入股时，企业应当以经核准或备案的资产评估结果为作价参考依据；当交易价格低于评估结果的90%时，应当暂停交易，在获得原经济行为批准机构同意后方可继续交易。

（3）国有资产严禁低估作价折股。在折股比例上，一般应以评估确认后的净资产折为国有股的股本，如不全部折股，则折股方案须与募股方案和预计发行价格一并考虑。

169. 国有资产折股资产评估日和设立登记日之间的损益如何处置？

根据《企业公司制改建有关国有资本管理与财务处理的暂行规定》（财企〔2002〕313号）第八条，资产评估结果是国有资本持有单位出资折股的依据，自评估基准日起一年内有效。自评估基准日到公司制企业设立登记日的有效期内，相关损益按如下方法处置：

（1）原企业实现利润而增加的净资产，应当上缴国有资本持有单位，或经国有资本持有单位同意，作为公司制企业国家独享资本公积管理，留待以后年度扩股时转增国有股份。

（2）对原企业经营亏损而减少的净资产，由国有资本持有单位补足，或者由公司制企业用以后年度国有股份应分得的股利补足。

（3）企业超过有效期未能注册登记，或者在有效期内被评估资产价值发生重大变化的，应当重新进行评估。

170. 国有股转持有何要求？

《国务院关于印发划转部分国有资本充实社保基金实施方案的通知》（国发〔2017〕49号）关于国有股转持的规定如下：

（1）划转范围。将中央和地方国有及国有控股大中型企业、金融机构纳入划转范围。公益类企业、文化企业、政策性和开发性金融机构以及国务院另有规定的除外。

（2）划转对象。对于已经完成公司制改革的中央和地方企业集团，直接划转企业集团股权；对于尚未完成公司制改革的中央和地方企业集团，要求抓紧推进改革，改制后按要求划转企业集团股权；同时，探索划转未完成公司制改革的企业集团所属一级子公司股权。全国社会保障基金因国有股权划转、投资等各种原因形成的上市企业和非上市企业股权除外。

（3）划转比例。首先以弥补企业职工基本养老保险制度转轨时期因企业职工享受视同缴费年限政策形成的企业职工基本养老保险基金缺口为基本目标，划转比例统一为企业国有股权的10%。今后，结合基本养老保险制度改革及可持续发展的要求，若需进一步划转，则再进行研究。

（4）承接主体。对于划转的中央企业国有股权，由国务院委托社保基金会负责集中持有；对于划转的地方企业国有股权，由各省级政府设立国有独资公司或委托本省（区、市）具有国有资本投资运营功能的公司作为承接主体。

（5）划转程序。

①国有资产监督管理机构负责提出本机构所监管企业拟划转股权的建议方案，由财政部会同人力资源社会保障部、国资委等有关

部门审核确认。其中，国资委监管的中央企业，由财政部会同人力资源社会保障部、国资委审核确认；中央金融机构等由财政部会同人力资源社会保障部审核确认。

②根据经审核确认的划转方案，国有资产监督管理机构具体办理企业国有股权的划出手续，社保基金会相应办理股权划入手续，并对划入的国有股权设立专门账户管理。地方企业国有股权划转工作比照中央企业办理。

③划转对象涉及多个国有股东的，由第一大股东的国有资产监督管理机构负责对国有股东身份和应划转股权进行初审，提交同级财政部门确认。国有股东分别属于中央和地方管理的，按第一大股东的产权归属关系，将应划转的国有股权统一划转至社保基金会或各省（区、市）国有独资公司等承接主体。

④划转上市公司国有股权的，国有资产监督管理机构应同时向中国证券登记结算有限责任公司下达国有股转持通知，并抄送社保基金会或各省（区、市）国有独资公司等承接主体。中国证券登记结算有限责任公司在收到国有股转持通知后15个工作日内，将应转持的国有股权变更登记到社保基金会或各省（区、市）国有独资公司等承接主体。

⑤国有股权划转至社保基金会或各省（区、市）国有独资公司等承接主体后，相关企业应及时进行账务调整，并按规定做好国有资产产权变动登记工作。国有股权划出方应当就划转事项通知本企业债权人。涉及上市公司股份权益变动的，相关企业需按照证券监管有关规定，履行信息披露义务。

（6）划转后的股权管理。

①在资本管理方面，承接主体作为财务投资者，享有所划入国有股权的收益权和处置权，不干预企业日常生产经营管理，除必要时，经批准外，一般不向企业派出董事。

②在收益管理方面，承接主体以取得划转股权的分红收益为原则，以通过国有资本运作获取收益为例外。同时，承接主体要履行3年以上的禁售期义务，并应承继原持股主体的其他限售义务。

171. 集体企业改制应注意哪些问题?

（1）改制过程的法律依据是否明确。集体企业改制过程的法律依据主要为国家及各部委的规定以及各地方规范性文件的规定。

（2）改制程序的合法性。《中华人民共和国城镇集体所有制企业条例》《城镇集体所有制企业、单位清产核资产权界定暂行管理办法》等有关法律规定，集体企业改制时股权转让程序的主要程序包括：集体企业清产核资和产权登记界定与登记；转让时集体企业的资产或产权须经资产评估并报集体企业主管部门确认和批准，涉及城镇集体资产的，要经国有资产管理部门确认；转让事项的受让双方（非自然人）须履行《公司法》规定的董事会和/或股东会批准并签订股权转让协议；转让事项须经集体企业职工代表大会或代表村民的村民集体代表大会同意；转让事项还须经有审批权限的人民政府审批；部分地区还要求股权转让应当在产权交易所进行。

（3）改制是否造成集体资产流失。集体企业改制过程中造成集体资产流失的情形主要有：股份量化至个人时没有进行资产评估；股份对价支付没有根据评估净资产值确认；通过隐瞒资产、虚假评估的方式导致集体资产评估值过低。

对于集体企业改制过程的法律依据不明确、相关程序存在瑕疵或与有关法律法规存在明显冲突，原则上发行人应在招股说明书中披露有权部门关于改制程序的合法性、是否造成集体资产流失的意见。集体企业改制过程不存在上述情况的，保荐机构、发行人律师应结合当时有效的法律法规等，分析说明有关改制行为是否经有权机关批准、法律依据是否充分、履行的程序是否合法以及对发行人的影响等。发行人应在招股说明书中披露相关中介机构的核查意见。

172. “红帽子”企业“摘帽”应注意哪些问题?

“红帽子”企业，是指私营企业或有限责任公司在设立时，实际股东根据当时法律、政策环境，为了有助于获得土地使用权和融资，或者为了享受地方政府的一些减免税收和优惠政策等，从而将企业注册登记为“集体所有制企业”，实质为挂靠在集体组织经营的私营企业或有限责任公司。

"红帽子"企业内部实际按照有限责任公司或私营企业的制度运作。随着企业发展和政策变化，"红帽子"企业应该通过改制恢复私营企业或有限责任公司的本质属性，即所谓的"红帽子"企业"摘帽"。认定"红帽子"企业，需具备以下几个因素：①在各级工商行政管理部门登记注册为城镇集体企业；②资本来源主要为个人或国有企业（单位）投资、合资、合作；③现有财产构成，不存在集体所有的或只存在少数集体所有的资产；④采取上交一定管理费（挂靠费），名义上由有关部门、企业（单位）、社会团体临时管理、委托管理或"挂靠"管理。

"红帽子"企业"摘帽"的主要过程为：①清产核资、产权界定。"摘帽"是对企业的真实所有权人进行判断，关键就是对企业的产权进行界定。只有当企业确实不存在集体资产，但本身又登记为集体所有制企业的时候，才符合"摘帽"的情形。根据《城镇集体所有制企业、单位清产核资产权界定暂行办法》《城镇集体所有制企业、单位清产核资产权界定的具体规定》《最高人民法院行政审判庭关于"红帽子"企业产权纠纷处理有关问题的意见》的相关规定，产权界定按照"谁投资，谁所有，谁受益""按协议约定确定归属"的原则，"集体企业在开办时筹集的各类资金或从收益中提取的各种资金，除国家另有规定外，凡是先与当事人有约定的，按其约定确定产权归属"。②有关部门批准。按照《城镇集体所有制企业、单位清产核资产权界定工作的规定》的要求，产权界定工作由各级人民政府分级组织，具体工作由当地集体企业主管部门负责，相关方应对涉及界定的各类详细资料进行核对，按国家统一政策规定和企业具体实际，依法予以协商界定产权归属。其中，涉及国有资产的，应征得同级国有资产管理部门的同意。对协商界定后各方无异议的产权，各有关方签署界定文本文件。企业根据界定文本文件编制产权界定申报表，并起草产权界定工作报告，再连同其他相关资料上报企业主管部门审核，清产核资机构会审或认定的结果，由主管部门批复到当事企业及有关各方。③登记、备案。对经核实为私营和个人性质的企业，由各级清产核资机构出具有关证明材料，由工商行政管理、税务等部门限期办理变更企业经济性质和税务登记。

“摘帽”过程中需要注意的事项：

(1)“挂靠”集体企业与主管单位之间，其产权关系有法律依据或约定的，从其规定或约定，无约定的按照投资、借款或扶持性投入协商处理。

(2) 对本企业职工以外的个人投入所占比重较大（50%以上）的企业，在明确国家对集体企业各项优惠政策在该企业所形成的集体财产的份额后，可按原始投资比例确定其投资收益。

(3) 为了促进企业的稳定和发展，对经产权界定后明确为私人资产的部门，经所有者同意仍留在企业使用并不变现的资产，按税法规定应缴纳个人所得税部分，可留作集体资产，用于原企业的继续生产和发展。

(4) 对原主办单位和主要经营者均未出资，主要靠贷款、借款形成的资产，因企业的原因至今尚未归还贷款、借款的，按原实际担保人或者承担连带责任的企业、单位的产权性质确定产权归属；企业已归还贷款、借款或因债权人方面原因至今尚未归还贷款、借款的，经企业职工（代表）大会同意，确定归企业劳动者集体所有。

(5) 进行清理甄别的非集体企业，其资产损失和资金挂账，允许比照城镇企业清产核资的有关优惠政策和财务规定处理；对经核实实收资本低于注册资本金的企业，由工商行政管理部门限期补足，逾期未补足的，按实收资本重新核定注册资本金。

173. 集体资产量化或奖励给个人应注意哪些问题？

目前，国家法律、行政法规和政策没有明确规定企业改制设立时集体资产量化或奖励给个人如何处理。在实践中，企业提交发行上市申请时监管部门会关注以下问题：

(1) 企业改制设立时除应履行内部批准程序外，一般会取得当地政府部门关于集体资产量化或奖励到个人的批准文件，企业在申请公开发行前应当进一步取得当地省级人民政府出具的确认文件。

(2) 企业在提交公开发行申请时应当由律师出具法律文件，对集体企业资产量化或奖励给个人是否合法，企业在集体资产量化或奖励到个人时股份转让、股份分红行为是否按规定履行代扣代缴个人所得税义务等问题发表法律意见。

174. 引入政府引导基金需关注哪些问题?

政府引导基金并非法律层面的概念，从内涵角度，通常指由政府出资并吸引有关地方政府、金融、投资机构和社会资本，不以营利为目的，以股权或债权等方式投资于创业风险投资机构或新设创业风险投资基金。该基金的宗旨是发挥财政资金的杠杆放大效应，支持创业企业发展。

政府引导基金一般有几种不同的运作模式：①在创业投资发展处于初期阶段的地区，可采用引入“补充基金和股权投资”的模式以快速启动引导基金，尝试引导社会资本进入创业投资领域。②在创业投资发展处于成长阶段的地区，可通过引入“引导基金+担保机构”的模式，扩大融资规模，加速创业投资的发展。③在创业投资发展处于相对成熟的地区，可以通过引导基金作为母基金来吸引社会投资的方式，发挥其最大功效，促进创业投资发展。

拟上市公司引入政府引导基金，一般需要关注政府引导基金的性质是否应界定为国有股东。如属于国有股东，则需按照国有资产管理法律、行政法规的要求，在投资及股权变动过程中履行相应的审批、备案、资产评估等手续，且在申报 IPO 时需提供国有资产监督管理部门出具的企业国有股权设置管理批复文件。

第四章

公司治理

第一节　组织机构与公司章程

175. 股份有限公司应设立哪些组织机构?

《公司法》规定，股份有限公司应该设立股东大会、董事会、监事会、经理。股东大会是股份有限公司的权力机构，由公司的投资者组成，这既体现了投资者在公司中的地位，也体现了公司内部投资者和经营者之间的关系，公司其他机构必须服从、服务于股东大会。董事会和经理组成公司的行政机构，其中，董事会是行政机构中的决策机构，经理是决策机构中的执行机构。监事会是公司的监督机构，接受股东大会委托监督公司行政机构及其组成人员遵守法律、行政法规、公司章程和股东大会决定的职责。

176. 股份有限公司章程应当载明哪些事项?

《公司法》规定，股份有限公司章程应当载明下列事项：

(1) 公司名称和住所。

(2) 公司经营范围。

(3) 公司设立方式。

(4) 公司股份总数、每股金额和注册资本。

(5) 发起人的姓名或者名称、认购的股份数、出资方式和出资时间。

（6）董事会的组成、职权和议事规则。

（7）公司法定代表人。

（8）监事会的组成、职权和议事规则。

（9）公司利润分配办法。

（10）公司的解散事由与清算办法。

（11）公司的通知和公告办法。

（12）股东大会会议认为需要规定的其他事项。

177. 修改公司章程应注意哪些事项？

股东应重视公司章程的作用，提高对制定或修改公司章程重要性的认识。公司章程是确定公司各方当事人权利、义务关系的基本法律文件，也是公司对外进行经营交往的基本依据。公司章程对公司股东、董事、监事、高级管理人员均具有约束力，对后加入的股东也具有法律效力。公司章程内容是股东之间的约定，只要意思表示真实，不违反法律法规的强制性规定，就是合法有效的。因此，制定或修改公司章程应充分考虑公司自身情况，将可以考虑到的、易产生纠纷的情况规定清楚、详细，对法律没有规定或规定不够具体的内容进行细化和补充。公司章程的修改应按特别决议程序修改。拟上市公司和上市公司制定、修改公司章程，应该严格遵守《上市公司章程指引》的规定。

178. 国有上市公司章程中如何设置党建条款？

《关于在深化国有企业改革中坚持党的领导加强党的建设的若干意见》要求国有企业加强党的领导，加强党建工作。《关于全面推进法治央企建设的意见》明确中央企业应把加强党的领导和完善公司治理统一起来，明确党组织在公司治理结构中的法定地位，将党建工作总体要求纳入公司章程。国有上市公司可结合公司实际情况在公司章程中明确党建机构的设置、职权范围、履职程序等党建工作条款。例如，明确设立党委和公司纪委，纳入公司管理机构和编制，党组织工作经费纳入公司预算；规定党委要参与公司重大问题的决策，研究决定公司重大人事任免，对董事会、总经理办公会拟决策的重大问题进行研究讨论，提出意见和建议等事项；公司纪委履行党纪党规教育，对党员领导干部行使权力进行监督，受理党员的控告和申诉，保障党员权利等职责。

第二节　股东大会

179. 股东大会有哪些职权？

《公司法》规定，股份有限公司股东大会职权包括以下方面：

（1）决定公司的经营方针和投资计划。

（2）选举和更换非由职工代表担任的董事、监事，决定有关董事、监事的报酬事项。

（3）审议批准董事会的报告。

（4）审议批准监事会或者监事的报告。

（5）审议批准公司的年度财务预算方案、决算方案。

（6）审议批准公司的利润分配方案和弥补亏损方案。

（7）对公司增加或者减少注册资本作出决议。

（8）对发行公司债券作出决议。

（9）对公司合并、分立、解散、清算或者变更公司形式作出决议。

（10）修改公司章程。

（11）公司章程规定的其他职权。

180. 股东大会会议由何人召集和主持？

《公司法》规定，股东大会会议由董事会召集，董事长主持；董事长不能履行职务或者不履行职务的，由副董事长主持；副董事长不能履行职务或者不履行职务的，由半数以上董事共同推举一名董事主持。董事会不能履行或者不履行召集股东大会会议职责的，监事会应当及时召集和主持；监事会不召集和主持的，连续 90 日以上单独或者合计持有公司 10% 以上股份的股东可以自行召集和主持。

181. 对股东大会的会议通知时间有何要求?

根据《公司法》《上市规则》《上市公司股东大会规则》等相关法律法规及规范性文件，上市公司年度股东大会应当于召开20日前，临时股东大会应当于召开15日前，以公告方式向股东发出股东大会通知。

182. 在哪些情形下应当在两个月内召开临时股东大会?

根据《公司法》等相关法律法规及规范性文件，出现下列情形之一的，应当在两个月内召开临时股东大会：

（1）董事人数不足《公司法》规定人数或者公司章程所定人数的2/3时。

（2）公司未弥补的亏损达实收股本总额的1/3时。

（3）单独或者合计持有公司10%以上股份的股东请求时。

（4）董事会认为必要时。

（5）监事会提议召开时。

（6）公司章程规定的其他情形。

183. 单独或者合计持有公司10%以上股份的股东请求的临时股东大会程序是怎样的?

（1）根据《公司法》《上市公司股东大会规则》等相关法律法规及规范性文件规定，单独或者合计持有公司10%以上股份的普通股股东（含表决权恢复的优先股股东）有权向董事会请求召开临时股东大会，并应当以书面形式向董事会提出。

（2）董事会应当在收到请求后10日内提出同意或不同意召开临时股东大会的书面反馈意见：①董事会同意召开临时股东大会的，应当在做出董事会决议后的5日内发出召开股东大会的通知，通知中对原请求的变更，应当征得相关股东的同意。②董事会不同意召开临时股东大会，或者在收到请求后10日内未做出反馈的，单独或者合计持有公司10%以上股份的普通股股东（含表决权恢复的优先股股东）有权向监事会提议召开临时股东大会，并应当以书面形式向监事会提出请求。③监事会同意召开临时股东大会的，应在收到请求5日内发出召开股东大会的通知，通知中对原请求的变更，应当征得相关股东的同意。④监事会未在规定期限内发出股东大会通知的，视为监事会不召集和主持股东大会，连续90日以上单独或者合计持有公司10%以上股份的普通股股东（含表决权恢复的优先股股东）可以自行召集和主持。

（3）监事会或股东决定自行召集股东大会的，应当书面通知董事会，同时向公司所在地中国证监会派出机构和证券交易所备案。监事会和召集股东应在发出股东大会通知及发布股东大会决议公告时，向公司所在地中国证监会派出机构和证券交易所提交有关证明材料。在股东大会决议公告前，召集股东持股比例不得低于10%。

（4）对于监事会或股东自行召集的股东大会，董事会和董事会秘书应予配合。董事会应当提供股权登记日的股东名册。董事会未提供股东名册的，召集人可以持召集股东大会通知的相关公告，向证券登记结算机构申请获取。召集人所获取的股东名册不得用于除召开股东大会以外的其他用途。监事会或股东自行召集的股东大会，会议所必需的费用由公司承担。

184. 公司股东大会临时提案如何提出？

根据《公司法》《上市公司股东大会规则》等相关法律法规及规范性文件，单独或者合计持有公司3%以上股份的普通股股东（含表决权恢复的优先股股东），可以在股东大会召开10日前提出临时提案并书面提交召集人。召集人应当在收到提案后2日内发出股东大会补充通知，公告临时提案的内容。临时提案的内容应当属于股东大会职权范围，并有明确议题和具体决议事项。除前款规定外，召集人在发出股东大会通知后，不得修改股东大会通知中已列明的提案或增加新的提案。

185. 股东大会决议在什么情况下生效？

根据《公司法》《最高人民法院关于适用〈公司法〉若干问题的规定（四）》，公司股东大会决议内容不得违反法律、行政法规，股东大会决议内容和审议程序应符合法律法规及公司章程的规定。

根据《公司法》，股东大会做出决议，必须经出席会议的股东所持表决权过半数通过。但是，股东大会做出修改公司章程、增加或者减少注册资本的决议，以及公司合并、分立、解散或者变更公司形式的决议，必须经出席会议的股东所持表决权的2/3以上通过。

上市公司在一年内购买、出售重大资产或者担保金额超过公司资产总额30%的，应当由股东大会做出决议，并经出席会议的股东所持表决权的2/3以上通过。

根据《公司法》《上市规则》《上市公司股东大会规则》等相关法律法规及规范性文件，上市公司股东与股东大会拟审议事项有关联关系时，应当回避表决，并且不得代理其他股东行使表决权，其所持表决权的股份不计入出席股东大会有表决权的股份总数。

186. 公司股东大会特殊决议事项有哪些？普通决议事项有哪些？

根据《公司法》《上市规则》《上市公司股东大会规则》《上市公司章程指引》等相关法律法规及规范性文件，股东大会决议分为普通决议和特别决议。股东大会做出普通决议，应当由出席股东大会的股东（包括股东代理人）所持表决权的1/2以上通过。股东大会做出特别决议，应当由出席股东大会的股东（包括股东代理人）所持表决权的2/3以上通过。

（1）下列事项由股东大会以普通决议通过：

①董事会和监事会的工作报告；②董事会拟定的利润分配方案和弥补亏损方案；③董事会和监事会成员的任免及其报酬和支付方法；④公司年度预算方案、决算方案；⑤公司年度报告；⑥除法律、行政法规规定或者公司章程规定的应当以特别决议通过的其他事项。

（2）下列事项由股东大会以特别决议通过：

①公司增加或者减少注册资本；②公司的分立、合并、解散和清算；③公司章程的修改；④公司在一年内购买、出售重大资产或者担保金额超过公司最近一期经审计总资产30%的；⑤股权激励计划；⑥公司发行股票、债券等；⑦公司调整或变更利润分配政策；⑧法律、行政法规或公司章程规定的，以及股东大会以普通决议认定的会对公司产生重大影响的、需要以特别决议通过的其他事项。

187. 表决权差异安排设置要求有哪些?

表决权差异安排，是指发行人依照规定，在一般规定的普通股份之外，发行拥有特别表决权的股份。一般情况下，每一特别表决权股份拥有的表决权数量大于每一普通股份拥有的表决权数量。除公司章程规定的表决权差异外，普通股份与特别表决权股份具有的其他股东权利完全相同。

（1）设置要求。根据《上市规则》第四章第四节，创业板上市公司表决权差异安排设置要求如下：

表决权差异安排只能在首次公开发行上市前设置，且应当经出席股东大会的股东所持表决权的2/3以上通过。同时，《注册管理办法》第四十二条规定，符合相关规定、存在特别表决权股份的企业申请首次公开发行股票并在创业板上市的，发行人应当在招股说明书等公开发行的文件中，披露并特别提示差异化表决权安排的主要内容、相关风险和对公司治理的影响，以及依法落实保护投资者合法权益的各项措施。

公司章程中应当规定每份特别表决权股份的表决权数量，每份特别表决权股份的表决权数量应当相同，且不得超过每份普通股份的表决权数量的10倍。

首次公开发行上市后，除同比例配股、转增股本、分配股票股利情形外，不得在境内外发行特别表决权股份，不得提高特别表决权比例。上市公司因股份回购等原因，可能导致特别表决权比例提高的，应当同时采取将相应数量特别表决权股份转换为普通股份等措施，保证特别表决权比例不高于原有水平。

普通表决权比例不低于10%。

（2）持有特别表决权股份的主体。根据《上市规则》第4.4.3条，对上市公司发展做出重大贡献，并且在公司上市前及上市后持续担任公司董事的人员，及其实际控制人的持股主体，才能持有特别表决权股份。持有特别表决权股份的股东在上市公司中拥有权益的股份合计应当达到公司全部已发行有表决权股份的10%以上。

（3）特别表决权股份与普通股份不存在表决权差异的情形。根据《上市规则》第4.4.9条，上市公司股东对下列事项行使表决权时，每一特别表决权股份享有的表决权数量应当与每一普通股份的表决权数量相同：①修改公司章程；②改变特别表决权股份享有的表决权数量；③聘请或者解聘独立董事；④聘请或者解聘监事；⑤聘请或者解聘为上市公司定期报告出具审计意见的会计师事务所；⑥公司合并、分离、解散或者变更公司形式。

（4）具有表决权差异安排的上市公司的信息披露。根据《上市规则》，上市公司具有表决权差异安排的，应当在定期报告中披露相关情况，以及这些安排下保护投资者合法权益相关措施的实施情况，监事会应在年度报告中就表决权差异安排出具了专项意见。出现下列情形之一的，上市公司应当及时披露：特别表决权股份转换成普通股份；股东所持有的特别表决权股份被质押冻结、司法拍卖、托管、设定信托或者被依法限制表决权；其他重大变化或者调整。

（5）具有表决权差异安排的上市公司发布股东大会通知的要求。根据《上市规则》第4.4.14条，具有表决权差异安排的上市公司应当在股东大会通知中列明：持有特别表决权股份的股东；所持特别表决权股份数量及对应的表决权数量；股东大会议案是否涉及每一特别表决权股份享有的表决权数量与每一普通股份的表决权数量相同等规定事项。

（6）特别表决权股份转换为普通股份的情形。根据《上市规则》第4.4.8条，出现下列情形之一的，特别表决权应按照1:1的比例转换为普通股份：持有特别表决权股份的股东不再符合资格和最低持股要求，或者丧失相应履职能力、离任、死亡；实际持有特别表决权股份的股东失去对相关持股主体的实际控制；持有特别表决权股份的股东向他人转让所持有的特别表决权股份，或者将特别表决权股份的表决权委托他人行使，但转让或者委托给受该特别表决权股东实际控制的主体除外；公司的控制权发生变更。

第三节　董事会和监事会

188. 股份有限公司董事会有哪些职权?

根据《公司法》第四十六条，董事会对股东会负责，行使下列职权：

（1）召集股东会会议，并向股东会报告工作。

（2）执行股东会的决议。

（3）决定公司的经营计划和投资方案。

（4）制订公司的年度财务预算方案、决算方案。

（5）制订公司的利润分配方案和弥补亏损方案。

（6）制订公司增加或者减少注册资本以及发行公司债券的方案。

（7）制订公司合并、分立、解散或者变更公司形式的方案。

（8）决定公司内部管理机构的设置。

（9）决定聘任或者解聘公司经理及其报酬事项，并根据经理的提名决定聘任或者解聘公司副经理、财务负责人及其报酬事项。

（10）制定公司的基本管理制度。

（11）公司章程规定的其他职权。

189. 股份有限公司董事是如何产生的？任期如何?

根据《公司法》《上市规则》等相关法律法规及规范性文件，股东大会选举和更换非由职工代表担任的董事。董事会成员中可以有公司职工代表。董事会中的职工代表由公司职工通过职工代表大会、职工大会或者其他形式民主选举产生。董事任期由公司章程规定，但每届任期不得超过三年。董事任期届满，连选可以连任。

190. 股份有限公司董事长是如何产生的？董事长有哪些职权?

根据《公司法》第一百零九条，董事长由董事会以全体董事的过半数选举产生。

根据《公司法》《上市规则》《规范运作指引》《上市公司章程

指引》等相关法律法规及规范性文件，董事长行使下列职权：

（1）主持股东大会和召集、主持董事会会议。

（2）督促、检查董事会决议的执行。

（3）董事会授予的其他职权。

当实际执行情况与董事会决议内容不一致，或者执行过程中发现重大风险的，董事长应当及时召集董事会进行审议并采取有效措施。董事长应当定期向总经理和其他高级管理人员了解董事会决议的执行情况。

董事会应谨慎授予董事长职权，例行或长期授权在章程中明确规定。

191. 股份有限公司谁可以提议召开临时董事会会议？

根据《公司法》第一百一十条，代表1/10以上表决权的股东、1/3以上董事或者监事会，可以提议召开董事会临时会议。董事长应当自接到提议后10日内，召集和主持董事会会议。

192. 股份有限公司董事会会议由谁召集和主持？

根据《公司法》第一百零九条及第一百一十条，董事会会议由董事长召集和主持。董事长不能履行职务或者不履行职务的，由副董事长履行职务；副董事长不能履行职务或者不履行职务的，由半数以上董事共同推举一名董事履行职务。

193. 股份有限公司董事会会议必须有多少位董事参加才能举行？多少董事同意才生效？

根据《公司法》第一百一十一条，董事会会议应有过半数的董事出席方可举行。董事会做出决议，必须经全体董事的过半数通过。董事会决议的表决，实行一人一票。

根据《公司法》第一百二十四条，上市公司董事与董事会会议决议事项所涉及的企业有关联关系的，不得对该项决议行使表决权，也不得代理其他董事行使表决权。该董事会会议由过半数的无关联关系董事出席即可举行，董事会会议所做决议须经无关联关系董事过半数通过。出席董事会的无关联关系董事人数不足三人的，应将该事项提交上市公司股东大会审议。

根据《公司法》第一百四十二条，公司不得收购本公司股份。但是，有下列情形之一的除外：

①减少公司注册资本。

②与持有本公司股份的其他公司合并。

③将股份用于员工持股计划或者股权激励。

④股东因对股东大会做出的公司合并、分立决议持异议，要求公司收购其股份。

⑤将股份用于转换上市公司发行的可转换为股票的公司债券。

⑥上市公司为维护公司价值及股东权益所必需。

公司因前款第（3）项、第（5）项、第（6）项规定的情形收购本公司股份的，可以依照公司章程的规定或者股东大会的授权，经2/3以上董事出席的董事会会议决议。

根据《上市规则》第7.1.13条，上市公司提供财务资助，应当经出席董事会会议的2/3以上董事同意并做出决议。

根据《上市规则》第7.1.14条，上市公司提供担保的，应当经董事会审议后及时对外披露。董事会审议担保事项时，必须经出席董事会会议的2/3以上董事审议同意。

194. 公司董事会决议表决方式有哪些？

根据《公司法》第一百一十一条、第一百一十二条和《上市公司章程指引》第一百二十条，公司董事会决议表决方式由公司章程规定，董事会临时会议在保障董事充分表达意见的前提下，可以用公司章程规定的其他方式进行并做出决议，且由参会董事签字。

董事会做出决议，必须经全体董事的过半数通过。董事会决议的表决，实行一人一票。

董事会应当对会议所议事项的决定做成会议记录，出席会议的董事应当在会议记录上签名。

195. 在什么情况下董事应回避表决？

根据《公司法》第一百二十四条，上市公司董事与董事会会议决议事项所涉及的企业有关联关系的，不得对该项决议行使表决权，也不得代理其他董事行使表决权。

196. 董事能否委托他人出席董事会?

根据《公司法》第一百一十二条和《规范运作指引（2020 年修订)》3.3.1 条，董事应当亲自出席董事会会议，因故不能亲自出席董事会会议的，应当审慎选择并以书面形式委托其他董事代为出席，独立董事不得委托非独立董事代为出席会议。涉及表决事项的，委托人应当在委托书中明确对每一事项发表同意、反对或者弃权的意见。董事不得做出或者接受无表决意向的委托、全权委托或者授权范围不明确的委托。董事对表决事项的责任不因委托其他董事出席而免除。在审议关联交易事项时，非关联董事不得委托关联董事代为出席会议。一名董事在一次董事会会议上不得接受超过两名董事的委托代为出席会议。

197. 董事会运作应注意哪些事项?

根据《公司法》和《规范运作指引（2020 年修订)》，董事会运作应注意以下事项：

（1）公司应当制定董事会议事规则，确保董事会规范、高效运作和审慎、科学决策。

（2）董事会的人数及人员构成应当符合有关法律、行政法规、部门规章、规范性文件及公司章程等的要求。

（3）董事会应当设立审计委员会，并可以根据需要设立战略、提名、薪酬与考核等专门委员会。专门委员会对董事会负责，依照公司章程和董事会授权履行职责，专门委员会的提案应当提交董事会审议决定。

（4）董事会会议应当严格按照董事会议事规则召集和召开，按规定事先通知所有董事，并提供充分的会议材料，包括会议议题的相关背景材料、独立董事事前认可情况等董事对议案进行表决所需的所有信息、数据和资料，及时答复董事提出的问询，在会议召开前根据董事的要求补充相关会议材料。

公司董事会、独立董事、持有1%以上有表决权股份的股东或者依法设立的投资者保护机构可以作为征集人，自行或者委托证券公司、证券服务机构，公开请求股东委托其代为出席股东大会，并代为行使提案权、表决权等股东权利，但不得以有偿或者变相有偿方式公开征集股东权利。

（5）董事会会议记录应当真实、准确、完整，充分反映与会人员对所审议事项提出的意见，出席会议的董事、董事会秘书和记录人员应当在会议记录上签字确认。董事会会议记录应当作为上市公司重要档案妥善保存。

（6）董事会各项法定职权应当由董事会集体行使，不得授权他人行使，不得以公司章程、股东大会决议等方式加以变更或者剥夺。公司章程规定的董事会其他职权，涉及重大业务和事项的，应当进行集体决策，不得授权单个或者部分董事单独决策。董事会授权董事会成员等在董事会闭会期间行使除此之外的部分职权的，应当在公司章程中明确规定授权的原则和具体内容。

198. 独立董事主要有哪些作用？

（1）有利于公司的专业化运作。独立董事能利用其专业知识和经验为公司发展提供有建设性的建议，为董事会的决策提供参考意见，从而有利于公司提高决策水平，提高经营绩效。

（2）有利于检查和评判。独立董事在评价总经理等高级管理人员的绩效时能发挥非常积极的作用。独立董事相对于内部董事容易坚持客观的评价标准，并易于组织实施一个清晰的形式化的评价程序，从而避免内部董事“自己为自己打分”，以最大限度地谋求股东利益。

（3）有利于监督和约束。独立董事可以在监督总经理等高级管理人员方面发挥很重要的作用。

（4）平衡大小股东之间的利益。独立董事由于在公司董事会中处于独立地位，不代表任何利益主体的利益，同时，在表决中被赋予了一定的特别权力，对利益主体之间有一定的平衡作用。

199. 独立董事需发表独立意见的事项有哪些?

(1) 提名、任免董事。

(2) 聘任、解聘高级管理人员。

(3) 董事、高级管理人员的薪酬方案。

(4) 公司现金分红政策的制定、调整、决策程序、执行情况及信息披露,以及利润分配政策是否损害中小投资者合法权益。

(5) 需要披露的关联交易、提供担保(对合并报表范围内子公司提供担保除外)、委托理财、提供财务资助、募集资金使用有关事项、公司自主变更会计政策、股票及其衍生品种投资等重大事项。

(6) 重大资产重组方案、股权激励计划、员工持股计划、回购股份方案。

(7) 公司拟决定其股票不再在深圳证券交易所交易,或者转而申请在其他交易场所交易或者转让。

(8) 独立董事认为有可能损害中小股东合法权益的事项。

(9) 相关法律、行政法规、部门规章、规范性文件、证券交易所业务规则及公司章程规定的其他事项。

200. 何种情况下独立董事需要出具事先认可意见?

根据《规范运作指引(2020年修订)》3.5.3条,独立董事发表的独立意见类型包括同意、保留意见及其理由、反对意见及其理由和无法发表意见及其障碍,所发表的意见应当明确、清楚。重大关联交易事项、聘用或解聘会计师事务所事项应由二分之一以上独立董事同意后,由独立董事出具独立董事事前认可函,方可提交董事会讨论。

201. 董事会设立专门委员会有何要求?

根据《上市公司治理准则》《规范运作指引(2020年修订)》等相关规范性文件规定,公司应根据上市规则在董事会中设立审计委员会,并可以根据需要设立战略、提名、薪酬与考核等专门委员会。专门委员会对董事会负责,依照公司章程和董事会授权履行职责,专门委员会的提案应当提交董事会审议决定。专门委员会成员全部由董事组成，其中，审计委员会、提名委员会、薪酬与考核委员会中独立董事应当占多数并担任召集人，审计委员会的召集人应当为会计专业人士。公司章程应当对专门委员会的组成、职责等做出规定。

（1）战略委员会的主要职责是对公司长期发展战略和重大投资决策进行研究并提出建议。

（2）审计委员会的主要职责是：①监督及评估外部审计工作，提议聘请或更换外部审计机构；②监督及评估内部审计工作，监督公司的内部审计制度及其实施；③负责内部审计与外部审计之间的沟通；④审核公司的财务信息及其披露；⑤指导和监督内部审计制度的建立和实施。

（3）提名委员会的主要职责是：①研究董事、经理人员的选择标准和程序并提出建议；②广泛搜寻合格的董事和经理人员的人选；③对董事候选人和经理人选进行审查并提出建议。

（4）薪酬和考核委员会的主要职责是：①研究董事与经理人员的标准，进行考核并提出建议；②研究和审查董事、高级管理人员的薪酬政策和方案。

专门委员会成员全部由董事组成，其中，审计委员会、提名委员会、薪酬与考核委员会中独立董事应当占多数并担任召集人，审计委员会的召集人应当为会计专业人士。

202. 公司监事会如何组成？其职权范围是什么？

根据《公司法》《上市公司治理准则》等法律法规及规范性文件规定，股份有限公司设立监事会，其成员不得少于三人。监事会应当包括股东代表和适当比例的公司职工代表，其中，职工代表的比例不得低于三分之一，具体比例由公司章程规定。监事会中的职工代表由公司职工通过职工代表大会、职工大会或者其他形式民主选举产生。董事、高级管理人员不得兼任监事。

监事会的职责包括：

（1）检查公司财务。

（2）对董事、高级管理人员执行公司职务的行为进行监督，对违反法律、行政法规、公司章程或者股东会决议的董事、高级管理人员提出罢免的建议。

（3）当董事、高级管理人员的行为损害公司的利益时，要求董事、高级管理人员予以纠正。

（4）提议召开临时股东会会议，在董事会不履行《公司法》规定的召集和主持股东会会议职责时召集和主持股东会会议。

（5）向股东会会议提出提案。

（6）依照《公司法》第一百五十一条的规定，对董事、高级管理人员提起诉讼。

（7）公司章程规定的其他职权。

监事可以列席董事会会议，并对董事会决议事项提出质询或者建议。监事会、不设监事会的公司的监事发现公司经营情况异常，可以进行调查，必要时，可以聘请会计师事务所等协助其工作，费用由公司承担。

203. 监事会由何人召集和主持？

根据《公司法》第一百一十七条和第一百一十九条，监事会每六个月至少召开一次会议。监事可以提议召开临时监事会会议。监事会主席召集和主持监事会会议；监事会主席不能履行职务或者不履行职务的，由监事会副主席召集和主持监事会会议；监事会副主席不能履行职务或者不履行职务的，由半数以上监事共同推举一名监事召集和主持监事会会议。

204. 股份有限公司监事会运作中应注意哪些事项？

（1）上市公司监事会应当依法检查公司财务，监督董事、高级管理人员履职的合法合规性，行使公司章程规定的其他职权，维护上市公司及股东的合法权益。

（2）上市公司应当采取有效措施保障监事的知情权，为监事正常履行职责提供必要的协助，任何人不得干预、阻挠。

（3）监事会的人员和结构应当确保监事会能够独立有效地履行对董事、高级管理人员以及上市公司财务进行监督和检查等职责。

（4）监事会会议记录应当真实、准确、完整，充分反映与会人员对所审议事项提出的意见，出席会议的监事和记录人员应当在会议记录上签字。监事会会议记录应当作为上市公司重要档案妥善保存。

第四节 董事、监事和高管任职资格、责任与权利

205. 董事、监事、经理任职资格有哪些？不具备任职资格该如何处理？

根据《公司法》第一百四十六条，有下列情形之一的，不得担任公司的董事、监事、高级管理人员：

（1）无民事行为能力或者限制民事行为能力；

（2）因贪污、贿赂、侵占财产、挪用财产或者破坏社会主义市场经济秩序，被判处刑罚，执行期满未逾 5 年，或者因犯罪被剥夺政治权利，执行期满未逾 5 年；

（3）担任破产清算的公司、企业的董事或者厂长、经理，对该公司、企业的破产负有个人责任的，自该公司、企业破产清算完结之日起未逾 3 年；

（4）担任因违法被吊销营业执照、责令关闭的公司、企业的法定代表人，并负有个人责任的，自该公司、企业被吊销营业执照之日起未逾 3 年；

（5）个人所负数额较大的债务到期未清偿；

（6）被中国证监会处以证券市场禁入处罚，期限未满的；

（7）法律、行政法规或部门规章规定的其他内容。公司违反前款规定选举、委派董事、监事或者聘任高级管理人员的，该选举、委派或者聘任无效。董事、监事、高级管理人员在任职期间出现上述第（1）款所列情形的，公司应当解除其职务。

206. 对发行人高管任职有何规定？

发行人的总经理、副总经理、财务负责人和董事会秘书等高级

管理人员不得在控股股东、实际控制人及其控制的其他企业中担任除董事、监事以外的其他职务，不得在控股股东、实际控制人及其控制的其他企业领薪；发行人的财务人员不得在控股股东、实际控制人及其控制的其他企业中兼职。发行人的董事、监事和高级管理人员已经了解与股票发行上市有关的法律法规，知悉上市公司及其董事、监事和高级管理人员的法定义务和责任。

发行人的董事、监事和高级管理人员符合法律、行政法规和规章规定的任职资格，不存在最近三年内受到中国证监会行政处罚，或者因涉嫌犯罪正在被司法机关立案侦查或者涉嫌违法违规正在被中国证监会立案调查且尚未有明确结论意见等情形。

207. 董事的法定义务和责任有哪些？

董事应当遵守法律、行政法规和公司章程，对公司负有忠实义务和勤勉义务。董事不得利用职权收受贿赂或者其他非法收入，不得侵占公司的财产。

董事应当遵守法律、行政法规和公司章程，对公司负有忠实义务，不得有下列行为：

（1）挪用公司资金。

（2）将公司资金以其个人名义或者以其他个人名义开立账户存储。

（3）违反公司章程的规定，未经股东大会或者董事会同意，将公司资金借贷给他人或者以公司财产为他人提供担保。

（4）违反公司章程的规定或者未经股东大会同意，与本公司订立合同或者进行交易。

（5）未经股东大会同意，利用职务便利为自己或者他人谋取属于公司的商业机会，自营或者为他人经营与所任职公司同类的业务。

（6）接受他人与公司交易的佣金归为己有。

（7）擅自披露公司秘密。

（8）不得利用其关联关系损害公司利益。

（9）利用职权收受贿赂或者其他非法收入，不得侵占公司的财产。

（10）违反法律、行政法规、部门规章及公司章程规定的其他忠实义务。董事违反忠实义务所得的收入，应当归公司所有；给公司造成损失的，应当承担赔偿责任。

董事应当遵守法律、行政法规和公司章程，对公司负有下列勤勉义务：

（1）应谨慎、认真、勤勉地行使公司赋予的权利，以保证公司的商业行为符合国家法律、行政法规以及国家各项经济政策的要求，商业活动不超过公司营业执照规定的业务范围。

（2）应公平对待所有股东。

（3）及时了解公司业务经营管理状况。

（4）应当对公司定期报告和证券发行文件签署书面确认意见。保证公司所披露的信息真实、准确、完整；无法保证定期报告和证券行业发行文件内容的真实性、准确性、完整性或者有异议的，应当在书面确认意见中发表意见并陈述理由。

（5）应当如实向监事会提供有关情况和资料，不得妨碍监事会或者监事行使职权。

（6）董事发现公司或者公司董事、监事、高级管理人员、股东、实际控制人等存在涉嫌违法违规或者其他损害公司利益的行为时，应当要求相关方立即纠正或者停止，并及时向董事会报告，提请董事会进行核查，必要时应当向证券交易所报告。

（7）法律、行政法规、部门规章及公司章程规定的其他勤勉义务。

董事连续两次未能亲自出席，也不委托其他董事出席董事会会议，视为不能履行职责，董事会应当建议股东大会予以撤换。

董事执行公司职务时违反法律、行政法规或者公司章程的规定，给公司造成损失的，应当承担赔偿责任。

董事应当保证公司所披露的信息真实、准确、完整，发行人、上市公司公告的招股说明书、财务会计报告、定期报告等信息披露资料，有虚假记载、误导性陈述或者重大遗漏，致使投资者在证券交易中遭受损失的，董事应当与发行人、上市公司承担连带赔偿责任，但是能够证明自己没有过错的除外。

发行人、上市公司未按照规定披露信息，所披露的信息有虚假记载、误导性陈述或者重大遗漏的，未按照规定报送有关报告，或者报送的报告有虚假记载、误导性陈述或者重大遗漏的，对应负责任的董事给予警告，并处以50万元以上500万元以下的罚款。

208. 监事的法定义务和责任有哪些？

监事应当遵守法律、行政法规和公司章程，对公司负有忠实义务和勤勉义务。监事不得利用职权收受贿赂或者其他非法收入，不得侵占公司的财产。

《公司法》对监事的忠实及勤勉义务的禁止性行为未进行列举，对于监事的忠实及勤勉义务，如果章程有规定的，依据章程，章程没有规定的，可参照适用董事忠实及勤勉义务的规定。

监事执行公司职务时违反法律、行政法规或者公司章程的规定，给公司造成损失的，应当承担赔偿责任。

监事应当对董事会编制的公司定期报告进行审核并提出书面审核意见，保证上市公司所披露的信息真实、准确、完整。若发行人、上市公司违反信息披露义务，存在所披露的信息有虚假记载、误导性陈述或者重大遗漏等行为，应负责任的监事应当与发行人、上市公司对投资者承担连带赔偿责任，并将受到警告、罚款。

209. 经理的法定义务和责任有哪些？

根据《公司法》《证券法》《注册管理办法》等相关规定，经理应当遵守法律、行政法规和公司章程，对公司负有忠实义务和勤勉义务。经理不得利用职权收受贿赂或者其他非法收入，不得侵占公司的财产。

（1）董事的忠实义务适用于经理，经理应当遵守法律、行政法规和公司章程，对公司负有下列勤勉义务：①应当对公司定期报告签署书面确认意见，保证公司所披露的信息真实、准确、完整。②应当如实向监事会提供有关情况和资料，不得妨碍监事会或者监事行使职权。③法律、行政法规、部门规章及公司章程规定的其他勤勉义务。

（2）经理由董事会决定聘任或者解聘，对董事会负责，行使下列职权：①主持公司的生产经营管理工作，组织实施董事会决议；②组织实施公司年度经营计划和投资方案；③拟订公司内部管理机构设置方案；④拟订公司的基本管理制度；⑤制定公司的具体规章；⑥提请聘任或者解聘公司副经理、财务负责人；⑦决定聘任或者解聘除应由董事会决定聘任或者解聘以外的负责管理人员；⑧董事会授予的其他职权。

公司章程对股份公司经理职权另有规定的，从其规定。

经理执行公司职务时违反法律、行政法规或者公司章程的规定，给公司造成损失的，应当承担赔偿责任。

经理应当对公司定期报告签署书面确认意见，保证公司所披露的信息真实、准确、完整。若发行人、上市公司违反信息披露义务，存在所披露的信息有虚假记载、误导性陈述或者重大遗漏等行为，应负责任的监事应当与发行人、上市公司对投资者承担连带赔偿责任，并将受到警告、罚款。

210. 独立董事的任职资格有什么特殊要求？谁可以提名独立董事？

（1）独立董事应符合以下特殊要求及特殊规定：①取得深圳或者上海证券交易所颁发的独立董事任职资格证书。②具有《关于在上市公司建立独立董事制度的指导意见》所要求的独立性，即独立董事必须在人格、经济利益、产生程序、行权等方面独立，不受控股股东和公司管理层的限制。③具备上市公司运作的基本知识，熟悉相关法律、行政法规、规章及规则。其中，以会计专业人士身份被提名的独立董事候选人，应当具备丰富的会计专业知识和经验，并至少符合下列条件之一：一是具备注册会计师资格；二是具有会计、审计或者财务管理专业的高级职称、副教授或以上职称、博士学位。④具有五年以上法律、经济或者其他履行独立董事职责所必需的工作经验。⑤《中华人民共和国公务员法》的相关规定（如适用）。⑥中共中央纪委《关于规范中管干部辞去公职或者退（离）休后担任上市公司、基金管理公司独立董事、独立监事的通知》的相关规定（如适用）。⑦中共中央组织部《关于进一步规范党政领导干部在企业兼职（任职）问题的意见》的相关规定（如适用）。⑧中共中央纪委、教育部、监察部《关于加强高等学校反腐倡廉建设的意见》的相关规定（如适用）。⑨中国人民银行《股份制商业银行独立董事和外部监事制度指引》等的相关规定（如适用）。⑩中国证监会《证券公司董事、监事和高级管理人员任职资格监管办法》等的相关规定（如适用）。⑪中国银监会《银行业金融机构董事（理事）和高级管理人员任职资格管理办法》《融资性担保公司董事、监事、高级管理人员任职资格管理暂行办法》等的相关规定（如适用）。⑫中国保监会《保险公司董事、监事和高级管理人员任职资格管理规定》《保险公司独立董事管理暂行办法》等的相关规定（如适用）。⑬公司章程规定的其他要求。

除不得有《公司法》等相关法律法规规定的有关不得担任公司董事的情形外，存在下列情形之一的人员，亦不得担任独立董事：①在上市公司或者其附属企业任职的人员及其直系亲属和主要社会关系；②直接或间接持有上市公司已发行股份1%以上或者是上市公司前十名股东中的自然人股东及其直系亲属；③在直接或间接持有上市公司已发行股份5%以上的股东单位或者在上市公司前五名股东单位任职的人员及其直系亲属；④在上市公司控股股东、实际控制人及其附属企业任职的人员及其直系亲属；⑤为上市公司及其控股股东或者其各自附属企业提供财务、法律、咨询等服务的人员，包括但不限于提供服务的中介机构的项目组全体人员、各级复核人员、在报告上签字的人员、合伙人及主要负责人；⑥在与上市公司及其控股股东、实际控制人或者其各自的附属企业有重大业务往来的单位任职，或者在有重大业务往来单位的控股股东单位任职；⑦最近12个月内曾经具有前六项所列情形之一的人员；⑧最近12个月内，独立董事候选人、其任职及曾任职的单位存在其他影响其独立性情形的人员；⑨被中国证监会采取证券市场禁入措施，且仍处于禁入期的；⑩被证券交易所公开认定为不适合担任上市公司董事、监事和高级管理人员，期限尚未届满的；⑪最近36个月内因证券期货违法犯罪，受到中国证监会行政处罚或者司法机关刑事处罚的；⑫因涉嫌证券期货违法犯罪，被中国证监会立案调查或者被司法机关立案侦查，尚未有明确结论意见的；⑬最近36个月内受到证券交易所公开谴责或三次以上通报批评的；⑭作为失信惩戒对象等被国家发改委等部委认定限制担任上市公司董事职务的；⑮在过往任职独立董事期间因连续三次未亲自出席董事会会议或者因连续两次未能亲自出席也不委托其他董事出席董事会会议被董事会提请股东大会予以撤换，未满12个月的；⑯公司章程规定的其他人员；⑰深圳证券交易所认定的其他情形。

（2）独立董事的提名、选举和更换应当依法、规范地进行，上市公司董事会、监事会、单独或者合并持有上市公司已发行股份1%以上的股东可以提出独立董事候选人，并经股东大会选举决定。独立董事每届任期与该上市公司其他董事任期相同，任期届满，连选可以连任，但是连任时间不得超过六年。

211. 独立董事的权利义务是什么？

（1）独立董事除了应当具有《公司法》和其他相关法律、行政法规赋予董事的职权外，上市公司还应当赋予独立董事以下特别职权：①重大关联交易应由独立董事认可后，提交董事会讨论；独立董事做出判断前，可以聘请中介机构出具独立财务顾问报告，作为其判断的依据；②向董事会提议或解聘会计师事务所；③向董事会提请召开临时股东大会；④征集中小股东的意见，提出利润分配提案，并直接提交董事会审议；⑤提议召开董事会；⑥独立聘请外部审计机构和咨询机构；⑦可以在股东大会召开前公开向股东征集投票权。

（2）独立董事除了履行上述职责外，还应当对有关法律、行政法规、部门规章、规范性文件、深圳证券交易所业务规则及公司章程规定的事项向董事会或股东大会发表独立意见。

212. 董事会秘书如何产生？有什么职责？

董事会秘书由董事会聘任或解聘，公司董事或者其他高级管理人员可以兼任公司董事会秘书，董事会秘书应当由上市公司董事、副总经理、财务负责人担任或者公司章程规定的其他高级管理人员担任。

根据《上市规则（2020年修订）》，董事会秘书对公司和董事会负责，履行如下职责：

（1）负责公司信息披露事务，协调公司信息披露工作，组织制定公司信息披露事务管理制度，督促公司及相关信息披露义务人遵守信息披露相关规定。

（2）负责公司投资者关系管理和股东资料管理工作，协调公司与证券监管机构、股东及实际控制人、保荐机构、证券服务机构、媒体等之间的信息沟通。

（3）组织筹备董事会会议和股东大会，参加股东大会、董事会会议、监事会会议及高级管理人员相关会议，负责董事会会议记录工作并签字确认。

（4）负责公司信息披露的保密工作，在未公开重大信息出现泄露时，及时向交易所报告并公告。

（5）关注媒体报道并主动求证真实情况，督促董事会及时回复交易所所有问询。

（6）组织董事、监事和高级管理人员进行证券法律法规、股票上市规则及相关规定的培训，协助前述人员了解各自在信息披露中的权利和义务。

（7）督促董事、监事和高级管理人员遵守法律、行政法规、规章、规范性文件、股票上市规则、交易所其他相关规定及公司章程，切实履行其所做出的承诺；在知悉公司做出或可能做出违反有关规定的决议时，应予以提醒并立即如实地向交易所报告。

（8）《公司法》《证券法》以及中国证监会和交易所要求履行的其他职责。

213.《刑法》对上市公司的董事、监事、高级管理人员行为有何规定？

（1）依法负有信息披露义务的公司、企业向股东和社会公众提供虚假的或者隐瞒重要事实的财务会计报告，或者对依法应当披露的其他重要信息不按照规定披露，严重损害股东或者其他人利益，或者有其他严重情节的，对其直接负责的主管人员和其他直接责任人员，处3年以下有期徒刑或者拘役，并处或者单处2万元以上20万元以下罚金。

（2）上市公司的董事、监事、高级管理人员违背对公司的忠实义务，利用职务便利，操纵上市公司从事下列行为之一，致使上市公司利益遭受重大损失的，处3年以下有期徒刑或者拘役，并处或者单处罚金；致使上市公司利益遭受特别重大损失的，处3年以上7年以下有期徒刑，并处罚金：①无偿向其他单位或者个人提供资金、商品、服务或者其他资产的；②以明显不公平的条件，提供或者接受资金、商品、服务或者其他资产的；③向明显不具有清偿能力的单位或者个人提供资金、商品、服务或者其他资产的；④为明显不具有清偿能力的单位或者个人提供担保，或者无正当理由为其他单位或者个人提供担保的；⑤无正当理由放弃债权、承担债务的；⑥采用其他方式损害上市公司利益的。

（3）证券、期货交易内幕信息的知情人员或者非法获取证券、期货交易内幕信息的人员，在涉及证券的发行，证券、期货交易或者其他对证券、期货交易价格有重大影响的信息尚未公开前，买入或者卖出该证券，或者从事与该内幕信息有关的期货交易，或者泄露该信息，或者明示、暗示他人从事上述交易活动，情节严重的，处5年以下有期徒刑或者拘役，并处或者单处违法所得1倍以上5倍以下罚金；情节特别严重的，处5年以上10年以下有期徒刑，并处违法所得1倍以上5倍以下罚金。

214. 高级管理人员兼职应符合什么要求？

（1）发行人的总经理、副总经理、财务负责人和董事会秘书等高级管理人员不得在控股股东、实际控制人及其控制的其他企业中担任除董事、监事以外的其他职务，不得在控股股东、实际控制人及其控制的其他企业领薪；发行人的财务人员不得在控股股东、实际控制人及其控制的其他企业中兼职。

（2）上市公司人员应独立于控股股东。上市公司的经理人员、财务负责人、营销负责人和董事会秘书在控股股东单位不得担任除董事以外的其他职务。

（3）未经股东大会同意，国有资本控股、国有资本参股公司的董事、高级管理人员不得在经营同类业务的其他企业兼职。因此，上市公司为国有控股公司的，须遵守上述规定。

（4）上市公司董事长可以兼总经理。未经股东大会同意，国有资本控股上市公司的董事长不得兼任总经理。

215. 如何认定拟上市公司董事、高级管理人员有无重大不利变化？

发行人应当按照要求披露董事、高级管理人员的变动情况。中介机构对发行人的董事、高级管理人员是否发生重大不利变化的认定，应当本着实质重于形式的原则，综合两方面因素分析：一是最近两年内的变动人数及比例，在计算人数比例时，以上述人员合计总数作为基数；二是上述人员离职或无法正常参与发行人的生产经营是否对发行人生产经营产生重大不利影响。

如果最近两年内发行人上述人员变动人数比例较大或上述人员中的核心人员发生变化，进而对发行人的生产经营产生重大不利影响的，应视为发生重大不利变化。

变动后新增的董事、高级管理人员来自原股东委派或发行人内部培养产生的，原则上不构成人员的重大不利变化。发行人管理层因退休、调任等原因发生岗位变化的，不轻易认定为重大不利变化，但发行人应当披露相关人员变动对公司生产经营的影响。

216. 何为竞业禁止？竞业禁止的影响有哪些？

竞业禁止，是指公司的董事、高级管理人员不得未经股东会或者股东大会同意，利用职务便利为自己或者他人牟取属于公司的商业机会，自营或者为他人经营与任职公司同类的业务。

如果公司的董事、高级管理人员违反了竞业禁止的规定，按照《公司法》的规定，从事竞业禁止业务所得的收入应当归公司所有。

从公司上市的角度看，如果公司的董事、高级管理人员违反了竞业禁止的规定，在公司的董事、高级管理人员同时是公司控股股东或实际控制人的情况下，将很可能会引发同业竞争的问题，对公司上市可能产生一定影响。因此，应尽可能通过转让其所控制公司的股权或辞去所任职公司的职务等方式，解决此问题。

第五节　内部控制

217. 如何把握财务内控不规范对 IPO 的影响？

（1）首发企业申请上市成为公众公司，需要建立、完善并严格实施相关财务内部控制制度，保护中小投资者合法权益。拟上市公司在报告期内作为非公众公司，在财务内控方面存在相关不规范情形的，应通过中介机构上市辅导完成整改或纠正（如收回资金、结束不当行为等措施）和相关内控制度建设，达到与上市公司要求一致的财务内控水平。

（2）对首次申报审计截止日前报告期内存在的财务内控不规范情形，中介机构应根据有关情形发生的原因及性质、时间及频率、金额及比例等因素，综合判断是否构成对内控制度有效性的重大不利影响，是否属于主观故意或恶意行为并构成重大违法违规。

（3）发行人已按照程序完成相关问题整改或纠正的，中介机构应结合此前不规范情形的轻重或影响程度的判断，全面核查、测试并确认发行人整改后的内控制度是否已合理、正常运行并持续有效，出具明确意见。

（4）首次申报审计截止日后，发行人原则上不能再出现相关内控不规范和不能有效执行情形。

（5）发行人的对外销售结算应自主独立，内销业务通常不应通过关联方或第三方代收货款，外销业务如因外部特殊原因确有必要通过关联方或第三方代收货款的，应能够充分提供合理性证据，不存在审计范围受到限制的重要情形。

（6）关注连续 12 个月内银行贷款受托支付累计金额与相关采购或销售（同一交易对手或同一业务）累计金额是否基本一致或匹配，是否属于“转贷”行为。

218. 发行人申报前的报告期内存在内控不规范情形，中介机构一般需核查哪些方面？

（1）关注发行人相关不规范行为信息披露充分性，如对相关交易形成原因、资金流向和使用用途、利息、违反有关法律法规具体情况及后果、后续可能影响的承担机制、整改措施、相关内控建立及运行情况等。

（2）关注相关不规范行为的合法合规性，由中介机构对公司相关行为违反法律法规、规章制度（如《票据法》《贷款通则》《外汇管理条例》《支付结算办法》等）的事实情况进行说明认定，是否属于主观故意或恶意行为并构成重大违法违规，是否存在被处罚情形或风险，是否满足相关发行条件的要求。

（3）关注发行人对相关不规范行为财务核算是否真实、准确，与相关方资金往来的实际流向和使用情况，是否通过体外资金循环粉饰业绩。

（4）不规范行为的整改措施，发行人是否已通过收回资金、纠正不当行为方式、改进制度、加强内控等方式积极整改，是否已针对性建立内控制度并有效执行，且申报后未发生新的不合规资金往来等行为。

（5）相关不规范行为不存在后续影响，已排除或不存在重大风险隐患。

中介机构能够对相关不规范行为进行完整核查，能够验证相关资金来源或去向，能够确认发行人不存在业绩虚构情形，并发表明确意见，确保发行人的财务内控在提交申报材料的审计截止日后能够持续符合规范性要求，能够合理保证公司运行效率、合法合规和财务报告的可靠性，不存在影响发行条件的情形。

219. 如何理解财务报告内部控制和非财务报告内部控制？

（1）财务报告内部控制，是指企业为了合理保证财务报告及相关信息真实完整而设计和运行的内部控制，以及用于保护资产安全的内部控制中与财务报告可靠性目标相关的控制。财务报告内部控制主要包括下列方面的政策和程序：保存充分、适当的记录，准确、公允地反映企业的交易和事项；合理保证按照企业会计准则的规定编制财务报表；合理保证收入和支出的发生以及资产的取得、使用或处置经过适当授权；合理保证及时防止或发现并纠正未经授权的、对财务报表有重大影响的交易和事项。

（2）非财务报告内部控制，是指除财务报告内部控制之外的其他控制，通常是指为了合理保证经营的效率效果、遵守法律法规、实现发展战略而设计和运行的控制，以及用于保护资产安全的内部控制中与财务报告可靠性目标无关的控制。

220. 非财务报告内部控制缺陷包括哪些方面？

（1）国有企业缺乏民主决策程序，如缺乏“三重一大”决策程序。

（2）企业决策程序不科学，如决策失误导致并购不成功。

（3）违反国家法律、行政法规，如环境污染。

（4）管理人员或技术人员纷纷流失。

（5）媒体负面新闻频现。

（6）内部控制评价的结果特别是重大或重要缺陷未得到整改。

（7）重要业务缺乏制度控制或制度系统性失效。

221. 如何认定非财务报告内部控制缺陷？

非财务报告内部控制缺陷认定具有涉及面广、认定难度大的特点。针对《企业内部控制应用指引》中每一篇应用指引所阐述的风险，企业可以根据风险评估的各项工作、自身的实际情况、管理现状和发展要求，加以细化或按内部控制原理补充，参照财务报告内部控制缺陷的认定标准，合理确定定性和定量的认定标准，根据其对内部控制目标实现的影响程度认定为一般缺陷、重要缺陷和重大缺陷。其中，定量标准，即涉及金额大小，既可以根据造成直接财产损失绝对金额制定，也可以根据其直接损失占本企业资产、销售收入及利润等的比率确定；定性标准，即涉及业务性质的严重程度，可根据其直接或潜在负面影响的性质、影响的范围等因素确定。

为避免企业操纵内部控制评价报告，非财务报告内部控制缺陷认定标准一经确定，必须在不同评价期间保持一致，不得随意变更。

需要强调的是，在内部控制的非财务报告目标中，战略和经营目标的实现往往受到企业不可控的诸多外部因素的影响，企业的内部控制只能合理保证董事会和管理层了解这些目标的实现程度。因而，在认定针对这些控制目标的内部控制缺陷时，不能只考虑最终的结果，而应该主要考虑企业制定战略、开展经营活动的机制和程序是否符合内部控制要求，以及不适当的机制和程序对企业战略及经营目标实现可能造成的影响。

222. 存在董事、监事或高级管理人员舞弊行为是否属于非财务报告内部控制缺陷？

财政部会计司解读《企业内部控制评价指引》指出，一些迹象通常表明财务报告内部控制可能存在重大缺陷：

（1）董事、监事和高级管理人员舞弊。

（2）企业更正已公布的财务报告。

（3）注册会计师发现当期财务报告存在重大错报，而内部控制在运行过程中未能发现该错报。

（4）企业审计委员会和内部审计机构对内部控制的监督无效。因此，存在董事、监事或高级管理人员舞弊行为属于财务报告内部控制缺陷。

223. 存在非财务报告内部控制缺陷是否会影响审计报告的意见类型？

注册会计师对在审计过程中注意到的非财务报告内部控制缺陷，不会影响审计报告的意见类型，但应当区别具体情况予以处理：

（1）注册会计师认为非财务报告内部控制缺陷为一般缺陷的，应当与企业进行沟通，提醒企业加以改进，但无须在内部控制审计报告中说明。

（2）注册会计师认为非财务报告内部控制缺陷为重要缺陷的，应当以书面形式与企业董事会和经理层沟通，提醒企业加以改进，但无须在内部控制审计报告中说明。

（3）注册会计师发现某项或某些内部控制对企业发展战略、法规遵循、经营的效率效果等控制目标的实现有重大不利影响，确定该项非财务报告内部控制缺陷为重大缺陷的，应当以书面形式与企业董事会和经理层沟通，提醒企业加以改进，同时应当在内部控制审计报告中增加非财务报告内部控制重大缺陷描述段，对重大缺陷的性质及其对实现相关控制目标的影响程度进行披露，提示内部控制审计报告使用者注意相关风险，但无须对其发表审计意见。

224. 公司设立内部审计部门有何要求？

（1）机构设置方面的要求。

①公司应当设立内部审计部门，对公司内部控制制度的建立和实施、公司财务信息的真实性和完整性等情况进行检查监督。

②内部审计部门应当保持独立性，不得置于财务部门的领导之下，或者与财务部门合署办公。

③内部审计部门对审计委员会负责，向审计委员会报告工作。

④公司各内部机构或者职能部门、控股子公司以及具有重大影响的参股公司应当配合内部审计部门依法履行职责，不得妨碍内部审计部门的工作。

（2）部门职责方面的要求。

①对公司各内部机构、控股子公司以及具有重大影响的参股公司的内部控制制度的完整性、合理性及其实施的有效性进行检查和评估。

②对公司各内部机构、控股子公司以及具有重大影响的参股公司的会计资料及其他有关经济资料，以及所反映的财务收支及有关的经济活动的合法性、合规性、真实性和完整性进行审计，包括但不限于财务报告、业绩预告、业绩快报、自愿披露的预测性财务信息等。

③协助建立健全反舞弊机制，确定反舞弊的重点领域、关键环节和主要内容，并在内部审计过程中关注和检查可能存在的舞弊行为。

④至少每季度向审计委员会报告一次，内容包括但不限于内部

审计计划的执行情况以及内部审计工作中发现的问题。

⑤至少每年向审计委员会提交一次内部控制评价报告。同时，在审查过程中，如发现内部控制存在重大缺陷或者重大风险，应及时向审计委员会报告。

⑥在审计委员会的督导下，至少每半年对下列事项进行一次检查，出具检查报告并提交审计委员会：一是公司募集资金使用、提供担保、关联交易、证券投资与衍生品交易等高风险投资、提供财务资助、购买或者出售资产、对外投资等重大事件的实施情况；二是公司大额资金往来以及与董事、监事、高级管理人员、控股股东、实际控制人及其关联人资金往来情况。

（3）工作方面的要求。

①内部审计应当涵盖公司经营活动中与财务报告和信息披露事务相关的所有业务环节。

②内部审计部门应当建立工作底稿制度，依据相关法律、行政法规的规定，建立相应的档案管理制度，明确内部审计工作报告、工作底稿及相关资料的保存时间。

③内部审计人员获取的审计证据应当具备充分性、相关性和可靠性。内部审计人员应当将获取审计证据的名称、来源、内容、时间等信息清晰、完整地记录在工作底稿中。

225. 对控股子公司的管理控制包括哪些内容？

公司应当重点加强对控股子公司的管理控制，制定对控股子公司的控制政策及程序，通过合法有效的形式履行出资人职责，维护出资人权益，特别关注异地、境外子公司发展战略、重大投融资、重大担保、重要人事任免、大额资金使用、年度财务预决算等重要风险领域，并督促其充分结合自身业务特征等因素建立内部控制制度。公司对其控股子公司的管理控制，至少应当包括下列控制活动：

（1）建立对各控股子公司的控制制度，明确向控股子公司委派的董事、监事及高级管理人员的选任方式和职责权限等。

（2）依据公司的经营策略和风险管理政策，督导各控股子公司建立相应的经营计划、风险管理程序。

（3）要求各控股子公司建立重大事项报告制度，明确审议程序，及时向公司报告重大业务事项、重大财务事项以及其他可能对公司股票及其衍生品种交易价格或者投资决策产生较大影响的信息，并严格按照授权规定将重大事项报公司董事会或者股东大会审议。

（4）要求控股子公司及时向公司董事会秘书报送其董事会决议、股东大会决议等重要文件。

（5）定期取得并分析各控股子公司的季度或者月度报告，包括营运报告、产销量报表、资产负债表、利润表、现金流量表、向他人提供资金及提供担保报表等。

（6）建立对各控股子公司的绩效考核制度。

226. 如何协调好内部控制与其他管理体系的关系？

内部控制贯穿于整个企业管理，与其他管理体系相辅相成，密不可分，是企业管理的重要组成部分。企业现有管理体系的设计、运行以及审核认证需要遵循已经发布的国家标准或行业标准。这些标准与企业内部控制规范体系的原则和要求并不矛盾。在实际工作中，个别企业的内部控制体系建设与管理体系运行发生冲突，原因可能是：①企业采用的方式方法出现了偏差，如简单照搬内部控制应用指引的规定，没有考虑企业的实际情况，为控制而控制，导致控制设计不合理，出现控制过度或控制冗余；②企业经营管理部门对内部控制的重要性认识不足，不愿意受到更多的牵制和监督，从而以影响经营效率和目标为借口，拒绝必要的内部控制。对此，企业应当立足管理现状，全面梳理各项管理制度和管理体系，从管理体制、机制以及落实各级权利责任等方面，将内部控制的要求融入各项管理体系中，形成内部控制的长效机制，使内部控制真正为经营管理服务。企业应当从总体目标出发，通过培训教育提高企业经营管理人员对内部控制的理解和认识，将内部控制的要求纳入绩效考核体系以加强执行，也可以利用信息技术固化业务流程，提高业务处理效率和信息共享水平，从而尽可能减少内部控制与其他经营管理体系的冲突。

第五章

资产权属

227. 如何判断发明创造是否属于职务发明创造?

《专利法》第六条规定，执行本单位的任务或者主要是利用本单位的物质技术条件所完成的发明创造为职务发明创造，职务发明创造申请专利的权利属于该单位，申请被批准后该单位为专利权人。

非职务发明创造，申请专利的权利属于发明人或者设计人，申请被批准后该发明人或者设计人为专利权人。

利用本单位的物质技术条件所完成的发明创造，单位与发明人或者设计人订有合同，对申请专利的权利和专利权的归属做出约定的，从其约定。

执行本单位的任务所完成的职务发明创造是指：①在本职工作中做出的发明创造；②履行本单位交付的本职工作之外的任务所做出的发明创造；③退休、调离原单位后或者劳动、人事关系终止后1年内做出的，与其在原单位承担的本职工作或者原单位分配的任务有关的发明创造。

228. 发行人的部分资产来自上市公司分拆的，应关注哪些问题?

境内上市公司在境内分拆子公司并在创业板上市，保荐机构和发行人律师应核查是否符合境内分拆上市的相关规定并发表意见；境外上市公司在境内分拆子公司并在创业板上市，保荐机构和发行人律师应核查是否符合境外监管的相关规定并发表意见。除上述情形外的发行人部分资产来自上市公司，保荐机构和发行人律师应当针对以下事项进行核查并发表意见：

（1）发行人取得上市公司资产的背景、所履行的决策程序、审批程序与信息披露情况，是否符合法律法规、交易双方公司章程以及中国证监会和证券交易所有关上市公司监管和信息披露要求，资产转让是否存在诉讼、争议或潜在纠纷。

（2）发行人及其关联方的董事、监事和高级管理人员在上市公司及其关联方的历史任职情况及合法合规性，是否存在违反竞业禁止义务的情形，与上市公司及其董事、监事和高级管理人员是否存在亲属及其他密切关系，如存在，在相关决策程序履行过程中，相关人员是否回避表决或采取保护非关联股东利益的有效措施；资产转让过程中是否存在损害上市公司及其中小投资者合法利益的情形。

（3）发行人来自上市公司的资产置入发行人的时间，在发行人资产中的占比情况，对发行人生产经营的作用。

229. 租赁控股股东、实际控制人房产或商标专利的，应说明哪些问题？

生产型企业的发行人，其生产经营所必需的主要厂房、机器设备等固定资产系向控股股东、实际控制人租赁使用，或者发行人的核心商标、专利、主要技术等无形资产是由控股股东、实际控制人授权使用的，保荐机构及发行人律师应当重点关注、充分核查论证以下方面：相关资产的具体用途、对发行人的重要程度、未投入发行人的原因、租赁或授权使用费用的公允性、是否能确保发行人长期使用、今后的处置方案等，并就这些情况是否对发行人资产的完整性和独立性构成重大不利影响发表明确意见。

第六章
控股股东与实际控制人

230. 什么是控股股东和实际控制人？

控股股东，是指其出资额占有限责任公司资本总额 50% 以上或者其持有的股份占股份有限公司股本总额 50% 以上的股东；出资额或者持有股份的比例虽然不足 50%，但依其出资额或者持有的股份所享有的表决权已足以对股东会、股东大会的决议产生重大影响的股东。

实际控制人，是指虽不是公司的股东，但通过投资关系、协议或者其他安排，能够实际支配公司行为的人。

231. 要求实际控制人没有发生变更的立法意图是什么？

创业板 IPO 要求发行人最近两年内实际控制人没有发生变更，旨在以公司控制权的稳定为标准，判断公司是否具有持续发展、持续经营的能力，以便投资者在对公司的持续发展和经营能力拥有较为明确预期的情况下做出投资决策。由于公司控制权往往能够决定和实质影响公司的经营方针、决策和经营管理层的任免，一旦公司控制权发生变化，公司的经营方针和决策、组织机构运作及业务运营等都可能发生重大变化，给发行人的持续发展和持续经营能力带来重大不确定性。

232. 控股股东、实际控制人所持股票锁定期要求是什么？

发行人控股股东和实际控制人所持股份自发行人股票上市之日

起36个月内不得转让，控股股东和实际控制人的亲属所持股份应比照该股东本人进行锁定。

对于发行人没有或难以认定实际控制人的，为确保发行人股权结构稳定、正常生产经营不因发行人控制权发生变化而受到影响，要求发行人的股东按持股比例从高到低依次承诺其所持股份自上市之日起锁定36个月，直至锁定股份的总数不低于发行前股份总数的51%。

位列上述应予以锁定51%股份范围的股东，符合下列情形之一的，可不适用上述锁定36个月的规定：员工持股计划；持股5%以下的股东；非发行人第一大股东且符合一定条件的创业投资基金股东。其中，“符合一定条件的创业投资基金股东”，是指符合《私募基金监管问答——关于首发企业中创业投资基金股东的认定标准》的创业投资基金。

对于存在刻意规避股份限售期要求的，深交所将按照实质重于形式的原则，要求相关股东参照控股股东、实际控制人的限售期进行股份锁定。

上市公司的控股股东、实际控制人或其控制的关系人认购非公开发行股票的，认购的股份自发行结束之日起18个月内不得转让。

上市公司的控股股东、实际控制人通过证券交易所集中竞价交易买入的上市公司的股份不受减持新规的约束。

233. 如何认定实际控制人?

实际控制人是拥有公司控制权的主体。在确定公司控制权归属时，应当本着实事求是的原则，尊重企业的实际情况，以发行人自身的认定为主，由发行人股东予以确认。保荐机构、发行人律师应通过对公司章程、协议或其他安排以及发行人股东大会（股东出席会议情况、表决过程、审议结果、董事提名和任命等）、董事会（重大决策的提议和表决过程等）、监事会及发行人经营管理的实际运作情况的核查对实际控制人认定发表明确意见。

发行人股权较为分散但存在单一股东控制比例达到30%的情形的，若无相反的证据，原则上应将该股东认定为控股股东或实际控制人。存在下列情形之一的，保荐机构应进一步说明是否通过实际控制人认定而规避发行条件或监管并发表专项意见：

（1）公司认定存在实际控制人，但其他股东持股比例较高且与实际控制人持股比例接近的。

（2）第一大股东持股接近 30%，其他股东比例不高且较为分散，公司认定无实际控制人的。

234. 主张多人共同拥有公司控制权应当符合什么条件？

法定或约定形成的一致行动关系并不必然导致多人共同拥有公司控制权的情况，发行人及中介机构不应为扩大履行实际控制人义务的主体范围或满足发行条件而做出违背事实的认定。通过一致行动协议主张共同控制的，无合理理由的（如第一大股东为纯财务投资人），一般不能排除第一大股东为共同控制人。实际控制人的配偶、直系亲属，如其持有公司股份达到 5% 以上或者虽未超过 5% 但是担任公司董事、高级管理人员并在公司经营决策中发挥重要作用，保荐机构、发行人律师应说明上述主体是否为共同实际控制人。

共同控制人签署一致行动协议的，应当在协议中明确发生意见分歧或纠纷时的解决机制。保荐机构及发行人律师应重点关注最近三年内公司控制权是否发生变化。存在为满足发行条件而调整实际控制人认定范围嫌疑的，应从严把握，审慎进行核查及信息披露。

235. 共同控制的情况下如何判断控制权是否发生变化？

实际控制人为单名自然人或有亲属关系的多名自然人，实际控制人去世导致股权变动，股份受让人为继承人的，通常不视为公司控制权发生变更。其他多名自然人为实际控制人，实际控制人之一去世的，保荐机构及发行人律师应结合股权结构、去世自然人在股东大会或董事会决策中的作用、对发行人持续经营的影响等因素综合判断。

发行人及中介机构通常不应以股东间存在代持关系、表决权让与协议、一致行动协议等为由，认定公司控制权未发生变动。

236. 发行人控股股东或实际控制人位于境外的，应关注哪些问题？

对于控股股东、实际控制人设立在国际避税区且持股层次复杂的，保荐机构和发行人律师应当对发行人设置此类架构的原因、合法性及合理性、持股的真实性、是否存在委托持股、信托持股、是否有各种影响控股权的约定、股东的出资来源等问题进行核查，说明发行人控股股东和受控股股东、实际控制人支配的股东所持发行人的股份权属是否清晰，以及发行人如何确保其公司治理和内控的有效性，并发表明确意见。

237. 国资无偿划转，在什么情况下可视为公司控制权没有发生变更？

因国有资产监督管理需要，国务院或者省级人民政府国有资产监督管理机构无偿划转直属国有控股企业的国有股权或者对这些企业进行重组等导致发行人控股股东发生变更的，如果符合以下情形，可视为公司控制权没有发生变更：

（1）有关国有股权无偿划转或者重组等属于国有资产监督管理的整体性调整，经国务院国有资产监督管理机构或者省级人民政府按照相关程序决策通过，且发行人能够提供有关决策或者批复文件。

（2）发行人与原控股股东不存在同业竞争或者大量的关联交易，不存在故意规避《注册管理办法》规定的其他发行条件的情形。

（3）有关国有股权无偿划转或者重组等对发行人的经营管理层、主营业务和独立性没有重大不利影响。

按照国有资产监督管理的整体性调整，国务院国有资产监督管理机构直属国有企业与地方国有企业之间无偿划转国有股权或者重组等导致发行人控股股东发生变更的，比照前款规定执行，但是应当经国务院国有资产监督管理机构批准并提交相关批复文件。

不属于前两款规定情形的国有股权无偿划转或者重组等导致发行人控股股东发生变更的，视为公司控制权发生变更。

第七章

业务重组与主营业务变化

238. 同一控制下业务重组符合什么条件可视为主营业务没有发生重大变化？

发行人报告期内存在对同一公司控制权人下相同、类似或相关业务进行重组情况的，如同时符合下列条件，则视为主营业务没有发生重大变化：

（1）被重组方应当自报告期期初起即与发行人受同一公司控制权人控制，如果被重组方是在报告期内新设立的，应当自成立之日即与发行人受同一公司控制权人控制。

（2）被重组进入发行人的业务与发行人重组前的业务具有相关性（相同、类似行业或同一产业链的上下游）。

重组方式遵循市场化原则，包括但不限于以下方式：一是发行人收购被重组方股权；二是发行人收购被重组方的经营性资产；三是公司控制权人以被重组方股权或经营性资产对发行人进行增资；四是发行人吸收合并被重组方。

239. 同一控制下业务重组的发行人申请 IPO 有何要求？

发行人报告期内存在对同一公司控制权人下相同、类似或相关业务进行重组的，应关注重组对发行人资产总额、营业收入或利润总额的影响情况。发行人应根据影响情况按照以下要求执行：

（1）被重组方重组前一个会计年度末的资产总额或前一个会计年度的营业收入或利润总额达到或超过重组前发行人相应项目 100%

的，为便于投资者了解重组后的整体运营情况，发行人重组后运行一个会计年度后方可申请发行。

（2）被重组方重组前一个会计年度末的资产总额或前一个会计年度的营业收入或利润总额达到或超过重组前发行人相应项目 50%，但不超过 100% 的，保荐机构和发行人律师应按照相关法律法规对首次公开发行主体的要求，将被重组方纳入尽职调查范围并发表相关意见。发行申请文件还应按照《公开发行证券的公司信息披露内容与格式准则第 9 号——首次公开发行股票并上市申请文件》（证监发行字〔2006〕6 号）附录第四章和第八章的要求，提交会计师关于被重组方的有关文件以及与财务会计资料相关的其他文件。

（3）被重组方重组前一个会计年度末的资产总额或前一个会计年度的营业收入或利润总额达到或超过重组前发行人相应项目 20% 的，申报财务报表至少须包含重组完成后的最近一期资产负债表。

被重组方重组前一会计年度与重组前发行人存在关联交易的，资产总额、营业收入或利润总额按照扣除这些交易后的口径计算。

发行人提交首发申请文件前一个会计年度或一期内发生多次重组行为的，重组对发行人资产总额、营业收入或利润总额的影响应累计计算。

重组属于《企业会计准则第 20 号——企业合并》中同一控制下的企业合并事项的，被重组方合并前的净损益应计入非经常性损益，并在申报财务报表中单独列示。

重组属于同一公司控制权人下的非企业合并事项，但被重组方重组前一个会计年度末的资产总额或前一个会计年度的营业收入或利润总额达到或超过重组前发行人相应项目的 20% 的，在编制发行人最近三年及一期备考利润表时，应假定重组后的公司架构在申报报表期初即已存在，并由申报会计师出具意见。

240. 非同一控制下的业务重组应关注哪些问题？

非同一控制下的业务重组，通常包括收购被重组方股权或经营性资产、以被重组方股权或经营性资产对发行人进行增资、吸收合并被重组方等行为方式，发行人、中介机构应关注以下因素：

（1）重组新增业务与发行人重组前的业务是否具有高度相关性，如同一行业、类似技术产品、上下游产业链等。

（2）业务重组行为对实际控制人控制权掌控能力的影响。

（3）被合并方占发行人重组前资产总额、资产净额、营业收入或利润总额的比例，业务重组行为对发行人主营业务变化的影响程度等。

241. 非同一控制下的业务重组是否引起主营业务重大变化的判断原则是什么？

实务中，通常按以下原则判断非同一控制下的业务重组行为是否会引起发行人主营业务发生重大变化：

（1）对于重组新增业务与发行人重组前业务具有高度相关性的，被重组方重组前一个会计年度末的资产总额、资产净额或前一个会计年度的营业收入或利润总额，达到或超过重组前发行人相应项目100%，则视为发行人主营业务发生重大变化。

（2）对于重组新增业务与发行人重组前业务具有高度相关性的，被重组方重组前一个会计年度末的资产总额、资产净额或前一个会计年度的营业收入或利润总额达到或超过重组前发行人相应项目50%，但未达到100%的，通常不视为发行人主营业务发生重大变化，但为了便于投资者了解重组后的整体运营情况，原则上发行人重组后运行满12个月后方可申请发行。

（3）对于重组新增业务与发行人重组前业务不具有高度相关性的，被重组方重组前一个会计年度末的资产总额、资产净额或前一个会计年度的营业收入或利润总额，达到或超过重组前发行人相应项目50%，则视为发行人主营业务发生重大变化。

第八章

违法违规

242. 重大违法行为审核标准是什么？

重大违法行为，是指发行人及其控股股东、实际控制人违反国家法律、行政法规，受到刑事处罚或情节严重行政处罚的行为。认定重大违法行为应考虑以下因素：

（1）贪污、贿赂、侵占财产、挪用财产或者破坏社会主义市场经济秩序等刑事犯罪，原则上应认定为重大违法行为。

（2）被处以罚款以上行政处罚的违法行为，如有以下情形之一且中介机构出具明确核查结论的，可以不认定为重大违法：违法行为显著轻微、罚款数额较小；相关处罚依据未认定该行为属于情节严重；有权机关证明该行为不属于重大违法。但违法行为导致严重环境污染、重大人员伤亡、社会影响恶劣等并被处以罚款以上行政处罚的，不适用上述情形。

（3）发行人合并报表范围内的各级子公司，若对发行人主营业务收入或净利润不具有重要影响（占比不超过5%），其违法行为可不视为发行人本身存在相关情形，但其违法行为导致严重环境污染、重大人员伤亡或社会影响恶劣的除外。

（4）如被处罚主体为发行人收购而来，且相关处罚于发行人收购完成之前执行完毕，原则上不视为发行人存在相关情形。但发行人主营业务收入和净利润主要来源于被处罚主体或违法行为的社会影响恶劣的除外。

243. 三年前的违法违规行为是否影响上市？

《注册管理办法》规定的发行条件为：最近三年内，发行人及其控股股东、实际控制人不存在贪污、贿赂、侵占财产、挪用财产或者破坏社会主义市场经济秩序的刑事犯罪，不存在欺诈发行、重大信息披露违法或者其他涉及国家安全、公共安全、生态安全、生产安全、公众健康安全等领域的重大违法行为。

最近三年重大违法行为的起算时点，从刑罚执行完毕或行政处罚执行完毕之日起计算。因此，重大违法行为如执行完毕满三年，则原则上不影响企业上市。

244. 对发行人环保问题有何要求？

发行人应当在招股说明书中充分做好相关信息披露，包括：生产经营中涉及环境污染的具体环节、主要污染物名称及排放量、主要处理设施及处理能力；报告期内，发行人环保投资和相关费用成本支出情况，环保设施实际运行情况，报告期内环保投入、环保相关成本费用是否与处理公司生产经营所产生的污染相匹配；募投项目所采取的环保措施及相应的资金来源和金额等；公司生产经营与募投项目是否符合国家和地方环保要求；发行人若发生环保事故或受到行政处罚的，应披露原因、经过等具体情况，发行人是否构成重大违法行为，整改措施及整改后是否符合环保法律法规的有关规定。必要时，可聘请独立第三方机构就发行人环保相关事项出具专项核查报告。

保荐机构和发行人律师应对发行人的环保情况进行核查，包括：是否符合国家和地方环保要求；已建项目和已经开工的在建项目是否履行了环评手续；公司排污达标检测情况和环保部门现场检查情况；公司是否发生了环保事故或重大群体性的环保事件；有关公司环保的媒体报道。

在对发行人全面系统核查的基础上，保荐机构和发行人律师应对发行人生产经营总体是否符合国家和地方环保法规和要求发表明确意见。发行人曾发生环保事故或因环保问题受到处罚的，保荐机构和发行人律师应对是否构成重大违法行为发表明确意见。

245. 对发行人劳动与社会保障问题有何要求?

发行人报告期内存在应缴未缴社会保险和住房公积金情形的，应当在招股说明书中披露应缴未缴的具体情况及形成原因，如补缴则对发行人持续经营可能造成的影响，揭示相关风险，并披露应对方案。保荐机构、发行人律师应对前述事项进行核查，并对是否属于重大违法行为出具明确意见。

246. 如何规范发行人劳务派遣用工问题?

（1）劳务派遣单位应取得劳务派遣经营许可证。

（2）用人单位或者其所属单位出资或者合伙设立的劳务派遣单位，不得向本单位或者所属单位派遣劳动者。

（3）被派遣劳动者享有与用工单位的劳动者同工同酬的权利。用工单位应当按照同工同酬原则，对被派遣劳动者与本单位同类岗位的劳动者实行相同的劳动报酬分配办法。用工单位无同类岗位劳动者的，参照用工单位所在地相同或者相近岗位劳动者的劳动报酬确定。

（4）劳务派遣单位应为劳务派遣劳动者依法缴纳社会保险。劳务派遣单位跨地区派遣劳动者的，应当在用工单位所在地为被派遣劳动者缴纳社会保险，按照用工单位所在地的规定缴纳社会保险费，被派遣劳动者按照国家规定享受社会保险待遇。

（5）劳动合同用工是我国企业基本的用工形式，劳务派遣用工是补充形式，只能在临时性、辅助性或者替代性的工作岗位上实施。临时性工作岗位，是指存续时间不超过 6 个月的岗位；辅助性工作岗位，是指为主营业务岗位提供服务的非主营业务岗位；替代性工作岗位，是指用工单位的劳动者因脱产学习、休假等原因无法工作的一定期间内，可以由其他劳动者替代工作的岗位。

（6）被派遣劳动者数量不得超过用工单位用工总量的 10%。

247. 对拟 IPO 企业的劳务外包需要关注哪些方面的内容?

部分首发企业存在将较多的劳务活动交由专门劳务外包公司实施的情况，中介机构应当充分关注以下方面：

（1）劳务公司的经营合法合规性等情况，比如是否为独立经营的实体，是否具备必要的专业资质，业务实施及人员管理是否符合相关法律法规的规定，发行人与其发生业务交易的背景及是否存在重大风险。

（2）劳务公司是否专门或主要为发行人服务，如存在主要为发行人服务的情形的，应关注其合理性及必要性，关联关系的认定及披露是否真实、准确、完整。中介机构对于该类情形应当从实质重于形式角度按关联方的相关要求进行核查，并特别考虑其规范运行的经营成果对发行人财务数据的影响，以及对发行人是否符合发行条件的影响。

（3）劳务公司的构成及变动情况，劳务外包合同的主要内容，劳务数量及费用变动是否与发行人经营业绩相匹配，劳务费用定价是否公允，是否存在跨期核算情形。

中介机构应当就上述方面进行充分论证，并发表明确意见。

第九章

独立性

248. 什么是发行人的独立性？

发行人的独立性，是指发行人应具有完整的业务体系和直接面向市场独立经营的能力，主要包括资产完整、业务独立、财务独立、人员独立和机构独立五个方面。除上述五个方面外，独立性方面的要求还包括发行人与控股股东、实际控制人及其控制的其他企业间不存在构成重大不利影响的同业竞争，不存在严重影响独立性或者显失公平的关联交易。

249. 什么是资产完整？

资产完整，是指发行人的资产应独立完整，权属清晰，不存在主要资产、核心技术、商标的重大权属纠纷。

如发行人是生产型企业，则应当具备与生产经营有关的主要生产系统、辅助生产系统和配套设施，合法拥有与生产经营有关的土地使用权、厂房、机器设备以及商标、专利、非专利技术的所有权，具有独立的原料采购和产品销售系统。

如发行人是非生产型企业，则应当具备与经营有关的业务体系及主要相关资产。关注重点包括：实际控制人是否未将土地厂房等与发行人生产经营有关的资产全部整合到发行人，相关资产是否未过户到发行人名下；是否存在重要生产环节依赖第三方或主要生产链条依赖外协方式的情形；是否存在商标、专利、主要生产经营场所共用的情形等。

如涉及发行人租赁控股股东、实际控制人房产或者商标、专利、主要技术来自控股股东、实际控制人的授权使用的，通常应说明相关资产的具体用途、对发行人的重要程度、未投入发行人的原因、租赁或授权使用费用的公允性、是否能确保长期使用、今后的处置方案等方面的情况。同时，需要保荐机构和发行人律师就这些情况是否对发行人资产的完整性和独立性构成重大不利影响进行核查，并发表明确意见。

如发行人存在以下情形之一的，需要保荐机构及发行人律师重点关注，充分核查论证并发表意见：一是生产型企业的发行人，其生产经营所必需的主要厂房、机器设备等固定资产是向控股股东、实际控制人租赁使用；二是发行人的核心商标、专利、主要技术等无形资产是由控股股东、实际控制人授权使用。

250. 什么是业务独立？

业务独立，是指发行人的研发、采购、生产、销售等相关业务应当独立于控股股东、实际控制人及其控制的其他企业，与控股股东、实际控制人及其控制的其他企业间不得有对发行人构成重大不利影响的同业竞争，以及严重影响独立性或者显失公平的关联交易。公司业务既不存在可能影响公司持续经营能力的对于控股股东、实际控制人及其控制的其他企业的依赖，也不存在可能影响公司持续经营能力的对单一客户或单一供应商的重大依赖。

发行人报告期内涉及业务整合的，应关注发行人是否具有独立运营的组织架构、是否有独立运营的基本能力等问题。

业务独立的实质在于公司是否能够独立进行生产经营，产品能否“自产自销”，而不依附于任何个人或任何企业。其中，是否存在规避同业竞争与关联交易监管的情况，是深交所和中国证监会需要特别关注的问题。

251. 什么是财务独立？

财务独立，是指发行人应当建立独立的会计部门和独立的财务核算体系，能够独立做出财务决策，具有规范的财务会计制度和对分公司、子公司的财务管理制度；发行人不得与控股股东、实际控制人及其控制的其他企业共用银行账户。发行人依法独立纳税。

控股股东、实际控制人及其关联人不得通过与公司共用银行账户，将公司资金以任何方式存入控股股东、实际控制人及其关联人控制的账户，占用公司资金，要求公司违法违规提供担保，将公司财务核算体系纳入控股股东、实际控制人管理系统之内等违规方式，影响发行人的财务独立。

252. 什么是人员独立？

人员独立，是指发行人的总经理、副总经理、财务负责人和董事会秘书等高级管理人员不得在控股股东、实际控制人及其控制的其他企业中担任除董事、监事以外的其他职务，不得在控股股东、实际控制人及其控制的其他企业领薪；发行人的财务人员不得在控股股东、实际控制人及其控制的其他企业中兼职。

控股股东、实际控制人推荐董事、监事和高级管理人员人选，应当通过合法程序进行，不得通过行使提案权、表决权以外的方式干预公司的人事任免决定，限制公司人员履行职责；公司的生产经营和行政管理（包括劳动、人事、工资管理以及相应的社会保障）完全独立于控股股东、实际控制人，不得存在“两块牌子，一套人马”、交叉管理的情况。

253. 什么是机构独立？

机构独立，是指发行人应当建立健全内部经营管理机构、独立行使经营管理职权，与控股股东、实际控制人及其控制的其他企业间不得有机构混同的情形。

发行人的办公场所、生产经营机构与控股股东、实际控制人及其控制的其他企业以及其他单位完全分离，不存在混合经营、合署办公或者交叉管理的情形。发行人的各内部组织机构和各经营管理部门的设立应符合法律、行政法规、规范性文件和公司章程的规定，能够独立地履行职能，负责公司的生产经营活动，不受控股股东、实际控制人和其他有关部门、单位或者个人的干预和控制，并且与控股股东、实际控制人及其控制的其他企业之间不存在上下级隶属关系。

控股股东、实际控制人应当保证发行人机构独立，不得与发行人共用原材料采购和产品销售系统、机构和人员，不得通过行使股东提案权、表决权以外的其他方式对发行人董事会、监事会和其他机构依法行使职权的行为进行限制或施加其他不正当影响，进而影响发行人的机构独立性。

254. 公司控股股东的资产质量是否会影响公司上市？

公司控股股东的资产质量状况并不必然影响公司上市，但是控股股东资产质量太差会引起深交所和中国证监会的关注：

（1）控股股东是否通过显失公平的关联交易转移发行人的经济利益，如控股股东在上市前粉饰发行人业绩，上市后侵占上市公司利益。

（2）发行人是否违规为控股股东提供担保。

（3）发行人的资金是否被控股股东占用。

（4）控股股东因资产质量差导致其持续经营能力存在重大不确定性的，是否会导致发行人实际控制人发生变更。

（5）如控股股东、实际控制人将发行人较高比例的股份质押，可能导致发行人控制权存在不确定性或控股股东破产清算等情形。

255. 为什么公司整体上市有助于解决独立性问题？

公司整体上市，是指实际控制人将其全部或主要资产和主营业务整合到发行人，由发行人独立进行上市的做法。

由于公司内部业务往往有较多联系，将公司部分资产和业务“分拆”上市容易导致发行人和控股股东、实际控制人及其控制的其他企业之间产生严重影响独立性或者显失公平的关联交易，以及对发行人构成重大不利影响的同业竞争等问题。随着深交所和中国证监会对发行人业务独立性的要求越来越高，整体上市越来越成为公司上市的主要模式。

从发行人的角度出发，整体上市将有利于发挥企业集团的整体资源和管理优势，通过完善公司产品结构、提高盈利水平来使发行人获得业绩增长和估值溢价等方面的好处。同时，整体上市有利于避免对发行人构成重大不利影响的同业竞争、减少关联交易、优化公司治理、确保规范运作，对于提高上市公司质量，发挥资本市场优化资源配置功能，保护投资者特别是中小投资者的合法权益，促进资本市场健康稳定发展，具有积极作用。

第十章
同业竞争

256. 什么是同业？什么是同业竞争？

同业竞争中的“同业”，是指竞争方从事与发行人主营业务相同或相似的业务。

同业竞争，是指发行人与其控股股东、实际控制人及其近亲属或其所控制的企业从事相同或相似的业务，双方构成或可能构成直接或间接的竞争关系。

257. 如何界定同业？

在上市筹备过程中，发行人经常会从自身的利益出发、从更为专业的角度来界定是否构成同业，但审核实践中一般会采取更为严格的标准。例如，发行人生产普通圆珠笔，控股股东所控制的企业生产高端签字笔，虽然从表面上看产品的档次不同、目标客户不同，但很可能仍构成同业。

界定是否构成同业，可以先从行业分类出发。具体的行业分类标准可参照《2017 年国民经济行业分类》（GB/T 4754－2017）和中国证监会发布的《上市公司行业分类指引》。

除行业分类外，还应关注企业经营范围和实际从事的业务。经营范围有所重合的，从审慎角度出发，界定为构成同业的可能性较大。如果经营范围未有重合的，不得简单因此得出不构成同业的结论，还应关注发行人和关联企业实际生产经营的情况，基于具体开展的业务进行实质判断。

258. 为何要对同业竞争进行监管?

为更好地保障全体股东尤其是中小股东的利益，从企业发行上市的角度出发，深交所和中国证监会原则上希望发行人的控股股东、实际控制人能将主要精力投入发行人，将与主营业务相关的资源都整合到发行人旗下。

在发行人与竞争方受同一方控制的情况下，在出现某项新业务机会的时候，实际控制人可能拥有绝对的话语权来决定新业务机会的归属。如果控股股东、实际控制人利用其对于发行人的控制权，将新业务机会交给竞争方承接，则实际上会造成发行人的业务损失。同时，这样向关联方输送利益的情况，是对发行人其他股东，尤其是中小股东利益的侵害。因此，同业竞争问题一直是中国证监会对于发行人监管的重点。

在中国证监会之前颁布的首发上市审核相关规定中，存在同业竞争问题的公司不得上市，必须在上市前将同业竞争问题进行彻底规范和解决。随着股票发行注册制的改革，深交所和中国证监会适度放宽了同业竞争的审核标准，要求不存在对发行人构成重大不利影响的同业竞争。

259. 与发行人构成同业竞争的主体包括哪些?

（1）中介机构应当对发行人控股股东、实际控制人及其近亲属全资或控股的企业进行核查。

（2）对于发行人控股股东或实际控制人是自然人的，其夫妻双方直系亲属（包括配偶、父母、子女）和其他亲属控制的企业，都是同业竞争的核查范围。

260. 如何判断相关主体是否与发行人构成同业竞争?

（1）判断是否存在“同业”，即按照界定同业的标准，判断控股股东、实际控制人及其近亲属所控制的企业是否从事与发行人主营业务相同或相似的业务。

（2）核查认定该相同或相似的业务是否与发行人构成竞争时，应按照实质重于形式的原则，结合相关企业历史沿革、资产、人员、主营业务（包括但不限于产品服务的具体特点、技术、商标商号、客户、供应商等）等方面与发行人的关系，以及业务是否有替代性、竞争性，是否有利益冲突，是否在同一市场范围内销售等，论证是否与发行人构成竞争。不能简单地以产品销售地域不同、产品的档次不同等认定为不构成同业竞争。

对于控股股东、实际控制人控制的与发行人从事相同或相似业务的公司，发行人还应当结合目前自身业务和关联方业务的经营情况、未来发展战略等，在招股说明书中披露未来对于相关资产、业务的安排，以及避免上市后出现同业竞争的措施。

261. 发行人如果存在同业竞争问题，能否申请上市？

如果发行人存在构成重大不利影响的同业竞争，则不可以申请上市。如果发行人存在同业竞争，但不构成重大不利影响，则在充分论证、说明和披露该同业竞争情况及对不构成重大不利影响进行充分合理解释后，可以申请上市。

262. 如何判断同业竞争是否对发行人构成重大不利影响？

如存在同业竞争情形，在认定同业竞争是否对发行人构成重大不利影响时，保荐机构及发行人律师应结合竞争方与发行人的经营地域、产品或服务的定位，同业竞争是否会导致发行人与竞争方之间的非公平竞争，是否会导致发行人与竞争方之间存在利益输送，是否会导致发行人与竞争方之间相互或者单方让渡商业机会情形，对未来发展的潜在影响等方面，核查并出具明确意见。竞争方的同类收入或毛利占发行人主营业务收入或毛利的比例达30%以上的，如无充分相反证据，原则上应认定为构成重大不利影响。

发行人应当结合目前经营情况、未来发展战略等，在招股说明书中充分披露未来对上述构成同业竞争的资产、业务的安排，以及避免上市后出现重大不利影响同业竞争的措施。

263. 解决同业竞争问题的途径有哪些？

（1）发行人收购竞争方的全部股权或控股权，将其纳入合并报表范围。此种方式的操作程序相对更加简便快捷，是解决同业竞争问题的主要方式。但需注意，将竞争方纳入合并报表范围后，深交所和中国证监会对于被收购的竞争方会视同发行人进行审核。

（2）发行人收购竞争方拥有的竞争性业务、资产和/或承接相关人员。如采取此种方式，涉及资产转让、业务转移和人员安置等多方面工作，耗时较长，且税负成本可能较高。

（3）竞争方的股东将竞争方的股权作为出资投入发行人，或者竞争方将竞争性资产作为出资投入发行人，获得发行人的股份。如采取此种方式，出资应当根据评估价格确认出资价格后投入发行人，并办理股权或资产转让手续。

（4）发行人对竞争方进行吸收合并，吸收合并后注销竞争方。竞争方的注销涉及企业清算、债权债务处理、人员安置、税务清算等问题，耗时较长，且税务清算可能涉及竞争方的税款补缴。

无论采取上述四种中的任何一种方式，都会涉及同一控制下的并购重组。根据发行人和竞争方的规模大小不同（具体指标为资产总额、营业收入和利润总额），可能会对发行人申报时点构成影响。更为重要的是，深交所和中国证监会会在诸多方面对于被收购的竞争方予以关注并进行审核。如竞争方在某些方面存在较大不规范事项，对于发行人的发行上市可能产生不利影响。

（5）竞争方的股东将竞争方的股权转让给无关联的第三方，竞争方将竞争性的业务转让给无关联的第三方或发行人将竞争性的业务转让给无关联的第三方。无论采取上述三种中的任何一种方式，必须确保转让是真实、合法有效的。深交所和中国证监会主要从以下方面予以关注：向第三方转让的，受让方是否为与发行人无任何关联关系的第三方；转让价格是否公允；转让款是否真实、足额支付。如果采取向无关联的第三方转让的方式，必须有充分证据打消监管机构的疑虑，否则很可能对发行人的发行上市产生不利影响。

（6）竞争方不再从事与发行人存在同业竞争的业务，或者注销竞争方。采取此种方式通常是因为竞争方规模较小或已无实际业务经营，否则很难取得竞争方的充分理解和配合，不具有可操作性。

（7）控股股东及实际控制人做出今后不再进行同业竞争的有法

律约束力的书面承诺。该方式一般是作为上述六种方式的补充以及解决同业竞争问题的过渡性措施。

对于存在构成或可能构成重大不利影响的同业竞争问题的发行人来说，具体采取上述哪一种措施，应当根据发行人和竞争方的具体情况选择适用。

264. 仅由构成同业竞争的主体出具承诺函是否足够？

无论发行人是否存在同业竞争问题，按照招股说明书的相关要求，发行人都应当披露控股股东、实际控制人做出的避免同业竞争的承诺。

对于不存在同业竞争问题的，发行人只需要由控股股东、实际控制人做出避免同业竞争的承诺即可。

对于存在同业竞争但不构成重大不利影响的，保荐机构及发行人律师需要对相关要点进行核查，并就不构成重大不利影响发表明确意见，发行人控股股东、实际控制人做出避免同业竞争的承诺。

但对于存在构成重大不利影响同业竞争问题的，发行人必须采取相应措施规范和解决同业竞争问题，“只做承诺，实质未清理”的方式原则上不会被接受。

265. 如果发行人的董事、高级管理人员同时为发行人的股东，其所控制的企业从事与发行人相同、相似的业务，这对上市有无影响？

（1）发行人的控股股东、实际控制人同时担任发行人董事、高级管理人员的，对于其控制的企业拥有与发行人相同或相似业务的，在未经由发行人股东大会同意的情况下，既违反竞业禁止的规定，又构成同业竞争，原则上应当在上市申报前彻底解决。

（2）发行人控股股东、实际控制人以外的其他股东同时担任发行人董事、高级管理人员的，对于其控制的企业拥有与发行人相同或相似业务的，在其并非控股股东、实际控制人，也并非控股股东、实际控制人夫妻双方直系亲属（包括配偶、父母、子女）和其他亲属的情况下，应根据竞业禁止的规定经由发行人股东大会同意，此时原则上不会与发行人构成重大不利影响的同业竞争。

第十一章
关联交易

266. 什么是关联关系？

关联关系，是指公司控股股东、实际控制人、董事、监事、高级管理人员与其直接或者间接控制的企业之间的关系，以及可能导致公司利益转移的其他关系。但是，国家控股的企业之间不因为同受国家控股而具有关联关系。

267. 什么是关联方？

一方控制、共同控制另一方或对另一方施加重大影响，以及两方或两方以上同受一方控制、共同控制或重大影响的，构成关联方。控制是指有权决定一个企业的财务和经营政策，并能据以从该企业的经营活动中获取利益。共同控制是指按照合同约定对某项经济活动所共有的控制，仅在与该项经济活动相关的重要财务和经营决策需要分享控制权的投资方一致同意时存在。重大影响是指对一个企业的财务和经营政策有参与决策的权力，但并不能够控制或者与其他方一起共同控制这些政策的制定。

（1）下列各方构成企业的关联方：①该企业的母公司。②该企业的子公司。③与该企业受同一母公司控制的其他企业。④对该企业实施共同控制的投资方。⑤对该企业施加重大影响的投资方。⑥该企业的合营企业。⑦该企业的联营企业。⑧该企业的主要投资者个人及与其关系密切的家庭成员，主要投资者个人是指能够控制、共同控制一个企业或者对一个企业施加重大影响的个人投资者。

⑨该企业或其母公司的关键管理人员及与其关系密切的家庭成员。关键管理人员，是指有权力并负责计划、指挥和控制企业活动的人员。与主要投资者个人或关键管理人员关系密切的家庭成员，是指在处理与企业的交易时可能影响这个人或受这个人影响的家庭成员。⑩该企业主要投资者个人、关键管理人员或与其关系密切的家庭成员控制、共同控制或施加重大影响的其他企业。⑪企业与其所属企业集团的其他成员单位（包括母公司和子公司）的合营企业或联营企业。⑫企业的合营企业与企业的其他合营企业或联营企业。

（2）如果仅与企业存在下列关系，不构成企业的关联方：①与该企业发生日常往来的资金提供者、公用事业部门、政府部门和机构。②与该企业发生大量交易而存在经济依存关系的单个客户、供应商、特许商、经销商或代理商。③与该企业共同控制合营企业的合营者。④仅同受国家控制而不存在其他关联方关系的企业。⑤两方或两方以上同受一方重大影响的。

268. 什么是上市公司关联法人和关联自然人？

（1）具有下列情形之一的法人或其他组织，为上市公司的关联法人：①直接或者间接控制上市公司的法人或其他组织；②由前项所述法人直接或者间接控制的除上市公司及其控股子公司以外的法人或其他组织；③由上市公司的关联自然人直接或者间接控制的，或者担任董事（独立董事除外）、高级管理人员的，除上市公司及其控股子公司以外的法人或其他组织；④持有上市公司5%以上股份的法人或一致行动人；⑤中国证监会、证券交易所或公司根据实质重于形式的原则认定的其他与公司有特殊关系，可能或者已经造成公司对其利益倾斜的法人或者其他组织。

如果上市公司受国有资产管理机构控制，则该国有资产管理机构控制的其他法人不属于该上市公司的关联法人。但如果该法人的董事长、经理或者半数以上的董事担任上市公司董事、监事及高级管理人员的，则需认定为上市公司的关联法人。

（2）具有下列情形之一的自然人，为上市公司的关联自然人：①直接或间接持有上市公司5%以上股份的自然人；②上市公司董事、监事和高级管理人员；③直接或者间接控制上市公司的法人或者其他组织的董事、监事和高级管理人员；④前三项所述人士的关系密切的家庭成员，包括配偶、父母及配偶的父母、兄弟姐妹及其配偶、年满 18 周岁的子女及其配偶、配偶的兄弟姐妹、子女配偶的父母；⑤中国证监会、证券交易所或公司根据实质重于形式的原则认定的其他与公司有特殊关系，可能造成公司对其利益倾斜的自然人。

因与上市公司或者其关联法人或关联自然人签署协议或者做出安排，在协议或者安排生效后，或者在未来或过去的 12 个月内具有前述列举的情形之一的，视同为上市公司的关联法人或关联自然人。

如果与上市公司有特殊关系，可能或已经造成上市公司对其利益倾斜的，中国证监会、深交所或上市公司根据实质重于形式的原则也会认定其为上市公司的关联法人或关联自然人。

269. 什么是关联交易？关联交易主要有哪些类型？

（1）关联交易，是指关联方之间转移资源、劳务或义务的行为，而不论是否收取价款。

（2）关联交易的主要类型包括：①购买或者出售资产；②对外投资（含委托理财、对子公司投资等，设立或者增资全资子公司除外）；③提供财务资助（含委托贷款）；④提供担保（指上市公司为他人提供的担保，含对控股子公司的担保）；⑤租入或者租出资产；⑥签订管理方面的合同（含委托经营、受托经营）；⑦赠与或者受赠资产；⑧债权或者债务重组；⑨签订许可协议；⑩研究与开发项目的转移；⑪放弃权利（含放弃优先购买权、优先认缴出资权利等）；⑫购买原材料、燃料、动力；⑬销售产品、商品；⑭提供或者接受劳务；⑮委托或者受托销售；⑯关联双方共同投资；⑰其他通过约定可能造成资源或者义务转移的事项。

270. 为什么 IPO 审核时要关注关联方和关联交易？

尽管关联方在法律上具有独立人格，但由于关联方相互之间存在控制、共同控制或重大影响等特殊关系，其作为独立人格所享有的独立意志可能会受到影响，其独立财产亦可能受到侵蚀，最终导致公司利益的转移。

从关联交易的经济特征来看，在一些情况下，其可能会产生优化资源配置、降低交易成本、提高交易效率的作用。与此同时，由于关联交易的主体之间存在控制与被控制或影响与被影响的关系，导致关联交易中可能存在利益冲突——被控制或被施加重大影响的一方无法完全从自身利益出发参与交易谈判与磋商，加上双方的交易可能缺乏充分竞争的市场条件，最终可能导致交易背离公平原则。

对于发行人而言，关联交易与公司治理、内部控制机制、业绩的真实性、独立性等发行条件密切相关。同时，由于通过关联交易来进行业绩调节具有一定的隐蔽性，利用关联交易来粉饰业绩乃至进行财务造假的情况时有发生。因此，在实际发行审核的过程中，发行人的关联方及关联交易一直是监管关注的重点。

271. 关联方核查有何要求？需要关注哪些事项？

（1）发行人应根据《公司法》《企业会计准则》及中国证监会有关规定披露关联方、关联关系和关联交易。

依照上述要求，发行人应当聘请中介机构全面核查，依照《公司法》《企业会计准则》及《上市规则》等相关规定认定关联方，并于上市申请文件中披露报告期内存在的关联方与关联交易，不得存在隐瞒或重大遗漏。

（2）在遵循真实、准确、完整披露关联方的原则上，按照“实质重于形式”的要求，发行人及中介机构还应当关注并核查下列可能涉及关联方认定的事项：①调查发行人董事、监事、高级管理人员及核心技术人员是否在控股股东、实际控制人及其控制的其他企业及其他关联方中任职，是否领取薪酬。②调查发行人与发行上市的中介机构及其负责人、高级管理人员、经办人员之间是否存在亲属关系、关联关系、委托持股、信托持股或其他利益输送安排。③调查发行人的实际控制人、控股股东、董事、监事、高级管理人员及核心技术人员和发行人的其他关联方，是否在发行人主要供应商、客户中拥有权益、任职或存在关联关系。④对于报告期内终止关联关系的，核查终止关联关系的原因，交易价格是否公允，与发行人是否仍存在或可能存在潜在的关联关系，终止关联关系后与发行人在人员、资产、业务、销售等方面是否仍存在相关性，充分说明相关安排是否真实、合法、有效，是否存在关联交易非关联化或损害发行人利益的情形。同时，应关注并披露报告期内关联方的变化情况。由关联方变为非关联方的，发行人应比照关联交易的要求持续披露与上述原关联方的后续交易情况，以及相关资产、人员的去向等。

272. 关联交易的审核关注要点是什么？

按照中国证监会的审核要求，在尊重企业合法合理、正常公允且确有必要的经营行为的同时，深交所应重点关注关联交易信息披露的完整性，关联交易的真实性、必要性、合理性和公允性，关联交易是否影响发行人的独立性，是否可能对发行人产生重大不利影响，以及是否已履行关联交易决策程序。

（1）关联交易的真实性。关联方之间存在特殊的利害关系，决定着关联交易存在易于受操控的特性，容易发生利用虚假的关联交易、偏离市场价格进行业绩调节或利益输送等不正当行为。因此，关联交易的真实性成为发行审核的基本要点。

（2）关联交易的必要性及合理性。关联交易的必要性及合理性主要考察其商业合理性。

发行人应结合关联交易的交易内容、交易金额、交易背景以及相关交易与发行人主营业务之间的关系，重点关注关联交易是否为关联交易各方主营业务或正常经营所需，是否具备合理的商业逻辑。与交易各方主营业务或正常经营无关、不符合商业逻辑的关联交易将受到重点关注。

对于偶发性关联交易，应当确保其对发行人经营成果影响的真实性，不得存在为发行人虚增业绩的情形；对于购销商品、提供劳务等经常性关联交易，应当确保其增减变化的必要性及合理性，不得对发行人的独立性及持续经营能力产生重大不利影响。

（3）关联交易的公允性。关联交易的公允性主要指关联交易的价格公允，不存在通过关联交易对发行人或关联方的利益输送。在发行审核过程中，对于关联交易的公允性主要关注以下两个方面：

①关联交易定价是否公允。除实行政府定价或政府指导价外，一般情况下公允的关联交易价格的定价原则参照以下优先级适用：可比的独立第三方市场价格或收费标准、关联人与独立于关联人的第三方发生非关联交易的价格、合理成本费用加合理利润、资产评估结果等。由于关联交易定价易被操控，深交所和中国证监会通常也会从财务数据的角度核查关联交易，尤其是在对关联方和非关联方销售不同产品时，不同产品的毛利率差异能否得到合理的解释。

②关联交易的其他商业条件是否公允。与其他非关联方的同类交易相比，是否存在显失公平或存在较大差异的情形。例如，对于交易结算期限、质量保证、保证金、退换货政策、运输仓储或交易方式等合同中常见的条款，若存在无法说明合理性的较大差异，也可能被认定为非公允关联交易。

（4）关联交易的程序规范性。发行人应在公司章程及其他内部规定中明确关联交易公允决策的程序，如关联交易的一方为发行人股东，需采取必要措施对其他股东的利益进行保护。在发行审核过程中，对于关联交易的程序规范性，主要关注关联交易制度等规范程序的完备性及其执行的有效性。

①规范程序的完备性。发行人应当建立健全交易与关联交易的内部控制制度，明确交易与关联交易的决策权限和审议程序，并在关联交易审议过程中严格实施关联董事和关联股东回避表决制度。发行人交易与关联交易行为应当合法合规，不得隐瞒关联关系，不得将关联交易非关联化。相关交易与关联交易不得存在导致或者可能导致上市公司出现被控股股东、实际控制人及其关联人非经营性资金占用，为关联人违规提供担保或者其他被关联人侵占利益的情形。

②规范程序执行的有效性。发行人在建立完善的关联交易内部控制制度的基础上，应当有效执行关联交易决策程序和表决程序，具体包括：做出关联交易决策的机构（如公司董事会、股东大会）应当具备符合法律、行政法规及其内部控制制度的相应决策权限；

在设置独立董事的情况下，独立董事应按照内部控制制度对关联交易发表独立意见。应确保关联交易决策会议的召开程序及议事程序符合相关法律、行政法规和公司内部控制制度的规定，所涉及的关联董事和关联股东应当依照相关规定进行回避表决。

发行人应避免发生因越权决策，决策程序或内容违反法律、行政法规或公司章程而造成的关联交易决策效力瑕疵。

（5）关联交易对发行人独立性的影响。不存在严重影响独立性或者显失公平的关联交易，是发行人独立性方面重要的发行条件之一。发行人应重点关注以下方面：

①关联交易对于其研发、生产、采购、销售等业务体系的独立性，以及对于发行人生产经营密切相关的生产系统、辅助生产系统和配套设施、主要土地、厂房、机器设备以及商标、专利、非专利技术等资产的完整性是否具有重大影响。发行人是否在研发、生产、采购、销售等关键的运营环节存在对关联方或关联交易的重大依赖，从而影响独立面向市场经营的能力。

②报告期内向关联方销售产生的收入占发行人主营业务收入的比例、向关联方采购的数额占发行人采购总额的比例、关联方应收应付金额的比例以及关联交易产生的利润占发行人利润总额的比例，及其是否对发行人业绩产生重大影响。

③报告期内关联交易的增减及重要性占比等对发行人独立性影响的趋势。根据发行审核的相关要求，发行人应尽可能地减少发生不必要的关联交易，降低关联交易对经营成果的影响，在报告期内呈现出关联交易金额及占比降低的趋势。此外，发行人还应披露未来减少与控股股东、实际控制人发生关联交易的具体措施。

④在实际审核过程中，对于发行人经营独立性的标准，中国证监会和深交所将从实质上进行审查。例如，对于控股股东、实际控制人与发行人之间关联交易对应的收入、成本费用或利润总额占发行人相应指标的比例较高（如达到30%）的，中国证监会和深交所会结合相关关联方的财务状况和经营情况、关联交易产生的收入、利润总额合理性等，综合考虑发行人的营业收入、业务结构、客户分布等各方面，核查关联交易的比例是否对发行人的独立性构成重

大不利影响，是否构成对控股股东或实际控制人的依赖，是否存在通过关联交易调节发行人收入和利润或成本费用、对发行人利益输送的情形。

273. 规范关联交易的基本原则和方式是什么？

（1）规范关联交易的基本原则：

①避免不必要的关联交易，尽量降低、减少关联交易对发行人独立性的影响。

②对于必要的关联交易，在保证交易的真实性、合理性及公允性的同时，需确保相关股东大会和董事会程序的规范性及有效性并充分履行必要的信息披露义务。

（2）规范关联交易实践中可采取的主要方式包括：

①如果发行人持续使用关联方资产，可以采取收购资产、并购持有相关资产的关联方或由关联方以有关资产向发行人出资等方式，减少因利用关联方资产而发生的关联交易。

②如果关联方的部分资产或从事的业务是发行人主营业务不可或缺的一部分，则可以采取由发行人收购或合并的方式，整合核心资源。

③如果关联方的部分资产或从事的业务并非发行人主营业务不可或缺的一部分，可以将该关联方、部分资产或其从事的部分业务转让给无关联关系的第三方。

④如果关联方和发行人仅仅因为持股关系而成为关联方，发行人可以进行股份回购或向无关联关系的第三方进行股权转让。

⑤如果关联方未实际经营、已经停业或可能对发行人上市产生不良影响，可以依照法律程序对关联方进行清算、注销。

⑥解除任职或终止施加重大影响。发行人的关联自然人可以通过解除与所涉关联方担任的董事、高级管理人员职务或其他对关联方施加重大影响的协议等方式，从实质上终止关联关系。

需要注意的是，拟采取终止关联关系的方式来降低或减少关联交易的，由于存在关联交易非关联化的可能性，发行审核过程中仍将受到重点关注。

274. 什么是关联交易非关联化？

关联交易非关联化，是指通过各种交易安排或改变表面上的控制或影响关系，将实质上的关联交易在表面上转化为非关联方之间的交易，借以规避相关法律、行政法规及规范性文件约束的行为。例如，分解交易、与潜在关联方进行交易、形式上解除关联关系、隐匿的关联交易等行为。

（1）分解交易，是指为了规避关联交易，发行人将与关联方之间的交易通过若干非关联方转换为两笔以上的非关联的业务。如公司将资产高价卖给非关联方，再由关联方用同样的高价向非关联方赎回或给予非关联方补偿。

（2）与潜在关联方进行交易，是指通过将交易时机选择在潜在关联方认定为关联方之前，与潜在关联方进行交易，利用潜在关联方为公司虚增利润或消化费用的情形。

（3）形式上解除关联关系，是指关联方通过调整股权结构、任职关系等方式，从名义上解除关联关系，使得实质上的关联方从形式上看不是关联方，且相应的交易从形式上看不再属于关联交易。

（4）隐匿的关联交易，是指通过隐蔽的、灰色的非关联方交易以规避披露义务，进而实现操纵利润的情形。例如，由非关联方进行互换式收购、为员工减薪、供应商减价供应、经销商加价提货或增加交易数量，并向相关对象通过隐匿的安排或承诺进行利益补偿。

关联交易非关联化是以合法形式掩盖非法目的的行为，其行为特征在于掩盖关联交易的实质，并通常伴随着利用实质上的关联交易进行利益输送、调节业绩、逃避监管等非法目的。

关联交易与公司治理、发行人内控机制建设、业绩的真实性、资产的完整性、发行人独立性等发行条件密切相关。同时，发行人及其全体董事、监事和高级管理人员应当保证招股说明书等上市申请文件的内容真实、准确、完整，不得有虚假记载、误导性陈述或者重大遗漏。因此，若发行人存在关联交易非关联化的情形，将导致中国证监会和深交所的重点关注。对于关联交易非关联化的行为，必须在提交申请文件之前从实质上予以消除、终止，并完整披露消除、终止过程。

275. 为股东、关联公司提供担保有何要求？

公司向其他企业投资或者为他人提供担保，依照公司章程的规定，由董事会或者股东会、股东大会决议；公司章程对投资或者担保的总额及单项投资或者担保的数额有限额规定的，不得超过规定的限额。公司为公司股东或者实际控制人提供担保的，必须经股东会或者股东大会决议。被担保方或受被担保方支配的股东，需在审议担保事项时回避表决。

在实际发行审核过程中，发行人的对外担保除应当遵循上述规定外，还应参照上市公司制定相应内部控制制度并确保相关制度有效执行，不得存在违规担保的情形。

对上市公司而言，除信息披露义务外，在为股东、关联公司提供担保时主要应符合下列要求：

（1）上市公司不得为控股股东及本公司持股50%以下的其他关联方、任何非法人单位或个人提供担保。

（2）上市公司对外担保总额不得超过最近一个会计年度合并会计报表净资产的50%。

（3）上市公司章程应当对对外担保的审批程序、被担保对象的资信标准做出规定。对外担保应当取得董事会全体成员2/3以上签署同意，或者经股东大会批准；不得直接或间接为资产负债率超过70%的被担保对象提供债务担保。

（4）上市公司对外担保必须要求对方提供反担保，且反担保的提供方应当具有实际承担能力。

（5）上市公司独立董事应在年度报告中，对上市公司累计和当期对外担保情况、执行上述规定情况进行专项说明，并发表独立意见。

（6）应当在董事会审议通过后及时披露，并提交股东大会审议。股东大会在审议为股东、实际控制人及其关联方提供的担保议案时，该股东或受该实际控制人支配的股东，不得参与该项表决，该项表决应由出席股东大会的其他股东所持表决权的半数以上通过。

（7）为其控股子公司、参股公司提供担保时，被担保方的其他股东原则上应当按出资比例提供同等担保或者反担保等风险控制措施。相关股东未能按出资比例向上市公司控股子公司或者参股公司提供同等比例担保或反担保等风险控制措施的，上市公司董事会应当披露主要原因，并在分析担保对象经营情况、偿债能力的基础上，充分说明该笔担保风险是否可控，是否损害上市公司利益等。

（8）上市公司为其控股子公司提供担保，如果每年发生数量众多、需要经常订立担保协议而难以就每份协议提交董事会或者股东大会审议的，上市公司可以对资产负债率为70%以上以及资产负债率低于70%的两类子公司分别预计未来12个月的新增担保总额度，并提交股东大会审议。

（9）上市公司控股子公司的对外担保，比照上述规定执行。

276. 发行人与其控股股东、实际控制人或董事、监事、高级管理人员存在共同投资的，应关注什么？

发行人如存在与其控股股东、实际控制人、董事、监事、高级管理人员及其亲属直接或者间接共同设立公司的情形，发行人及中介机构应主要披露及核查以下事项：

（1）发行人应当披露相关公司的基本情况，包括但不限于公司名称、成立时间、注册资本、住所、经营范围、股权结构、最近一年又一期主要财务数据及简要历史沿革。

（2）中介机构应当核查发行人与上述主体共同设立公司的背景、原因和必要性，说明发行人出资是否合法合规，出资价格是否公允。

（3）如发行人与共同设立的公司存在业务或资金往来的，还应当披露相关交易的交易内容、交易金额、交易背景以及相关交易与发行人主营业务之间的关系。中介机构应当核查相关交易的真实性、合法性、必要性、合理性及公允性，是否存在损害发行人利益的行为。

（4）如公司共同投资方为董事、高级管理人员及其近亲属，中介机构应核查说明公司是否符合《公司法》第一百四十八条的规定，即董事、高级管理人员未经股东会或者股东大会同意，不得利用职务便利为自己或者他人谋取属于公司的商业机会，自营或者为他人经营与所任职公司同类的业务。

277. 发行人与关联方资金往来应该遵循哪些规定?

在发行审核过程中，发行人应参照上市公司相关规定，规范与关联方的资金往来，具体要求如下：

(1) 控股股东及其他关联方与上市公司发生的经营性资金往来中，应当严格限制占用上市公司资金。控股股东及其他关联方不得要求上市公司为其垫支工资、福利、保险、广告等期间费用，也不得互相代为承担成本和其他支出。

(2) 上市公司不得以下列方式将资金直接或间接地提供给控股股东及其他关联方使用：①有偿或无偿地拆借公司的资金给控股股东及其他关联方使用；②通过银行或非银行金融机构向关联方提供委托贷款；③委托控股股东及其他关联方进行投资活动；④为控股股东及其他关联方开具没有真实交易背景的商业承兑汇票；⑤代控股股东及其他关联方偿还债务。

(3) 上市公司不得为董事、监事、高级管理人员、控股股东、实际控制人及其控股子公司等关联人提供资金等财务资助。上市公司应当审慎向关联方提供财务资助或者委托理财。

(4) 上市公司为其持股比例不超过50%的控股子公司、参股公司提供资金等财务资助的，该控股子公司、参股公司的其他股东原则上应当按出资比例提供同等条件的财务资助。如其他股东未能提供财务资助的，应当说明原因并披露上述股东采取的反担保等措施。

(5) 上市公司为其控股子公司、参股公司提供资金等财务资助，且该控股子公司、参股公司的其他参股股东中一个或者多个为上市公司的控股股东、实际控制人及其关联人的，该关联股东应当按出资比例提供同等条件的财务资助。如该关联股东未能提供财务资助的，公司应当将上述对外财务资助事项提交股东大会审议，与该事项有关联关系的股东应当回避表决。

(6) 上市公司在与董事、监事、高级管理人员、控股股东、实际控制人及其关联人发生经营性资金往来时，应当严格履行相关审批程序及信息披露义务，明确经营性资金往来的结算期限，不得以经营性资金往来的形式变相为其提供资金等财务资助。

(7) 公司董事、监事及高级管理人员应当关注公司是否存在被关联人或者潜在关联人挪用资金等侵占公司利益的情形。如发现异常情形，应当及时提请董事会采取相应措施并披露。因关联人占用或者转移公司资金、资产或者其他资源而给上市公司造成损失或者可能造成损失的，公司董事会应当及时采取诉讼、财产保全等保护性措施避免或者减少损失，并追究有关人员的责任。

综上，与关联方发生资金往来，应当严格履行相关审批程序及信息披露义务，上市公司与关联方的非经营性资金往来必须坚持“自上而下”单向流动原则，即允许上市公司实际控制人及其关联方以低息或者无偿向上市公司提供资金，但绝对不允许上市公司以任何形式将资金直接或间接地提供给实际控制人及其关联方。

同理，如发行人存在关联方资金占用问题的，建议在提交上市申请前尽早清理完毕，或于整体变更为股份有限公司前对其进行规范，并于整体变更后规范运作一定期间，以确保规范措施的有效性。

第十二章

募集资金使用

278. 创业板对募集资金使用有哪些规定?

《信息披露内容与格式准则第 28 号》对募集资金的使用做出了如下规定:发行人应当结合公司现有的主营业务、生产经营规模、财务状况、技术条件、管理能力、发展目标合理确定募集资金投资项目,相关项目实施后不新增构成重大不利影响的同业竞争,对发行人的独立性不产生不利影响。

279. 募投项目的核准、备案有什么规定?

企业投资建设政府核准的投资项目目录中的固定资产投资项目,须按照规定报送有关项目核准机关核准。企业投资建设该目录外的项目,实行备案管理,由企业在全国投资项目在线审批监管平台自行申报。

按照规定由国务院核准的项目,由发展改革委审核后报国务院核准。按照规定报国务院备案的项目,由发展改革委核准后报国务院备案。核报国务院核准的项目、国务院投资主管部门核准的项目,事前须征求国务院行业管理部门的意见。由地方政府核准的项目,省级政府可以根据本地实际情况具体划分地方各级政府的核准权限。由省级政府核准的项目,核准权限不得下放。法律、行政法规和国家有专门规定的,按照有关规定执行。商务主管部门按国家有关规定对外商投资企业的设立和变更、国内企业在境外投资开办企业(金融企业除外)进行审核或备案管理。

280. 募集资金能否用于持有金融资产和财务性投资？

根据《创业板上市公司证券发行注册管理办法（试行）》，上市公司发行股票募集资金，除金融类企业外，募集资金使用项目不得为持有交易性金融资产和可供出售的金融资产、借予他人、委托理财等财务性投资，也不得直接或者间接投资于以买卖有价证券为主要业务的公司。

281. 为什么要求募集资金数额和投资项目与发行人现有情况相适应？

根据《信息披露内容与格式准则第 28 号》，发行人应结合公司现有主营业务、生产经营规模、财务状况、技术条件、管理能力、发展目标等合理确定募集资金投资项目。

发行人应披露董事会对募集资金投资项目可行性的分析意见，并说明募集资金数额和投资项目与企业现有生产经营规模、财务状况、技术水平和管理能力等相适应的依据。

如何使用和管理好上亿元的募集资金，大多数发行人均没有相关经验。募集资金到位后，将对企业的生产经营管理水平、财务状况及资金管理水平、技术及人员储备、管理人员配备及能力提出更高的要求。如果没有经过审慎论证，则很难做到募集资金的有效使用和管理，并产生预期的效益。因此，现行审核制度要求发行人董事会对此进行分析论证并披露。

282. 为什么募集资金使用要符合国家产业政策？

发行人应披露保荐机构及发行人律师对募集资金投资项目是否符合国家产业政策、环境保护、土地管理以及其他法律、行政法规和规章规定出具的结论性意见。

国家产业政策是政府为了实现一定的经济和社会目标而对产业的形成和发展进行干预的各种政策的总和。干预政策包括规划、引导、促进、调整、保护、扶持和限制等。产业政策的功能主要是弥补市场缺陷，有效配置资源。党的十九大明确提出，我国经济已由高速增长阶段转向高质量发展阶段。推动经济高质量发展，离不开金融的有力支撑。资本市场作为金融资源配置的枢纽，在价格发现、风险分担、激励创新等方面具有独特优势。随着审核理念向以信息披露为核心的转变，中国资本市场服务实体经济的能力将进一步增强。要求募集资金使用符合国家产业政策是资本市场服务实体经济的重要保障。

283. 募集资金使用项目与发行人是否需要环保核查？

2014 年 10 月 20 日，环境保护部发布了《关于改革调整上市环保核查工作制度的通知》，要求自通知发布之日起，各级环保部门不再对各类企业开展任何形式的环保核查，不得再为各类企业出具环保守法证明等任何形式的类似文件。从而取消了运行多年的上市公司环保核查。

取消上市公司环保核查后，保荐机构、发行人律师需要在申报文件中对拟上市企业是否符合环保法律法规情况进行核查并发表意见。

环保核查取消后，上市公司应按照有关法律要求，及时、完整、真实、准确地公开环境信息，并按《企业环境报告书编制导则》定期发布企业环境报告书。保荐机构和投资人可以依据政府、企业公开的环境信息以及第三方评估等信息，对上市公司环境表现进行评估。

募集资金使用项目涉及建设项目的，企业需要根据《中华人民共和国环境影响评价法》，按照建设项目对环境的影响程度，编制环境影响报告书、环境影响报告表或者填报环境影响登记表，按照国务院的规定报有审批权的环境保护行政主管部门审批或备案。

284. 募集资金使用土地应关注什么问题？

募集资金投资项目建设内容需与政府审批的用地性质相符。根据《信息披露内容与格式准则第 28 号》，募集资金运用涉及新取得土地或房产的，应披露取得方式、进展情况及未能如期取得对募集资金具体用途的影响。发行人募投用地尚未取得的，需披露募投用地的计划、取得土地的具体安排和进度等。保荐机构、发行人律师需对募投用地是否符合土地政策、城市规划、募投用地落实的风险等进行核查并发表明确意见。

285. 为什么要关注募投项目产生的同业竞争及独立性问题?

《信息披露内容与格式准则第 28 号》规定，发行人应结合公司现有主营业务、生产经营规模、财务状况、技术条件、管理能力、发展目标合理确定募集资金投资项目，相关项目实施后不新增构成重大不利影响的同业竞争，对发行人的独立性不产生不利影响。

发行人与控股股东、实际控制人及其控制的其他企业不存在构成重大不利影响的同业竞争，以及发行人资产完整、人员独立、财务独立、机构独立和业务独立是审核发行人是否具备上市条件的基本要求。如果募集资金投资项目实施后产生新的构成重大不利影响的同业竞争或其他不符合独立性的情形将会使发行人达不到现行审核标准和要求，难以通过上市审核。

286. 募集资金的使用是否一定要反映公司的发展战略和竞争优势?

募集资金的使用是公司未来发展战略的延伸。募集资金使用的安排，一定要符合产业发展的规律，体现出公司未来的战略需要，进一步提升公司的竞争优势，强化公司的核心竞争力，不能短视地以上市申报为目的。注册制下，创业板公司更强调创新、创造和创意，这也是未来企业强化自身竞争力的主要手段，只有和公司的发展战略相结合，创新、创造和创意才具备方向性引导，更好地发挥资金和资源优势，为企业的发展提供更有竞争力的支持。

《信息披露内容与格式准则第 28 号》也要求发行人应当披露募集资金的投向和使用管理制度，披露募集资金对发行人主营业务发展的贡献，对发行人未来经营战略的影响，对发行人业务创新、创造和创意性的支持作用。

第六部分

股票发行审核——财务问题

第一章
总体要求

287. IPO对企业财务规范性有何要求?

对于发行人财务规范性的要求主要包括:

(1)发行人历史沿革无重大瑕疵,出资规范。

(2)发行人资产完整,业务及人员、财务、机构独立。

(3)发行人具有直接面向市场独立持续经营的能力。

(4)发行人纳税规范。

(5)发行人建立、完善并严格实施相关财务内部控制制度,包括销售管理、采购管理、投资管理、资金管理、信息系统管理、人员机构管理等内部控制健全且被有效执行。

(6)发行人会计基础工作规范,财务报表的编制以实际发生的交易或事实为依据,遵循谨慎性和一致性原则,符合企业会计准则和相关会计制度的规定,与同行业上市公司不存在重大差异,不存在影响发行人会计基础工作规范性及内控有效性情形。

(7)发行人与关联方之间的交易合理、价格公允,不存在通过关联交易操纵利润的情形,并按实质重于形式的原则如实披露关联方关系,按重要性原则恰当披露关联交易。

288. IPO财务审核有何特点?

交易所在信息披露审核中,应重点关注发行上市申请文件及信息披露内容是否包含对投资者做出投资决策有重大影响的信息,披露程度是否达到投资者做出投资决策所必需的水平,包括但不限于是否充分、全面披露发行人业务、技术、财务、公司治理、投资者保护等方面的信息以及本次发行的情况，是否充分揭示可能对发行人经营状况、财务状况产生重大不利影响的所有因素。交易所在信息披露审核中，应重点关注发行上市申请文件及信息披露内容是否一致、合理和具有内在逻辑性，包括但不限于财务数据是否钩稽合理，是否符合发行人实际情况，非财务信息与财务信息是否相互印证，保荐机构、证券服务机构核查依据是否充分，能否对财务数据的变动或者与同行业公司存在的差异做出合理解释。

IPO 审核是一个合规性审核、系统性审核和整体性审核，在审核口径上执行依法监管、从严监管、全面监管。发行人必须全面结合历史沿革、股权变动、整体变更、并购重组、关联交易、同业竞争、业务演变、经营模式、行业竞争、治理架构、会计基础工作、同行业可比的合理性等各个角度进行考量。

IPO 的财务审核的重点通常牵涉持续经营能力、资产质量、关联交易公允性、经营信息与财务信息的匹配、财务内控制度等方面。

289. 中国证监会财务专项检查工作的开展情况如何？

开展财务专项检查工作，核心目的是落实以信息披露为中心的监管理念，督促发行人和中介机构提升诚信意识，切实履行信息披露和尽职调查责任，切实推进以信息披露为核心的新股发行体制改革，提高首次公开发行股票公司财务会计信息披露质量。

中国证监会开展首发公司财务会计信息现场专项检查工作主要针对企业是否存在财务基础较为薄弱，内部控制质量有待提高，会计处理不恰当，招股说明书财务信息披露针对性不足，中介机构在执业过程中未严格遵守执业准则，核查程序不到位，未能保持必要的执业敏感和谨慎性等情况。对于发现的个别企业存在体外资金循环、虚构交易或代垫成本、虚增业绩等违法违规问题的线索要严格对照相关立案标准，符合标准的，将移送稽查部门。

中国证监会通过以下措施提升发行监管工作的有效性：

（1）充实和细化首发信息披露规则，强化披露要求。

（2）建立监督检查的长效机制，包括保荐机构上交电子版工作底稿，对中介机构底稿进行抽查。

（3）要求保荐机构加强内核制度建设。

（4）加大社会监督力度，预披露时点提前到受理即披露。

（5）加大对违法违规行为的查处和惩罚力度。

290. 保荐机构与会计师对发行人进行财务检查应重点关注哪些事项？

（1）发行人历史出资的瑕疵。

（2）发行人的持续经营能力。

（3）发行人的资产、业务、财务、人员以及机构的独立。

（4）发行人的客户集中程度。

（5）发行人（包含红筹企业）选择的上市标准的合适性。

（6）发行人整体变更设立股份有限公司未弥补亏损的影响。

（7）发行人与实控人、投资者以及高管等关联方共同投资的影响。

（8）发行人的员工持股计划以及股权激励计划。

（9）发行人的内控制度，包括财务内控、信息系统、现金交易等的健全性。

（10）发行人特殊合并事项会计处理的合理性。

（11）发行人的前期会计差错以及前期会计政策变更的合理性。

（12）发行人的特殊商业模式，例如经销商模式、劳务外包、委托加工、第三方回款等的合理性。

（13）发行人研发支出会计处理的合理性以及内控制度的健全性。

（14）发行人社保、公积金的缴纳情况。

（15）发行人资产减值情况的合理性。

（16）发行人的税收优惠情况。

（17）发行人投资性房地产的情况。

（18）发行人业务重组处理方式的合理性。

（19）发行人的投资收益占比的合理性。

（20）发行人在不同证券交易市场（例如境外市场、新三板等）披露信息的一致性。

（21）发行人引用第三方数据的一致性。

（22）发行人、实控人、高管以及关键管理人员的现金流水核查。

第二章

申报财务会计资料的一般事项

291. 会计师需出具哪些文件?

首发申请中，会计师必须出具的与财务专业相关的文件包含:

（1）申报期间财务报表的审计报告。

（2）对非经常性损益明细表的专业意见。

（3）对主要税种纳税情况说明的专业意见。

（4）历次验资报告。

（5）内部控制鉴证报告。

（6）对原始财务报表与申报财务报表的差异比较表的专业意见书。

根据《首发审核规则》，证券服务机构及相关人员应当诚实守信，勤勉尽责，保证招股说明书中与其专业职责有关的内容及其出具文件的真实、准确、完整，因而会计师需要同时出具对发行申请文件真实性、准确性和完整性的承诺。

除上述必备文件以外，视发行人的具体首发申请涉及的特殊事项，会计师还可能被要求出具募集资金投向拟收购资产（或股权）的财务报表以及审计报告等。

292. 发行人应提交哪些与财务会计资料相关的其他文件?

（1）由有限责任公司变更或其他形式的企业整体改制设立的，应提供变更或改制的法律证明文件，包括改制基准日的财务报表以及审计报告、评估报告等。

（2）发行人主要商标、专利、计算机软件著作权等知识产权证书。

（3）发行人各年度纳税申报表及完税证明。

（4）有关发行人税收、财政补贴优惠政策的证明文件。

（5）发行人的土地使用权、房屋所有权权属证书或相关租赁协议。

（6）发行人的重大商务合同。

（7）视发行人的具体情况，可能被要求提供发行人实际控制人或者大股东的财务报表以及审计报告。

293. 非经常性损益包括哪些项目？

（1）非流动性资产处置损益，包括已计提资产减值准备的冲销部分。

（2）越权审批，或无正式批准文件，或偶发性的税收返还、减免。

（3）计入当期损益的政府补助，但与公司正常经营业务密切相关，符合国家政策规定，按照一定标准定额或定量持续享受的政府补助除外。

（4）计入当期损益的对非金融企业收取的资金占用费。

（5）企业取得子公司、联营企业及合营企业的投资成本小于取得投资时应享有被投资单位可辨认净资产公允价值产生的收益。

（6）非货币性资产交换损益。

（7）委托他人投资或管理资产的损益。

（8）因不可抗力因素，如遭受自然灾害而计提的各项资产减值准备。

（9）债务重组损益。

（10）企业重组费用，如安置职工的支出、整合费用等。

（11）交易价格显失公允的交易产生的超过公允价值部分的损益。

（12）同一控制下企业合并产生的子公司期初至合并日的当期净损益。

（13）与公司正常经营业务无关的或有事项产生的损益。

（14）除同公司正常经营业务相关的有效套期保值业务外，持有交易性金融资产、交易性金融负债产生的公允价值变动损益，以及处置交易性金融资产、交易性金融负债和可供出售金融资产取得的投资收益。

（15）单独进行减值测试的应收款项减值准备转回。

（16）对外委托贷款取得的损益。

（17）采用公允价值模式进行后续计量的投资性房地产公允价值变动产生的损益。

（18）根据税收、会计等法律、行政法规的要求对当期损益进行一次性调整对当期损益的影响。

（19）受托经营取得的托管费收入。

（20）除上述各项之外的其他营业外收入和支出。

（21）其他符合非经常性损益定义的损益项目。

294. 首发企业应该何时提交经审阅的季度报告？

根据《关于首次公开发行股票并上市招股说明书财务报告审计截止日后主要财务信息及经营状况信息披露指引（2020 修订）》的规定，发行人在刊登招股说明书时，应充分披露财务报告审计截止日后的财务信息及主要经营状况。

发行人财务报告审计截止日至招股说明书签署日之间超过 1 个月的，应在招股说明书中披露审计截止日后的主要经营状况。

发行人财务报告审计截止日至招股说明书签署日之间超过 4 个月的，应补充提供经会计师事务所审阅的期间 1 个季度的财务报表；超过 7 个月的，应补充提供经会计师事务所审阅的期间 2 个季度的财务报表。发行人提供季度经审阅的财务报表的，应在招股说明书管理层分析中以列表方式披露该季度末和上年末、该季度和上年同期及年初至该季度末和上年同期的主要财务信息，包括但不限于：总资产、所有者权益、营业收入、营业利润、利润总额、净利润、归属于母公司股东的净利润、扣除非经常性损益后归属于母公司股东的净利润、经营活动产生的现金流量净额等，并披露纳入非经常性损益的主要项目和金额。若该季度的主要会计报表项目与财务报告审计截止日或上年同期相比发生较大变化，应披露变化情况、变化原因以及由此可能产生的影响，并在重大事项提示中披露相关风险。发行人应在招股说明书重大事项提示中提醒投资者，发行人已披露财务报告审计截止日后经会计师事务所审阅的主要财务信息（如有）及经营状况。

第三章
会计处理问题

295. 收入确认应满足什么条件?

财政部于 2017 年 7 月对《企业会计准则第 14 号——收入》进行了修订，新收入准则将现行收入和建造合同两项准则纳入统一的收入确认模型，并由以风险报酬转移为基础的模型转变为以控制权转移为基础的模型。

在新收入准则下，当企业与客户之间的合同同时满足下列条件时，企业应当在客户取得相关商品控制权时确认收入：

(1) 合同各方已批准该合同并承诺将履行各自义务。

(2) 该合同明确了合同各方与所转让商品或提供劳务（以下简称“转让商品”）相关的权利和义务。

(3) 该合同有明确的与所转让商品相关的支付条款。

(4) 该合同具有商业实质，即履行该合同将改变企业未来现金流量的风险、时间分布或金额。

(5) 企业因向客户转让商品而有权取得的对价很可能收回。

满足下列条件之一的，属于在某一时段内履行履约义务；否则，属于在某一时点履行履约义务：①客户在企业履约的同时即取得并消耗企业履约所带来的经济利益。②客户能够控制企业履约过程中在建的商品。③企业履约过程中所产出的商品具有不可替代用途，且该企业在整个合同期间内有权就累计至今已完成的履约部分收取款项。

对于在某一时点履行的履约义务，企业应当在客户取得相关商品控制权时点确认收入。在判断客户是否已取得商品控制权时，企业应当考虑下列迹象：①企业就该商品享有现时收款权利，即客户就该商品负有现时付款义务。②企业已将该商品的法定所有权转移给客户，即客户已拥有该商品的法定所有权。③企业已将该商品实物转移给客户，即客户已实物占有该商品。④企业已将该商品所有权上的主要风险和报酬转移给客户，即客户已取得该商品所有权上的主要风险和报酬。⑤客户已接受该商品。⑥其他表明客户已取得商品控制权的迹象。

对于在某一时段内履行的履约义务，企业应当在该段时间内按照履约进度确认收入，但是，履约进度不能合理确定的除外。企业应当考虑商品的性质，采用产出法或投入法确定恰当的履约进度。其中，产出法是根据已转移给客户的商品对于客户的价值确定履约进度；投入法是根据企业为履行履约义务的投入确定履约进度。对于类似情况下的类似履约义务，企业应当采用相同的方法确定履约进度。

当履约进度不能合理确定时，企业已经发生的成本预计能够得到补偿的，应当按照已经发生的成本金额确认收入，直到履约进度能够合理确定为止。

296. 收入应该按照总额还是净额确认？

根据《企业会计准则（2017 年修订）》规定，企业应当根据其在向客户转让商品前是否拥有对该商品的控制权来判断其从事交易时的身份是主要责任人还是代理人。企业在向客户转让商品前能够控制该商品的，该企业为主要责任人，应当按照已收或应收对价总额确认收入；否则该企业为代理人，应当按照预期有权收取的佣金或手续费的金额确认收入，该金额应当按照已收或应收对价总额扣除应支付给其他相关方的价款后的净额或者按照既定的佣金金额或比例等确定。

企业向客户转让商品前能够控制该商品的情形包括：①企业自第三方取得商品或其他资产控制权后再转让给客户；②企业能够主导第三方代表本企业向客户提供服务；③企业自第三方取得商品控

制权后，通过提供重大的服务将该商品与其他商品整合成某组合产出转让给客户。

在具体判断向客户转让商品前是否拥有对该商品的控制权时，企业不应仅局限于合同的法律形式，而应当综合考虑所有相关事实和情况。这些事实和情况包括：①企业承担向客户转让商品的主要责任；②企业在转让商品之前或之后承担了该商品的存货风险；③企业有权自主决定所交易商品的价格；④其他相关事实和情况。

297. BOT 合同的收入如何确认？

根据《企业会计准则解释第 2 号》规定，在 BOT 的业务安排下，在建造期间，企业对于所提供的建造服务应当按照《企业会计准则第 15 号——建造合同》确认相关的收入和费用。

企业提供建造服务确认的建造收入应当按照收取或应收对价的公允价值计量，并分别以下面两种情况在确认收入的同时，确认金融资产或无形资产：①合同规定基础设施建成后的一定期间内，项目公司可以无条件地自合同授予方收取确定金额的货币资金或其他金融资产的；或在项目公司提供经营服务的收费低于某一限定金额的情况下，合同授予方按照合同规定负责将有关差价补偿给项目公司的，应当在确认收入的同时确认金融资产，并按照《企业会计准则第 22 号——金融工具确认和计量》的规定处理。②合同规定项目公司在有关基础设施建成后，从事经营的一定期间内有权利向获取服务的对象收取费用，但收费金额不确定的，该权利不构成一项无条件收取现金的权利，项目公司应当在确认收入的同时确认无形资产。

项目公司未提供实际建造服务，将基础设施建造发包给其他方的，不应确认建造服务收入，应当按照建造过程中支付的工程价款等考虑合同规定，分别确认为金融资产或无形资产。基础设施建成后，项目公司应当按照《企业会计准则第 14 号——收入》确认与后续经营服务相关的收入。

按照合同规定，企业为使有关基础设施保持一定的服务能力或在移交给合同授予方之前保持一定的使用状态，预计将发生的支出，应当按照《企业会计准则第 13 号——或有事项》的规定处理。按照特许经营权合同规定，项目公司应提供不止一项服务（如既提供基础设施建造服务又提供建成后经营服务）的，各项服务能够单独区分时，其收取或应收的对价应当按照各项服务的相对公允价值比例分配给所提供的各项服务。

在 BOT 业务中，授予方可能向项目公司提供除基础设施以外其他的资产，如果该资产构成授予方应付合同价款的一部分，不应作为政府补助处理。项目公司自授予方取得资产时，应以其公允价值确认，未提供与获取该资产相关的服务前应确认为一项负债。

298. 涉及或有收入如何确认收入？

根据《企业会计准则第 14 号——收入（2017 年修订）》，合同中存在可变对价的，企业应当按照期望值或最可能发生金额确定可变对价的最佳估计数，但包含可变对价的交易价格应当不超过在相关不确定性消除时累计已确认收入极可能不会发生重大转回的金额。企业在评估累计已确认收入是否极可能不会发生重大转回时，应当同时考虑收入转回的可能性及其比重。

每一资产负债表日，企业应当重新估计应计入交易价格的可变对价金额。可变对价金额发生变动的，应当将其分摊至与之相关的一项或多项履约义务或者分摊至构成单项履约义务的一系列可明确区分商品中的一项或多项商品。

对于已履行的履约义务，其分摊的可变对价后续变动额应当调整变动当期的收入。

299. 采用完工百分比法或者履约进度确认收入应注意哪些要点？

采用完工百分比法或者履约进度确认收入应注意以下要点：

（1）确认完工百分比或者履约进度的方式是否合理。

（2）完工百分比或者履约进度的确认依据是否能够取得客户确认、监理报告、供应商结算单据等外部证据佐证。

（3）与行业惯例是否存在显著差异，同行业上市公司是否存在较大差异及原因。

300. 放映业务首发企业票房收入确认及放映业务成本归集核算方法如何把握？

从收入分配来看，目前以票房收入为主要收入来源的盈利模式造成产业链各个环节的主要收入均为票房分账收入。在核心业务环节中，我国电影产业各个环节的业务流程与收入流分配呈现相反的顺序。影院通过放映服务从消费者处率先取得票房收入，在扣除国家电影事业发展专项资金及与院线约定的适用流转税和附加后，定期或者按照单部影片，由影院作为分账的起始环节，按照产业链各业务环节由下至上进行票房分账。

（1）发行业务收入确认（包括电影发行及院线发行）。发行方应根据《企业会计准则第14号——收入（2017年修订）》的规定，确定其收入应按总额法还是净额法核算。发行方采用代理发行的方式从事影视发行业务的，实质上仅作为制片方和影院之间的中介，未承担影片制作的拍摄审核风险，也不承担放映影片票房惨淡而导致的潜在损失，而且发行方提供服务时，影院清楚地知道影视作品的质量责任、版权价格（票价）主要取决于制片方，发行方仅提供市场营销、排期供片等服务，尤其是院线发行环节，其只提供“供片渠道”管理服务，因此，采用代理发行方式实施发行的，通常采用净额法核算。

（2）放映业务收入确认。从放映方与发行方签订协议条款和业务模式来看，放映方虽未买断播映权，没有承担对存货（电影）全部的后果和责任，但是基于其在放映服务中承担主要责任人的角色，通常采用总额法确认收入。

（3）放映业务成本归集范围。将影院租金、放映设备折旧与租入固定资产改良摊销、放映直接人力成本等归集列入营业成本还是管理费用、销售费用，都会影响毛利、毛利率指标的可比性。考虑到招股说明书披露规则、年报披露规则中均有要求披露和分析毛利率这一重要的财务指标，所以，电影院租金、放映设备折旧与租入固定资产改良摊销、放映直接人力成本，通常被确认为营业成本。

首发企业应当根据上述业务的实质准确披露相关会计处理方法及依据。

301. 按照受托加工或委托加工业务处理，还是按照独立购销业务处理？

委托加工，是指由委托方提供原材料和主要材料，受托方按照委托方的要求制造货物并收取加工费和代垫部分辅助材料加工的业务。从形式上看，双方一般签订委托加工合同，合同价款表现为加工费，且加工费与受托方持有的主要材料价格变动无关。

实务中，发行人由客户提供或指定原材料供应，或向加工商提供原材料，加工后予以购回，应根据其交易业务实质区别于受托/委托加工业务进行会计处理。两者区别主要体现在以下方面：

（1）双方签订合同的属性类别，合同中主要条款，如价款确定基础和定价方式、物料转移风险归属的具体规定。

（2）生产加工方是否完全或主要承担了原材料生产加工中的保管和灭失、价格波动等风险。

（3）生产加工方是否具备对最终产品的完整销售定价权。

（4）生产加工方是否承担了最终产品销售对应账款的信用风险。

（5）生产加工方对原材料加工的复杂程度，以及加工物料在形态、功能等方面变化程度等。

对于由发行人将原材料提供给加工商之后，加工商仅进行简单的加工工序，物料的形态和功用方面并没有发生本质性的变化，并且发行人向加工商提供的原材料的销售价格由发行人确定，加工商不承担原材料价格波动的风险。对于此类交易，通常按照委托加工业务处理，发行人按照原材料销售和回购的差额确认加工费，对于提供给加工商的原材料不应确认销售收入。

由客户提供或指定供应商的原材料采购价格由双方协商确定且与市场价格基本一致，购买和销售业务相对独立，双方约定所有权转移条款，公司对存货进行后续管理和核算。该客户没有保留原材料的继续管理权。产品销售时，公司与客户签订销售合同，销售价格包括主要材料、辅料、加工费、利润在内的全额销售价格。对于此类交易，通常应当按照实质重于形式原则，以控制权转移认定是否为购销业务处理，从而确定是以总额法确认加工后成品的销售收入，还是仅将加工费确认为销售收入。

302. 申请首发企业应于何时开始执行新收入准则？应如何做好执行新收入准则的衔接？

申请首发企业应当自2020年1月1日起执行新收入准则。申请首发企业已在境外上市且其财务报表按照新收入准则或新收入准则相对应的国际财务报告准则或香港财务报告准则编制的，或者母公司在境外上市且其境外财务报表按照新收入准则或新收入准则相对应的国际财务报告准则或香港财务报告准则编制的，或者子公司在境外上市且其境外财务报表按照新收入准则或新收入准则相对应的国际财务报告准则或香港财务报告准则编制的，可以将首次执行日提前至2018年1月1日。其他的申请首发企业原则上不允许提前执行新收入准则。

申请首发企业应当按照新收入准则第七章有关规定，做好执行新收入准则的衔接，对首次执行日前可比期间信息不予调整。

对于申报财务报表审计截止日在2019年12月31日及之后，且首次执行日晚于可比期间最早期初的申请首发企业，应当在招股说明书“财务会计信息”（创业板为“财务会计信息与管理层分析”，以下统称“财务会计信息”）部分，披露新收入准则实施前后收入确认会计政策的主要差异以及实施新收入准则在业务模式、合同条款、收入确认等方面产生的影响。如果有重大影响，应当作“重大事项提示”。

同时，企业应披露实施新收入准则对首次执行日前各年合并财务报表主要财务指标的影响，即假定自申报财务报表期初开始全面执行新收入准则，对首次执行日前各年（末）营业收入、归属于公司普通股股东的净利润、资产总额、归属于公司普通股股东的净资产的影响程度。

如报告期任意一年上述一项指标的影响程度超过10%，企业应当假定自申报财务报表期初开始全面执行新收入准则并编制备考合并财务报表（合并资产负债表及合并利润表），同时，在招股说明书“财务会计信息”部分披露。此外，还应分析披露备考财务报表与申报财务报表之间的主要差异及形成原因，如有重大影响，应当作“重大事项提示”。

备考财务报表可以作为申报财务报表的附注，也可以单独作为申请文件并由会计师出具审阅意见。

303. 判断应收款项计提坏账准备是否充分，应关注哪些要点？

应关注要点包括：企业若干历史期间实际坏账损失率，比如目前的经营状况是否发生变化，发行人历史坏账率与历史坏账政策对比，分析是否需要对历史坏账率与历史坏账政策进行调整；同行或类似行业可比上市公司信用风险组合的划分及坏账准备的计提比例；应收款项期后回款情况，比如发行人应收账款与销售信用政策和回款周期配比情况、下游客户的资信状况，分析坏账准备的计提是否充分。

304. 研发费用中介机构核查要求有哪些？

保荐机构及申报会计师应关注以下事项，并对发行人研发支出资本化相关会计处理的合规性、谨慎性和一贯性发表核查意见：

（1）研发支出的成本费用归集范围是否恰当，研发支出的发生是否真实，是否与相关研发活动切实相关。

（2）研究阶段和开发阶段的划分是否合理，是否与研发活动的流程相联系，是否遵循了正常研发活动的周期及行业惯例，并一贯运用，研究阶段与开发阶段划分的依据是否完整、准确披露。

（3）研发支出资本化的条件是否均已满足，是否具有内外部证据支持。重点从技术上的可行性、预期产生经济利益的方式，技术、财务资源和其他资源的支持等方面进行关注。

（4）研发支出资本化的会计处理与可比公司是否存在重大差异。

305. 什么是股份支付？哪些情形适用股份支付？

股份支付，是指企业为获取职工和其他方提供服务而授予权益工具或者承担以权益工具为基础确定的负债的交易。

对于报告期内发行人向职工（含持股平台）、客户、供应商等新增股份，以及主要股东及其关联方向职工（含持股平台）、客户、供应商等转让股份，均应考虑是否适用《企业会计准则第 11 号——股份支付》。

通常情况下，解决股份代持等规范措施导致的股份变动，家族内部财产分割、继承、赠与等非交易行为导致的股权变动，资产重组、业务并购、持股方式转换、向老股东同比例配售新股等导致的股权变动等，在有充分证据支持相关股份获取与发行人获得其服务无关的情况下，一般无须作为股份支付处理。

对于为发行人提供服务的实际控制人/老股东以低于股份公允价值的价格增资入股事宜，如果根据增资协议，并非所有股东均有权按各自原持股比例获得新增股份，对于实际控制人/老股东超过其原持股比例而获得的新增股份，应属于股份支付；如果增资协议约定，所有股东均有权按各自原持股比例获得新增股份，但股东之间转让新增股份受让权且构成集团内股份支付，导致实际控制人/老股东超过其原持股比例获得的新增股份，也属于股份支付。

对于实际控制人/老股东原持股比例，应按照相关股东直接持有与穿透控股平台后间接持有的股份比例合并计算。

306. 股份支付如何进行会计处理？

股份支付的会计处理是指将企业因换取服务而给予的对价作为成本费用。对高管股权激励的对价一般是指高管获取股份支付的价款与股份的公允价值间的差额。

存在股份支付事项的，发行人及申报会计师应按照企业会计准则规定的原则确定权益工具的公允价值。在确定公允价值时，应综合考虑如下因素：①入股时间阶段、业绩基础与变动预期、市场环境变化；②行业特点、同行业并购重组市盈率水平；③股份支付实施或发生当年市盈率、市净率等指标因素的影响；④熟悉情况并按公平原则自愿交易的各方最近达成的入股价格或相似股权价格确定公允价值，如近期合理的 PE 入股价，但要避免采用难以证明公允性的外部投资者入股价；⑤采用恰当的估值技术确定公允价值，但要避免采取有争议的、结果显失公平的估值技术或公允价值确定方法，如明显增长预期下按照成本法评估的每股净资产价值或账面净资产。

发行人及申报会计师应在综合分析上述因素的基础上，合理确定股份支付相关权益工具的公允价值，充分论证相关权益工具公允价值的合理性。

确认股份支付费用时，对增资或受让的股份立即授予或转让完成且没有明确约定服务期等限制条件的，原则上应当一次性计入发生当期，并作为偶发事项计入非经常性损益。对设定服务期的股份支付，股份支付费用应采用恰当的方法在服务期内进行分摊，并计入经常性损益，发行人及中介机构应结合股权激励方案及相关决议、入股协议、服务合同等有关服务期的条款约定，充分论证服务期认定的依据及合理性。

对于报告期前的股份支付事项，如对期初未分配利润造成重大影响，也应考虑是否适用《企业会计准则第 11 号——股份支付》。有充分证据支持属于同一次股权激励方案、决策程序、相关协议而实施的股份支付事项的，原则上一并考虑适用。

307. 股份支付披露与核查需要关注哪些要点？

发行人应在招股说明书及报表附注中披露股份支付的形成原因、具体对象、权益工具的数量及确定依据、权益工具的公允价值及确认方法。

保荐机构及申报会计师应对首发企业报告期内发生的股份变动是否适用《企业会计准则第 11 号——股份支付》进行核查，并对以下问题发表明确意见：股份支付相关权益工具公允价值的计量方法及结果是否合理，与同期可比公司估值是否存在重大差异及原因；对于存在与股权所有权或收益权等相关的限制性条件的，相关条件是否真实、可行，服务期的判断是否准确，服务期各年/期确认的员工服务成本或费用是否准确；发行人报告期内股份支付相关会计处理是否符合《企业会计准则》相关规定。

308. 申请境内发行上市的红筹企业如存在协议控制或类似特殊安排，在与合并报表编制相关的信息披露和核查方面有哪些要求？

《企业会计准则第 33 号——合并财务报表》第七条规定，“合并财务报表的合并范围应当以控制为基础确定”，第八条规定，“投资方应在综合考虑所有相关事实和情况的基础上对是否控制被投资方进行判断”。

部分按相关规定申请境内发行上市的红筹企业，如存在协议控制架构或类似特殊安排，将不具有持股关系的主体（以下简称“被合并主体”）纳入合并财务报表合并范围。在此情况下，发行人应：

（1）充分披露协议控制架构的具体安排，包括协议控制架构涉及的各方法律主体的基本情况、主要合同的核心条款等。

（2）分析披露被合并主体的设立目的、被合并主体的相关活动以及如何对相关活动做出决策，发行人享有的权利是否使其目前有能力主导被合并主体的相关活动，发行人是否通过参与被合并主体相关活动而享有可变回报，发行人是否有能力运用对被合并主体的权利影响其回报金额、投资方与其他各方的关系。

（3）结合上述情况和会计准则规定，分析披露发行人合并依据是否充分，详细披露合并报表编制方法。

（4）保荐机构及申报会计师应对上述情况进行核查，就合并报表编制是否合规发表明确意见。

309. 政府补助的会计处理和披露应注意哪些问题？

政府补助，是指企业从政府无偿取得货币性资产或非货币性资产，确认条件为企业能够满足政府补助所附条件且企业能够收到政府补助。

政府补助为货币性资产的，应当按照收到或应收的金额计量。政府补助为非货币性资产的，应当按照公允价值计量；公允价值不能可靠取得的，按照名义金额计量。

与资产相关的政府补助，应当冲减相关资产的账面价值或确认为递延收益。与收益相关的政府补助，用于补偿企业以后期间的相关成本费用或损失的，确认为递延收益，并在确认相关成本费用或损失的期间计入当期损益或冲减相关成本；用于补偿企业已发生的相关成本费用或损失的，直接计入当期损益或冲减相关成本。

企业取得政策性优惠贷款贴息，财政将贴息资金拨付给贷款银行，由贷款银行以政策性优惠利率向企业提供贷款的，企业可以选择下列方法之一进行会计处理：一是以实际收到的借款金额作为借款的入账价值，按照借款本金和该政策性优惠利率计算相关借款费用。二是以借款的公允价值作为借款的入账价值，并按照实际利率法计算借款费用，实际收到的金额与借款公允价值之间的差额确认为递延收益，递延收益在借款存续期内采用实际利率法摊销，冲减相关借款费用。企业选择了上述两种方法之一后，应当一致地运用，不得随意变更。

企业取得政策性优惠贷款贴息，财政将贴息资金直接拨付给企业，企业应当将对应的贴息冲减相关借款费用。

关于政府补助的披露，企业应当在利润表中的“营业利润”项目之上单独列报“其他收益”项目，计入其他收益的政府补助在该项目中反映。企业应当在附注中单独披露与政府补助有关的下列信息：政府补助的种类、金额和列报项目；计入当期损益的政府补助金额；本期退回的政府补助金额及原因。

310. 会计政策、会计估计变更以及会计差错更正是否影响企业首发上市申请？

发行人在申报前的上市辅导和规范阶段，如发现存在不规范或不谨慎的会计处理事项并进行审计调整的，应当符合《企业会计准则第 28 号——会计政策、会计估计变更和会计差错更正》和相关审计准则的规定，并保证发行人提交首发申请时的申报财务报表能够公允地反映发行人的财务状况、经营成果和现金流量。申报会计师应按要求对发行人编制的申报财务报表与原始财务报表的差异比较表出具审核报告并说明差异调整原因，保荐机构应核查差异调整的合理性与合规性。

报告期内发行人会计政策和会计估计应保持一致性，不得随意变更，若有变更，应符合企业会计准则的规定。变更时，保荐机构及会计师应关注是否有充分、合理的证据表明变更的合理性，并说明变更会计政策或会计估计后，能够提供更可靠、更相关的会计信息的理由；对会计政策、会计估计的变更，应履行必要的审批程序。

如无充分、合理的证据表明会计政策或会计估计变更的合理性，或者未经批准擅自变更会计政策或会计估计的，或者连续、反复地自行变更会计政策或会计估计的，视为滥用会计政策或会计估计。

首发材料申报后，发行人如存在会计政策、会计估计变更事项，应当依据《企业会计准则第28号——会计政策、会计估计变更和会计差错更正》的规定，对首次提交的财务报告进行审计调整或补充披露，相关变更事项应符合专业审慎原则，与同行业上市公司不存在重大差异，不存在影响发行人会计基础工作规范性及内控有效性情形。保荐机构和申报会计师应当充分说明专业判断的依据，对相关调整变更事项的合规性发表明确意见。在此基础上，发行人应提交更新后的财务报告。

首发材料申报后，发行人如出现会计差错更正事项，应充分考虑差错更正的原因、性质、重要性与累积影响程度。对此，保荐机构、申报会计师应重点核查以下方面并发表明确意见：会计差错更正的时间和范围，是否反映发行人存在故意遗漏或虚构交易、事项或者其他重要信息，滥用会计政策或者会计估计，操纵、伪造或篡改编制财务报表所依据的会计记录等情形；差错更正对发行人的影响程度，是否符合《企业会计准则第28号——会计政策、会计估计变更和会计差错更正》的规定，发行人是否存在会计基础工作薄弱和内控缺失，相关更正信息是否已恰当披露等问题。

首发材料申报后，如因会计基础薄弱、内控重大缺陷、盈余操纵、未及时进行审计调整的重大会计核算疏漏、滥用会计政策或者会计估计以及恶意隐瞒或舞弊行为，导致重大会计差错更正的，应视为发行人在会计基础工作规范及相关内控方面不符合发行条件。

第四章

财务真实性问题

311. 财务操纵的会计方法和非会计方法主要包括哪些手段？

财务操纵的会计方法主要是指为了达成调节利润的目标，滥用会计政策和会计估计变更，从而操纵收入的确认或成本费用处理；非会计方法主要是指通过虚构经济业务或交易的方式，达到虚增收入、调节利润的目的。

（1）常见的财务操纵的会计方法手段包括：①采用的会计政策不符合企业会计准则的规定，或者会计政策披露和实际执行不一致。比如，提前确认收入，将不符合条件的研发费用资本化，将不符合条件的借款费用资本化，将本应计入当期成本、费用的支出混入存货、在建工程等资产项目的归集和分配过程，以达到少计当期成本费用的目的，推迟在建工程转固时间或外购固定资产达到预定使用状态时间，延迟固定资产开始计提折旧时间。②违背会计谨慎性原则，选用较为激进的会计估计，以达到高估资产或者收益、低估负债或者费用的目的。比如，通过低估预期信用损失，高估固定资产可使用年限，少计提坏账准备和折旧，其会计估计和同行可比公司相比通常有较明显的差异。③利用会计政策和会计估计变更粉饰利润。

（2）常见的财务操纵的非会计方法手段包括。①以自我交易的方式实现收入、利润的虚假增长，即首先通过虚构交易（例如支付往来款项、购买原材料等）将大额资金转出，再将上述资金设法转入发行人客户，最终以销售交易的方式将资金转回。②发行人或关联方与其客户或供应商以私下利益交换等方法进行恶意串通以实现收入、盈利的虚假增长。如直销模式下，与客户串通，通过期末集中发货提前确认收入，或放宽信用政策，以更长的信用周期换取收入增加。经销或加盟商模式下，加大经销商或加盟商铺货数量，提前确认收入等。③关联方或其他利益相关方代发行人支付成本、费用或者采用无偿或不公允的交易价格向发行人提供经济资源。④保荐机构及其关联方、PE 投资机构及其关联方、PE 投资机构的股东或实际控制人控制或投资的其他企业在申报期内最后一年与发行人发生大额交易，从而导致发行人在申报期内最后一年收入、利润出现较大幅度增长。⑤利用体外资金支付货款，少计原材料采购数量及金额，虚减当期成本，虚构利润。⑥采用技术手段或其他方法指使关联方或其他法人、自然人冒充互联网或移动互联网客户与发行人（即互联网或移动互联网服务企业）进行交易以实现收入、盈利的虚假增长等。⑦压低员工薪金，阶段性降低人工成本粉饰业绩。⑧推迟正常经营管理所需费用开支，通过延迟成本费用发生期间增加利润，粉饰报表。

312. 应如何把握财务信息与非财务信息的相互印证及衔接？

发行人应在招股说明书相关章节中对其经营情况、财务情况、行业趋势情况和市场竞争情况等进行充分披露，并做到财务信息披露和非财务信息披露相互衔接。

会计师事务所在出具审计报告，保荐机构在出具发行保荐工作报告时，应认真分析公司经营的总体情况，将财务信息与非财务信息进行相互印证，判断发行人财务信息披露是否真实、准确、完整地反映其经营情况。核查时应关注以下要点：结合发行人的经营特点对财务报表各项目进行客观分析；发行人的经营模式、产销量和营业收入、营业成本、应收账款、期间费用等是否能够相互匹配；发行人的产能、主要原材料及能源耗用是否与产量相匹配；发行人资产的形成过程是否与发行人历史沿革和经营情况相互印证。

313. 如何把握首发企业申报期内的盈利增长情况和异常交易？

如发行人营业收入和净利润在申报期内出现较大幅度波动或申

报期内营业毛利或净利润的增长幅度明显高于营业收入的增长幅度，会计师事务所、保荐机构应对上述事项发表核查意见，并督促发行人在招股说明书中进行补充披露。

如发行人申报期内存在异常、偶发或交易标的不具备实物形态（例如技术转让合同、技术服务合同、特许权使用合同等），交易价格明显偏离正常市场价格，交易标的对交易对手而言不具有合理用途的交易，会计师事务所、保荐机构应对上述交易进行核查，关注上述交易的真实性、公允性、可持续性及上述交易相关损益是否应界定为非经常性损益等，并督促发行人对上述交易情况在招股说明书中进行详细披露。

（1）针对申报期内存在盈利异常增长情况，核查中应关注以下要点：①对包括但不限于毛利率、期间费用率、应收账款周转率、存货周转率、预收账款变动率、产能利用率、产销率等影响发行人盈利增长的重要财务指标和非财务指标，是否进行多维度的分析。②对于公司申报期内毛利率高于同行业水平，而应收账款周转率、存货周转率低于同行业水平，以及经营性现金流量与净利润脱节的情况是否追查其合理性，识别发行人是否存在利润操纵。③为了识别发行人是否通过挤占申报期前后的经营成果以美化申报期的财务报表，关注申报期前1至2年的财务报表和申报期财务报表日至财务报表报出日之间发行人的财务信息。④关注发行人在申报期内的盈利异常增长现象并发表核查意见，如申报期内发行人出现较大幅度波动的财务报表项目，或营业毛利、净利润的增长幅度明显高于营业收入的增长幅度等情况，并督促发行人在招股说明书中进行补充披露。

（2）针对申报期内存在异常交易情况，核查中应关注以下要点：①异常交易往往具有如下特点：一是偶发性；二是交易标的不具备实物形态或对交易对手而言不具有合理用途；三是交易价格明显偏离正常市场价格。虽然这些异常交易支持其发生的各种形式和证据齐全、审计证据的收回率较高，但对此仍应保持高度的职业怀疑态度。②在核查异常交易的过程中，不应仅满足于取得形式上的审计证据，而应着重于实质性的专业判断。

314. 如何关注可能操纵利润的异常财务信息？

会计师事务所、保荐机构应关注发行人是否利用会计政策和会计估计变更影响利润，如降低坏账计提比例、改变存货计价方式、改变收入确认方式等。

会计师事务所、保荐机构应关注发行人是否存在人为改变正常经营活动，从而达到粉饰业绩的情况。如发行人放宽付款条件促进短期销售增长，延期付款增加现金流，推迟广告投入减少销售费用，短期内降低员工工资，引进临时客户等。

会计师事务所、保荐机构应了解发行人的生产经营情况，将发行人申报期财务数据进行多纬度的对比分析，并分析发行人选用会计政策和会计估计的适当性。同时，还应关注会计政策和会计估计在申报期内的一致性。

会计师事务所、保荐机构应保持足够的职业怀疑态度，关注发行人申报期各年度财务数据、申报期财务数据与申报期前历史数据的变动情况，是否与发行人基本情况保持一致；申报期财务数据与同行业公司财务数据相比是否存在异常，分析异常原因；申报财务报表与原始财务报表是否存在差异，分析差异原因，并评价是否与发行人会计基础薄弱或管理层舞弊有关。

315. 保荐机构和会计师事务所核查发行人收入应关注哪些要点？

（1）发行人在不同销售模式下收入确认方式。①如果发行人采用直销模式，应当检查销售协议中收入确认条件、退换货条件、款项支付条件等是否能够证明控制权已经发生转移。②如果发行人存在境外销售，应当多角度分析发行人主要境外客户的资质情况；关注发行人海关出口数据、出口退税金额、境外客户应收账款函证情况与发行人境外销售收入是否匹配；通过走访境外客户、向境外客户函证、访谈境外客户境内办事处等核查手段，核查发行人境外销售是否实现真实销售、最终销售。关注发行人外销产品销售价格、毛利率是否存在明显高于内销相同或同类产品的情形，如存在，是否具有合理性和商业逻辑。③如果发行人存在线上销售，应当核查发行人报告期内信息系统的内部控制是否健全有效，重要运营数据与财务数据是否匹配，运营数据的完整性和准确性等；应关注发行人报告期内用户真实性与变动合理性，关注是否存在异常用户行为，如单个客户异常大额购买或充值、异常重复购买或充值的情形，是否存在发行人及关联方“刷单”及“自充值”情形。④如果发行人采用履约进度销售收入，应当核查发行人确定履约进度的依据是否充分，是否具有外部证明材料，报告期各期末发行人主要工程项目的实际回款进度与合同约定的客户回款进度是否存在较大差异，若存在能否进行合理解释。⑤如果发行人存在其他特殊交易模式或创新交易模式，应当合理分析盈利模式和交易方式创新对经济实质和收入确认的影响。只有在充分、适当的审计证据能够证明控制权已经发生转移时，发行人才能确认销售收入。在此过程中，应注重从外部独立来源获取审计证据。

（2）与营业收入相关的报表项目之间的逻辑关系。①如果发行人应收账款余额较大，或者应收账款增长比例高于销售收入的增长比例，应当分析具体原因，并通过扩大函证比例、增加大客户访谈、增加截止测试和期后收款测试的比例等方式，加强应收账款的实质性测试程序。②如果发行人经营性现金流量与利润严重不匹配，应要求发行人分析经营性现金流量与净利润之间产生差异的原因，并逐项核对差异是否合理。③将增值税申报表、企业所得税汇算清缴报告相关项目与营业收入进行比对，若存在重大差异，需关注原因。

（3）关注可能影响收入真实性的异常情形。结合发行人重要的销售合同，客户分析发行人报告期各期第四季度或12月销售收入占当期营业收入比例是否较高，如存在比例较高的情形应进一步分析：是否存在重要销售合同收入确认周期明显短于发行人、可比公司通常收入确认周期的情形；是否存在对个别客户销售金额大幅增长的情形；是否存在不满足收入确认条件但提前确认了收入的情形；核查是否存在大额异常的销售退回，判断销售退回的真实性；核查第三方回款相关收入的真实性，第三方回款的原因、必要性及商业合理性，资金流、实物流与合同约定及商业实质是否一致等；核查现金交易相关收入的真实性，现金交易的必要性与合理性，是否与发行人业务情况或行业惯例相符。

316. 经销商模式下的收入确认，发行人及中介机构应关注哪些方面？

发行人采取经销商销售模式的，中介机构应重点关注其收入实现的真实性，详细核查经销商具体业务模式及采取经销商模式的必要性。经销商模式下收入确认是否符合企业会计准则的规定，经销商选取标准、日常管理、定价机制（包括营销、运输费用承担和补贴等）、物流（是否直接发货给终端客户）、退换货机制、销售存货信息系统等方面的内控是否健全并有效执行；经销商是否与发行人存在关联关系，对经销商的信用政策是否合理。

发行人应就经销商模式的相关情况进行充分披露，主要包括：经销商和发行人是否存在实质和潜在关联关系；发行人同行业可比上市公司采用经销商模式的情况；发行人通过经销商模式实现的销售比例和毛利是否显著大于同行业可比上市公司；经销商是否专门销售发行人产品；经销商的终端销售及期末存货情况；报告期内经销商是否存在较多新增与退出情况；经销商是否存在大量个人等非法人实体；经销商回款是否存在大量现金和第三方回款。

出现下述情况时，发行人应充分披露相关情况：发行人通过经销商模式实现的销售毛利率和其他销售模式实现的毛利率的差异较大；给予经销商的信用政策显著宽松于其他销售方式，对经销商的应收账款显著增大；海外经销商毛利率与国内经销商毛利率差异较大。

保荐机构、律师和申报会计师应对经销商业务进行充分核查，并说明发行人经销商销售模式、占比等情况与同行业上市公司是否存在显著差异及原因，对经销商业务的核查方式、核查标准、核查比例、核查证据等应足以支持核查结论。

保荐机构、律师及申报会计师应当合理利用电话访谈、合同调查、实地走访、发询证函等多种核查方法进行综合判断。核查发行人报告期内经销商模式下的收入确认原则、费用承担原则及给经销商的补贴或返利情况、经销商的主体资格及资信能力；核查关联关系，结合经销商模式检查与发行人的交易记录及银行流水记录、经销商存货进销存情况、经销商退换货情况。保荐机构、律师和申报会计师应对经销商模式下收入的真实性发表明确意见。

317. 保荐机构和会计师事务所核查发行人成本应关注哪些要点？

（1）关注与成本相关的非财务信息与财务信息的印证。中介机构应当了解发行人的生产能力，了解发行人的基本生产情况、备货量、备货周期等，是否与其产量相配比，是否能够满足生产的需要；根据生产周期，关注备货是否合理，如果备货明显超出日常经营需要，关注结转到成本时的情况，是否存在少结转、少做减值计提的情况。

中介机构应当了解发行人的设备使用率（生产开工效率），分析公司设备的使用率，是否存在非正常闲置情形；了解能源耗能情况，分析单位能耗与产量是否配比；了解产品构成及主要原料情况，分析材料投入产出配比情况等，以验证公司销售产品的数量、生产能力和生产量之间的相互关系，并与行业宏观情况进行比较分析，判断公司产能利用情况是否合理。

（2）存货盘点及计价。成本核查应该与存货核查相结合，在投入既定的情况下，成本是否准确、完整，主要取决于当期销售成本与存货之间的分配。因此，存货的真实性需要重点核查。应进行实地监盘，在存货监盘过程中，应重点关注异地存放、盘点过程存在特殊困难或由第三方保管或控制的存货。

中介机构应当重点关注存货跌价准备的计提情况，对存货跌价准备进行复核性测试和重算，检验是否存在存货跌价准备计提依据不谨慎、计提金额不充分的情况；审慎考量发行人的存货跌价准备计提政策是否符合行业惯例，是否符合发行人实际情况；检查存货库龄和账面价值是否与账本中一致。

（3）关注原材料采购的真实性、完整性。中介机构应当关注发行人供应商的真实性和供货来源；访谈发行人，了解对账流程，对比市场同类原辅料或服务价格及其他供应商报价，考虑采购内容、收货时点是否与发行人生产或服务周期匹配；关注供应商预付账款，是否符合行业惯例和发行人的市场地位，分析是否存在预付材料不及时结转成本的情况；关注供应商对账情况，是否存在未入账的应付款和原材料；关注是否存在供应商返利条款或协议，如有则需检查返利的入账和支付是否合规，关注发行人是否存在利用员工账户或其他个人账户进行货款收支或其他与公司业务相关的款项往来等情况；对主要或异常采购的供应商进行采购付款穿行测试，核查原材料采购、付款、入库、记账各环节是否匹配一致，并对公司原材料采购流程的内控质量进行判断。

（4）生产成本关注要点。发行人生产成本通常由材料成本、人工成本、制造费用构成。材料成本主要关注材料价格的合理性、原材料采购价格的公允性；人工成本主要关注员工薪酬，是否存在发行人压低员工薪金，阶段性降低人工成本粉饰业绩的情形，是否存在人员与产量不匹配的情形；能源耗用主要关注实际耗用是否与生产情况相配比，分析单位能耗与产能、产量、销量之间是否匹配；其他相关费用关注固定资产折旧分摊是否存在少计现象，从而达到成本少计的情形等。

（5）关注成本分摊的准确性。核查成本分摊计价是否准确，是否存在在产品分摊较多而产成品分摊较少的情形。

（6）关注毛利率、成本构成及单位成本变动的合理性。分析发行人主要产品毛利率发生较大波动的原因；结合主要产品的产量、原材料价格变化等情况，分析发行人成本结构变动的原因，以及主要产品单位成本发生较大变化的原因。

318. 首发企业主要客户和供应商（含外协加工商）核查，应关注哪些要点？

（1）主要客户和供应商的基本情况，包括股权结构、实际控制人、注册时间、注册资本、经营范围、合作历史等。如通过互联网搜索基本信息或第三方企业信息查询平台，了解客户和供应商的经营范围、规模、主要销售或采购内容及用途等，初步判断双方交易是否具备合理的商业理由。

（2）主要客户和供应商是否与发行人存在关联关系。中介机构应当关注发行人、发行人控股股东实际控制人、董事、监事、高级管理人员及其关系密切的家庭成员是否与相关客户和供应商存在关联关系；是否存在主要客户和供应商或其控股股东、实际控制人是发行人前员工、前关联方、前股东、发行人实际控制人的密切家庭成员等可能导致利益倾斜的情形；注意甄别客户和供应商的实际控制人及关键经办人员与发行人是否存在关联方关系。

（3）报告期内主要客户和供应商的变动情况。对报告期新增的主要客户和供应商应核查其基本情况，必要时通过实地走访等方式核实其交易的真实性；关注该新增客户和供应商的成立时间、订单和业务的获取方式、合作历史、与新增客户和供应商交易的原因，以及新增客户和供应商订单的连续性和持续性；对于与原有主要客户、供应商交易额大幅减少或合作关系取消的情况，应关注变化原因。

（4）访谈主要客户和供应商。对主要客户和供应商应现场走访办公场所、经营场所，访谈关键经办人员；现场核对交易是否发生、合同是否签订、合同主要条款（如验收条款和付款条件）是否一致，现场核对各期交易内容、金额、款项支付情况，关注交易价格波动情况；关注客户和供应商的经营范围、主营业务是否与其和发行人的交易相符；若客户为经销商，必要时应走访经销商客户，关注经销商实现最终销售情况。

（5）关注客户和供应商的特殊情形。比如，发行人存在客户与供应商、客户与竞争对手重合的情形，应当核查相关交易情况、交易原因、交易的合理性和必要性；发行人存在客户与供应商集中度较高的情形，应当关注与同行业可比公司的比较情况，是否符合行业特性、客户和供应商集中度较高的合理性、客户和供应商的稳定性以及业务的持续性，是否对发行人持续经营能力构成重大不利影响。

319. 毛利率分析应注意哪些问题？

（1）发行人在报告期毛利率的变动情况，是否符合行业规律。

（2）是否符合同行业上市公司变动趋势。

（3）是否符合国际或中国特定产业发展规律和目前实际情况。

（4）结合主要产品的单位销售价格、单位成本、产品供需、客户等因素变化情况，分析主要产品毛利率发生较大波动的原因。

（5）分析发行人主要产品与可比公司相同或类似产品的毛利率及毛利率变化趋势是否存在较大差异。

（6）关注月度毛利率波动是否异常，是否符合季节性特点；对没有季节性和周期性特点的发行人，特别要关注第四季度和毛利率持续波动的情况。

（7）毛利率波动异常的发行人，需要结合成本核算过程来倒算毛利率波动是否合理，料工费变动的合理性和真实性，结转主营业务成本的完整性和真实性。

（8）结合上下游主要客户、主要供应商的生产销售以及毛利率变化，对发行人报告期内的毛利率变化的合理性进行分析。

毛利率分析是发行审核中结合持续经营能力以及防范财务造假的重点内容，通常毛利率分析需要结合其他财务指标的变动，以及企业经营管理的实际情况一同分析，不能单独割裂地考虑毛利率指标的稳定性及合理性。例如，通过分析供应商和客户是否属于关联方和供应商的变动情况、采购量和采购单价的趋势分析、原材料周转率、产成品周转率、固定资产周转率、产成品单价趋势、成本结构变化以及毛利率，可以比较综合地分析并确定发行人的可持续经营能力。

320. 管理费用核查应关注哪些要点？

对管理费用的核查主要着眼于各项费用核算的完整性，防止发行人通过由第三方代垫、推迟发生、少计当期实际发生额等形式减少当期费用调节利润。对管理费用完整性的核查，一般从分析性复核手段入手，通过对发行人期间费用的各月发生额比较分析、各项费用标准不同期间及同一期间与可比公司比较分析等形式，判断是否存在重大风险。对于存在重大错报风险的费用项目，进而采取实质性核查程序，如截止性测试、核查职能部门工作记录、核对相关合同、相关交易方访谈等形式进行。

管理费用核查应关注以下要点：

（1）与以前年度进行比较，分析发行人期间费用的变化是否与行业平均变动趋势相符，是否与以前年度存在较大幅度的波动。

（2）将发行人当期各期间费用的各主要明细项目与以前年度进行比较，并分析各明细项目在报告期各月间的波动情况，关注有重大波动和异常情况的明细项目。

（3）对于异常波动的费用项目，应了解费用的开支是否符合有关规定，计算是否正确，原始凭证是否合法，会计处理是否正确等。

（4）关注有无涉及诉讼及赔偿款项支出，并关注是否存在或有损失。

321. 销售费用核查应关注哪些要点？

（1）关注是否通过由经销商或其他关系方代垫费用、少计实际发生费用、将部分费用以其他应收款挂账等形式减少费用。

（2）关注是否通过阶段性与客户减少返利及佣金水平、少计当期返利及佣金费用、由第三方代垫返利及佣金、将部分费用以其他应收款等挂账形式减少当期返利及佣金费用。

（3）关注发行人运费承担方式、销售数量、运输距离等变化情况，核查报告期各期运输费变化的原因，各期运输费用是否与销售收入配比。

（4）关注销售佣金的主要支付对象、该支付对象在销售过程中承担的职能，佣金的计提和支付方式，销售佣金是否与业务匹配，是否与行业趋势一致，是否存在商业贿赂。

（5）结合公司主要客户数量、客户集中度、维护方式等核查销售费用是否完整，是否存在控股股东、实际控制人及其关联方替发行人代垫费用的情形。

322. 研发费用核查应关注哪些要点？

（1）关注研发投入的认定是否准确，研发投入的归集和会计核算是否准确。

（2）关注研发人员的划分是否准确。

（3）关注是否建立研发项目的跟踪管理系统，有效监控、记录各研发项目的进展情况，并合理评估技术上的可行性。

（4）关注是否建立与研发项目相对应的人财物管理机制。

（5）关注是否已明确研发支出开支范围和标准，并得到有效执行。

（6）关注是否严格按照研发开支用途、性质据实列支研发支出，是否存在将与研发无关的费用在研发支出中核算的情形。

（7）关注是否建立研发支出审批程序。

对于发行人存在研发支出资本化情况的，应关注以下事项：①研究阶段和开发阶段的划分是否合理，是否与研发活动的流程相联系，是否遵循了正常研发活动的周期及行业惯例，并一贯运用，研究阶段与开发阶段划分的依据是否已完整、准确地披露；②研发支出资本化的条件是否均已满足，是否具有内外部证据支持。重点从技术上的可行性、预期产生经济利益的方式、技术、财务资源和其他资源的支持等方面进行关注。③研发支出的成本费用归集范围是否恰当，研发支出的发生是否真实，是否与相关研发活动切实相关，是否存在为申请高新技术企业认定及企业所得税费用加计扣除目的而虚增研发支出的情形。④研发支出资本化的会计处理与可比公司是否存在重大差别。

323. 职工薪酬核查应关注哪些要点？

（1）关注薪资管理制度及执行记录，分析申报期各年工资标准是否变动异常，分析工资及资金实际发放情况与薪酬政策的异常差异。

（2）关注发行人员工名单、社保缴纳清单，核对范围是否一致，核查是否存在发行人员工在关联方领薪的情况，核对报告期内高管及中层的人数、占总人数的比例、人员名单是否发生重大变化。

（3）分析直接生产人员、间接生产人员、销售人员、管理人员各月员工工资总额、员工人数是否与业务规模、营业收入趋势同步。如出现趋势不一致的，分析是否存在外协工序、增加劳务派遣用工或少计人工等迹象，并执行人工投入产出分析及其他实质性核查程序。

（4）结合同期同行业及同地区的可比公司薪资水平，判断是否存在短期降低员工工资以虚增利润的迹象。

（5）关注是否存在通过压低员工薪金阶段性降低人工成本、由第三方账外垫付工资、少计当期人工成本、派遣劳务并由他方承担成本等方式减少人工成本的迹象；重点关注阶段性降低高管薪资或推迟奖金发放以虚增利润的迹象。

324. 对于首发企业劳务外包的情形，中介机构需重点关注哪些方面？

部分首发企业存在将较多的劳务活动交由专门劳务外包公司实施的情况，对此，中介机构应当充分关注以下方面：

（1）劳务公司的经营合法合规性等情况，比如是否为独立经营的实体，是否具备必要的专业资质，业务实施及人员管理是否符合相关法律法规的规定，发行人与其发生业务交易的背景及是否存在重大风险。

（2）劳务公司是否专门或主要为发行人服务，如存在主要为发行人服务的情形的，应关注其合理性及必要性、关联关系的认定及披露是否真实、准确、完整。中介机构对于该类情形应当从实质重于形式角度，按关联方的相关要求进行核查，并特别考虑其按规范运行的经营成果对发行人财务数据的影响，以及对发行人是否符合发行条件的影响。

（3）劳务公司的构成及变动情况，劳务外包合同的主要内容，劳务数量及费用变动是否与发行人经营业绩相匹配，劳务费用定价是否公允，是否存在跨期核算情形。

中介机构应当就上述方面进行充分论证，并发表明确意见。

325. 对于首发企业货币资金真实性的核查，应关注哪些要点？

（1）在核查货币资金真实性时，应重视银行函证过程的规范性，包括：①对函证过程保持必要的控制，包括确定需要确认或填列的信息、选择适当的被询证者、设计询证函以及发函并跟进等；②注意函证银行账户的完整性，不应遗漏个别银行账户，包括零余额账户、申报期内注销的账户、第三方支付（支付宝、微信）账户等。

（2）在核查货币资金真实性时，不应仅局限于银行函证、现金盘点和检查银行存款余额调节表等常规检查，还应该结合发行人申报期内的销售、采购交易等情况，关注以下要点：①申报期内开户银行的数量及分布与发行人实际经营的需要是否一致；②银行账户的实际用途是否合理，尤其关注申报期内大额资金往来和新开账户；③申报期内注销账户原因，防止因发行人注销账户而降低对该账户的关注；④结合对利息收入和银行手续费的审计，分析发行人货币资金余额和交易的合理性。

（3）在核查时应转变余额核查观念，重视核对发行人申报期内银行交易：①设定重要性水平，分账户详细核对申报期内重要大额交易；②要求发行人提供加盖银行印章的对账单，必要时可以重新向银行取得对账单，以获取真实的银行对账单作为外部证据；③核对收付发生额时要高度谨慎，如高度重视长期未达账项，查看是否存在挪用资金等事项；④关注收付业务内容与公司日常收支的相关性，以识别发行人转移资金或者出借银行账户的情况；⑤结合应收应付账款科目审计，防止发行人粉饰现金流量；⑥核对会计核算系统发生额与网上银行流水。

326. 对于主要通过互联网开展业务的申请首发企业，保荐机构和申报会计师在信息系统核查方面，应做好哪些工作？

部分申请首发企业，如电商、互联网信息服务、互联网营销企业等，其业务主要通过互联网开展。如果此类企业报告期任意一期通过互联网取得的营业收入占比或毛利占比超过30%，原则上，保荐机构和申报会计师应对该类企业通过互联网开展业务的信息系统的可靠性分别进行专项核查并发表明确核查意见。

（1）发行人应向保荐机构和申报会计师完整提供报告期应用的信息系统情况，包括系统名称、开发人、基本架构、主要功能、应用方式、各层级数据浏览或修改权限等；应向保荐机构和申报会计师核查信息系统数据开放足够权限，为其核查信息系统提供充分条件。

（2）对于直接向用户收取费用的此类企业，如互联网线上销售、互联网信息服务、互联网游戏等，保荐机构和申报会计师的核查应包括但不限于以下方面：①经营数据的完整性和准确性，是否存在被篡改的风险，与财务数据是否一致；②用户真实性与变动合理性，包括新增用户的地域分布与数量、留存用户的数量、活跃用户数量、月活用户数量、单次访问时长与访问时间段等，系统数据与第三方统计平台数据是否一致；③用户行为核查，包括但不限于登录IP或MAC地址信息、充值与消费的情况、重点产品消费或销售情况、僵尸用户情况等，用户充值、消耗或消费的时间分布是否合理，重点用户充值或消费是否合理；④系统收款或交易金额与第三方支付渠道交易金额是否一致，是否存在自充值或刷单情况；⑤平均用户收入、平均付费用户收入等数值的变动趋势是否合理；⑥业务系统记录与计算虚拟钱包（如有）的充值、消费数据是否准确；⑦互联网数据中心（IDC）或带宽费用的核查情况，与访问量是否匹配；⑧获客成本、获客渠道是否合理，变动是否存在异常。

（3）对用户消费占整体收入比较低，主要通过展示或用户点击转化收入的此类企业，如用户点击广告后向广告主或广告代理商收取费用的企业，保荐机构和会计师的核查应包括但不限于以下方面：①经营数据的完整性和准确性，是否存在被篡改的风险，与财务数据是否一致；②不同平台用户占比是否符合商业逻辑与产品定位；③推广投入效果情况，获客成本是否合理；④用户行为真实性核查，应用软件的下载或激活的用户数量、新增和活跃的用户是否真实，是否存在购买虚假用户流量或虚构流量情况；⑤广告投放的真实性，是否存在与广告商串通进行虚假交易；⑥用户的广告浏览行为是否存在明显异常。

（4）如因核查范围受限、历史数据丢失、信息系统缺陷、涉及商业秘密等原因，导致无法获取全部或部分运营数据，无法进行充分核查的，保荐机构、会计师应考虑该情况是否存在异常，并就信息系统可靠性审慎发表核查意见。同时，对该事项是否构成本次发行上市的实质性障碍发表核查意见。

（5）发行人日常经营活动高度依赖信息系统的，保荐机构和申报会计师应参照上述内容对信息系统可靠性进行专项核查并发表明确核查意见。

(6) 发行人主要经营活动并非直接通过互联网开展，但其客户主要通过互联网销售发行人产品或服务，如发行人该类业务营业收入占比或毛利占比超过30%，保荐机构和申报会计师应核查该类客户向发行人传输交易信息、相关数据的方式和内容，并以可靠方式从发行人处获取以上数据，核查以上数据与发行人销售、物流等数据是否存在差异，互联网终端客户情况（如消费者数量、集中度、地域分布、消费频率、单次消费金额分布等）是否存在异常。对无法取得客户相关交易数据的，保荐机构和申报会计师应充分核查原因并谨慎评估该情况对发表核查意见的影响。

327. 保荐机构和申报会计师在充分评估和合理保证发行人财务报表不存在重大错报风险时，对发行人相关银行账户资金流水进行核查，应关注哪些方面？

(1) 保荐机构和申报会计师应当充分评估发行人所处经营环境、行业类型、业务流程、规范运作水平、主要财务数据水平及变动趋势、所处经营环境等因素，确定发行人相关资金流水核查的具体程序和异常标准，以合理保证发行人财务报表不存在重大错报风险。发行人及其控股股东、实际控制人、董事、监事、高管等相关人员应按照诚实信用原则，向中介机构提供完整的银行账户信息，配合中介机构核查资金流水。中介机构应勤勉尽责，采用可靠手段获取核查资料，在确定核查范围、实施核查程序方面保持应有的职业谨慎。在符合银行账户查询相关法律法规的前提下，资金流水核查范围除发行人银行账户资金流水以外，结合发行人实际情况，还可能包括控股股东、实际控制人、发行人主要关联方、董事、监事、高管、关键岗位人员等开立或控制的银行账户资金流水，以及与上述银行账户发生异常往来的发行人关联方及员工开立或控制的银行账户资金流水。

(2) 保荐机构和申报会计师在资金流水核查中，应结合重要性原则和支持核查结论需要，重点核查报告期内发生的以下事项：①发行人资金管理相关内部控制制度是否存在较大缺陷。②是否存在银行账户不受发行人控制或未在发行人财务核算中全面反映的情况，是否存在发行人银行开户数量等与业务需要不符的情况。③发行人大额资金往来是否存在重大异常，是否与公司经营活动、资产购置、对外投资等不相匹配。④发行人与控股股东、实际控制人、董事、监事、高管、关键岗位人员等是否存在异常大额资金往来。⑤发行人是否存在大额或频繁取现的情形，是否无合理解释；发行人同一账户或不同账户之间，是否存在金额、日期相近的异常大额资金进出的情形，是否无合理解释。⑥发行人是否存在大额购买无实物形态资产或服务（如商标、专利技术、咨询服务等）的情形，如存在，相关交易的商业合理性是否存在疑问。⑦发行人实际控制人个人账户大额资金往来较多且无合理解释，或者频繁出现大额存现、取现情形。⑧控股股东、实际控制人、董事、监事、高管、关键岗位人员是否从发行人处获得大额现金分红款、薪酬或资产转让款、转让发行人股权获得大额股权转让款，主要资金流向或用途存在重大异常。⑨控股股东、实际控制人、董事、监事、高管、关键岗位人员与发行人关联方、客户、供应商是否存在异常大额资金往来。⑩是否存在关联方代发行人收取客户款项或支付供应商款项的情形。

（3）发行人在报告期内存在以下情形的，保荐机构和申报会计师应考虑是否需要扩大资金流水核查范围：①发行人备用金、对外付款等资金管理存在重大不规范情形。②发行人毛利率、期间费用率、销售净利率等指标各期存在较大异常变化，或者与同行业公司存在重大不一致。③发行人经销模式占比较高或大幅高于同行业公司，且经销毛利率存在较大异常。④发行人将部分生产环节委托其他方进行加工的，且委托加工费用大幅变动，或者单位成本、毛利率大幅异于同行业。⑤发行人采购总额中进口占比较高或者销售总额中出口占比较高，且对应的采购单价、销售单价、境外供应商或客户资质存在较大异常。⑥发行人重大购销交易、对外投资或大额收付款，在商业合理性方面存在疑问。⑦董事、监事、高管、关键岗位人员薪酬水平发生重大变化。⑧其他异常情况。

（4）保荐机构和申报会计师应将上述资金流水的核查范围和异

常标准及确定依据、核查程序、核查证据编制形成工作底稿，在核查中受到的限制及所采取的替代措施应一并书面记录。保荐机构和申报会计师还应结合上述资金流水核查情况就发行人内部控制是否健全有效，是否存在体外资金循环形成销售回款、承担成本费用的情形，发表明确核查意见。

第五章

财务规范性问题

328. 企业经营活动不规范导致的财务规范问题主要表现在哪些方面？

(1) 出资不规范。

(2) 采购、生产、销售等主要经营业务不规范。

(3) 投融资活动不规范。

(4) 资金管理不规范。

(5) 会计主体核算混乱。

(6) 产权问题。

(7) 纳税不规范。

(8) 存在大量的关联交易或交易价格不公允。

(9) 违规占用资金。

329. 不按会计准则及相关解释要求进行会计处理导致的财务不规范问题主要表现在哪些方面？

(1) 会计政策、会计估计方法不谨慎或随意变更。

(2) 收入确认不规范，支持收入确认的基础证据不完整。

(3) 成本核算不明细、不准确。

(4) 股份支付授予日的公允价值计算错误。

(5) 研发费用归集不合规或不真实。

(6) 费用资本化滥用。

(7) 投资收益确认不规范。

（8）资产减值准备计提不规范、不充分。

（9）会计基础工作不规范。

330. 为解决财务规范问题，拟上市企业应从哪些方面入手？

（1）管理层要下定决心。财务规范工作可能涉及企业税负并造成管理成本增加，如果没有企业管理层的强力支持，财务规范工作将难以推进。企业在上市过程中通过财务规范工作，既优化了企业内部管理，又化解了企业不规范运作造成的整体风险，还可以提高企业在资本市场上的吸引力。

（2）须从规范经营入手。财务信息是企业经营管理活动的写真照，如果将财务信息视作“产品”，财务核算部门就是一个“来料加工”部门，其“原材料”（基础数据）均来自采购、仓库、生产、销售等经营部门，基础数据的完整性和规范性取决于各部门经营活动的规范性，财务规范需要从经营规范入手。

（3）完善公司治理结构和建立健全内部控制制度，配备高素质财务人员。

331. 首发企业如何把握会计基础工作规范？

《注册管理办法》第十一条规定，发行人会计基础工作规范、财务报表的编制和披露应符合企业会计准则和相关信息披露规则的规定，在所有重大方面公允地反映发行人的财务状况、经营成果和现金流量。针对会计基础工作规范，可以关注以下要点：

（1）会计核算应遵循财政部《会计基础工作规范》（2019 年修订）的要求。报告期内财务报表编制应符合会计准则的规定，能反映经济实质。

（2）报告期内发行人会计政策和会计估计应保持一致性，不得随意变更，不存在重大事项或较多非重大事项的会计处理不符合企业会计准则规定的情形，如会计处理未充分体现谨慎性原则，减值准备计提不充分，或者实际会计处理方法与披露的会计政策、会计估计不一致等。

（3）IPO 申报材料（包括招股说明书、审计报告及专项报告、反馈意见回复等）中财务数据应保持一致性。

（4）如报告期原始财务报表及申报财务报表差异金额过大、差异事项多且无合理解释，或报告期大部分期间（甚至最近一个会计年度或期间）均存在由不同事项引起的较大金额差异，在审核过程中可能会被认为发行人会计基础工作不规范。因股份支付会计处理发生的会计差错更正，一般不认定为发行人会计基础工作不规范。

（5）申报期内会计核算清晰准确，能够对申报材料所列财务指标的合理性、财务数据逻辑关系及变动的原因进行合理解释。例如，健全完整的成本核算体系，对成本进行明细准确的核算，能够分析各类产品（项目）成本结构变动和单位成本变动及原因，能说明成本核算的过程和控制的关键节点，能结合采购价格、生产成本、产品价格、产品结构等因素量化分析对毛利率变动的影响。

332. 首发企业如何把握财务的独立性？

（1）首发企业应当建立独立的会计部门，应当建立健全独立的财务核算体系，能够独立做出财务决策，具有规范的财务会计制度和对分公司、子公司的财务管理制度。

（2）首发企业在与董事、监事、高级管理人员、控股股东、实际控制人及其关联人发生经营性资金往来时，应当严格履行相关审批程序和信息披露义务，明确经营性资金往来的结算期限，不得以经营性资金往来的形式变相地为董事、监事、高级管理人员、控股股东、实际控制人及其关联人提供资金等财务资助。

（3）控股股东、实际控制人应当保证首发企业财务独立，不得通过下列任何方式影响上市公司财务独立：与公司共用银行账户；将公司资金以任何方式存入控股股东、实际控制人及其关联人控制的账户；占用公司资金；要求公司违法违规提供担保；将公司财务核算体系纳入控股股东、实际控制人管理系统之内，如共用财务会计核算系统，或者控股股东、实际控制人可以通过财务会计核算系统直接查询公司经营情况、财务状况等信息；有关法律、行政法规、部门规章和规范性文件的规定及深交所认定的其他情形。

（4）控股股东、实际控制人不得以下列任何方式占用首发企业资金：要求公司为其垫付、承担工资、福利、保险、广告等费用、成本和其他支出；要求公司代其偿还债务；要求公司有偿或者无偿、直接或者间接拆借资金给其使用；要求公司通过银行或者非银行金融机构向其提供委托贷款；要求公司委托其进行投资活动；要求公司为其开具没有真实交易背景的商业承兑汇票；要求公司在没有商品和劳务对价情况下以其他方式向其提供资金；不及时偿还公司承担对其的担保责任而形成的债务；中国证监会及深交所认定的其他情形。

333. 企业正常经营中发生的现金销售或现金采购，通常符合哪些条件会被认为具备合理性？

（1）现金交易情形符合行业经营特点或经营模式（如线下商业零售、向农户采购、日常零散产品销售或采购支出等）。

（2）现金交易的客户或供应商不是关联方。

（3）现金交易具有可验证性，且不影响发行人内部控制有效性，申报会计师已对现金交易相关内部控制有效性发表明确核查意见。

（4）现金交易比例及其变动情况整体处于合理范围内，近三年一期一般不超过同行业平均水平或与类似公司不存在重大差异（如能获取可比数据）。

（5）现金管理制度与业务模式匹配且执行有效，如企业与个人消费者发生的商业零售、门票服务等现金收入，通常能够在当日或次日缴存公司的开户银行，企业与单位机构发生的现金交易仅限于必要的零星小额收支，现金收支业务应账账一致、账款一致。

334. 报告期存在现金交易，保荐机构及申报会计师通常应关注并核查哪些方面？

（1）现金交易的必要性与合理性，是否与发行人业务情况或行业惯例相符，与同行业或类似公司的比较情况。

（2）现金交易的客户或供应商的情况，是否为发行人的关联方。

（3）相关收入确认及成本核算的原则与依据，是否存在体外循环或虚构业务情形。

（4）与现金交易相关的内部控制制度的完备性、合理性与执行有效性。

（5）现金交易流水的发生与相关业务发生是否真实一致，是否存在异常分布。

（6）实际控制人及发行人董监高等关联方是否与客户或供应商存在资金往来。

（7）发行人为减少现金交易所采取的改进措施及进展情况。

（8）发行人是否已在招股说明书中充分披露上述情况及风险。结合上述要求，中介机构应详细说明对发行人现金交易可验证性及相关内控有效性的核查方法、过程与证据，对发行人报告期现金交易的真实性、合理性和必要性发表明确意见。符合上述要求的现金交易通常不影响内控有效性的判断。

335. 何为第三方回款？如何认定第三方回款的必要性及商业合理性？

第三方回款通常是指发行人收到的销售回款的支付方（如银行汇款的汇款方、银行承兑汇票或商业承兑汇票的出票方或背书转让方）与签订经济合同的往来客户不一致的情况。

企业在正常经营活动中存在的第三方回款，通常情况下应考虑是否符合以下条件：

（1）与自身经营模式相关，符合行业经营特点，具有必要性和合理性，例如客户为个体工商户或自然人、自然人控制的企业其实际控制人代为支付货款、集团统一付款、政府采购项目指定财政部门或专门部门统一付款、通过应收账款保理或供应链物流等合规方式或渠道完成付款、境外客户指定付款等。

（2）第三方回款的付款方不是关联方。

（3）第三方回款与相关销售收入钩稽一致，具有可验证性，且不影响内部控制有效性，申报会计师已对第三方回款及销售确认相关内部控制有效性发表明确核查意见。

（4）能够合理区分不同类别的第三方回款，相关金额及比例处于合理可控范围。

336. 发行人报告期存在第三方回款，保荐机构及会计师应重点核查哪些方面？

如发行人报告期存在第三方回款，保荐机构及申报会计师通常应重点核查以下方面：

（1）第三方回款的真实性，是否存在虚构交易或调节账龄情形。

（2）第三方回款形成收入占营业收入的比例。

（3）第三方回款的原因、必要性及商业合理性。

（4）发行人及其实际控制人、董监高或其他关联方与第三方回款的支付方是否存在关联关系或其他利益安排。

（5）境外销售涉及境外第三方的，其代付行为的商业合理性或合法合规性。

（6）报告期内是否存在因第三方回款导致的货款归属纠纷。

（7）如签订合同时已明确约定由其他第三方代购买方付款，该交易安排是否具有合理原因。

（8）资金流、实物流与合同约定及商业实质是否一致。

保荐机构及申报会计师还应详细说明对实际付款人和合同签订方不一致情形的核查情况，包括但不限于：抽样选取不一致业务的明细样本和银行对账单回款记录，追查至相关业务合同、业务执行记录及资金流水凭证，获取相关客户代付款确认依据，以核实和确认委托付款的真实性、代付金额的准确性及付款方和委托方之间的关系，说明合同签约方和付款方存在不一致情形的合理原因及第三方回款统计明细记录的完整性，并对第三方回款所对应营业收入的真实性发表明确意见。

通过上述措施能够证实第三方回款不影响销售真实性的，不构成影响发行条件事项。发行人应在招股说明书营业收入部分充分披露第三方回款相关情况及中介机构的核查意见。

337. 申报期之前的税务风险如何应对？

针对申报期之前的税务风险，如果发行人因为这些税务风险事项在申报期间受到刑事处罚，则不符合创业板的上市条件；如果发行人因为这些税务风险事项在申报期间受到情节严重的行政处罚，有可能导致不符合创业板的上市条件。

因申报期之前的税务风险事项导致申报期间补缴税款并支付罚金和滞纳金，其会计处理如下：按照税法规定需补缴以前年度税款的，如果属于前期差错，应按照《企业会计准则第28号——会计政策、会计估计变更和差错更正》的规定处理，调整以前年度会计报表相关项目；否则，应计入补缴税款当期的损益。因补缴税款应支付的罚金和滞纳金，应计入当期损益。

申报期前的税务风险不会因为成功上市而消除，上市后如果被追查，对上市公司会有重大负面影响。因此需要尽早评估处理，既减少对上市申报期产生影响，也避免上市后出现被追查的风险。

338. 对税收优惠应如何把握？

（1）发行人依法取得的税收优惠，如高新技术企业、软件企业、文化企业及西部大开发等特定性质或区域性的税收优惠，符合《公开发行证券的公司信息披露解释性公告第1号——非经常性损益》规定的，可以计入经常性损益。

（2）发行人取得的税收优惠到期后，发行人、保荐机构、律师和申报会计师应对照税收优惠的相关条件和履行程序的相关规定，对拟上市企业税收优惠政策到期后是否能够继续享受优惠进行专业判断并发表明确意见：①如果很可能获得相关税收优惠批复，按优惠税率预提预缴，经税务部门同意，可暂按优惠税率预提并做风险提示，且说明如果未来被追缴税款，是否有大股东承诺补偿。同时，发行人应在招股说明书中披露税收优惠不确定性风险。②如果获得相关税收优惠批复的可能性较小，需按照谨慎性原则按正常税率预提，未来根据实际的税收优惠批复情况进行相应调整。

（3）外商投资企业经营期限未满10年转为内资企业的，按税法规定，需在转为内资企业当期，补缴之前已享受的外商投资企业所得税优惠。补缴所得税费用系因企业由外资企业转为内资企业的行为造成，属于该行为的成本费用，应全额计入补缴当期，不应追溯调整至实际享受优惠期间。

339. 针对申报期纳税情况，需提交哪些文件？

（1）首发企业需提供最近三年及一期所得税纳税申报表，有关发行人税收优惠的证明文件，主要税种纳税情况的说明，发行人及其重要子公司或主要经营机构最近三年及一期发行人纳税情况的证明等。

（2）申报会计师对主要税种纳税情况说明出具的意见。

（3）律师需要对公司纳税情况、税收优惠的合法合规性、是否构成重大违法违规行为进行核查并发表意见。

（4）保荐机构需要对公司纳税的合法合规性、是否构成重大违法违规行为进行核查并出具意见。

340. 发行人报告期内因纳税问题受到税收征管部门处罚，应如何处理？

如果金额不大且情节不严重，需税务征管部门出具证明文件，确认不属于重大违法违规行为，相关处罚不构成重大行政处罚。同时，发行人应及时整改，建立并完善有效的内控机制，避免再发生税收违法违规行为。如果存在欠缴较大金额的所得税、增值税或其他税种或者补缴较大金额的滞纳金的，应由税务部门出具是否构成重大违法行为的确认性文件；保荐机构和律师应对发行人是否存在重大违法行为发表明确意见。

341. 个人转让股权应如何缴纳个人所得税？

（1）个人转让股权，以股权转让收入减除股权原值和合理费用后的余额为应纳税所得额，按“财产转让所得”项目依20%的税率缴纳个人所得税。合理费用是指股权转让时按照规定支付的有关税费。个人股权转让所得的个人所得税，以股权转让方为纳税人，以受让方为扣缴义务人。

（2）股权转让收入应当按照公平交易原则确定。符合下列情形之一，视为股权转让收入明显偏低：①申报的股权转让收入低于股权对应的净资产份额的。其中，被投资企业拥有土地使用权、房屋、房地产企业未销售房产、知识产权、探矿权、采矿权、股权等资产的，申报的股权转让收入低于股权对应的净资产公允价值份额的。②申报的股权转让收入低于初始投资成本或低于取得该股权所支付的价款及相关税费的。③申报的股权转让收入低于相同或类似条件下同一企业同一股东或其他股东股权转让收入的。④申报的股权转让收入低于相同或类似条件下同类行业的企业股权转让收入的。⑤不具合理性的无偿让渡股权或股份。⑥主管税务机关认定的其他情形。

（3）符合下列条件之一的股权转让收入明显偏低，视为有正当理由：①能出具有效文件，证明被投资企业因国家政策调整，生产经营受到重大影响，导致低价转让股权。②继承或将股权转让给其能提供具有法律效力身份关系证明的配偶、父母、子女、祖父母、外祖父母、孙子女、外孙子女、兄弟姐妹以及对转让人承担直接抚养或者赡养义务的抚养人或者赡养人。③相关法律、政府文件或企业章程规定，并有相关资料充分证明转让价格合理且真实的本企业员工持有的不能对外转让股权的内部转让。④股权转让双方能够提供有效证据证明其合理性的其他合理情形。

（4）对于股权转让收入明显偏低且无正当理由的，主管税务机关可以核定股权转让收入。

（5）个人转让股权的原值依照以下方法确认：以现金出资方式取得的股权，按照实际支付的价款与取得股权直接相关的合理税费之和确认股权原值；以非货币性资产出资方式取得的股权，按照税务机关认可或核定的投资入股时非货币性资产价格与取得股权直接相关的合理税费之和确认股权原值；通过无偿让渡方式取得股权，具备《股权转让个人所得税管理办法》第十三条第二项所列情形的，按取得股权发生的合理税费与原持有人的股权原值之和确认股权原值；被投资企业以资本公积、盈余公积、未分配利润转增股本，个人股东已依法缴纳个人所得税的，以转增额和相关税费之和确认其新转增股本的股权原值；除以上情形外，由主管税务机关按照避免重复征收个人所得税的原则合理确认股权原值。

（6）股权转让人已被主管税务机关核定股权转让收入并依法征收个人所得税的，该股权受让人的股权原值以取得股权时发生的合理税费与股权转让人被主管税务机关核定的股权转让收入之和确认。个人转让股权未提供完整、准确的股权原值凭证，不能正确计算股权原值的，由主管税务机关核定其股权原值。对个人多次取得同一被投资企业股权的，转让部分股权时，采用加权平均法确定其股权原值。

（7）个人股权转让所得个人所得税以被投资企业所在地税务机关为主管税务机关。具有下列情形之一的，扣缴义务人、纳税人应当依法在次月 15 日内向主管税务机关申报纳税：①受让方已支付或部分支付股权转让价款的。②股权转让协议已签订生效的。③受让方已经实际履行股东职责或者享受股东权益的。④国家有关部门判决、登记或公告生效的。⑤《股权转让个人所得税管理办法》第三条第四项至第七项行为已完成的。⑥税务机关认定的其他有证据表明股权已发生转移的情形。

342. 企业改制时投入土地及其地面建筑物是否可以减免土地增值税？

（1）非公司制企业整体改制为有限责任公司或者股份有限公司，有限责任公司整体改制为股份有限公司，对改制前的企业将国有土地使用权、地上的建筑物及其附着物转移、变更到改制后的企业，暂不征土地增值税。整体改制，是指不改变原企业的投资主体，并承继原企业权利、义务的行为。

（2）按照法律规定或者合同约定，两个或两个以上企业合并为一个企业，且原企业投资主体存续的，对原企业将房地产转移、变更到合并后的企业，暂不征土地增值税。

（3）按照法律规定或者合同约定，企业分设为两个或两个以上与原企业投资主体相同的企业，对原企业将房地产转移、变更到分立后的企业，暂不征土地增值税。

（4）单位、个人在改制重组时以房地产作价入股进行投资，对其将房地产转移、变更到被投资的企业，暂不征土地增值税。

（5）上述改制重组有关土地增值税政策不适用于房地产转移任意一方为房地产开发企业的情形。

（6）企业改制重组后再转让国有土地使用权并申报缴纳土地增值税时，应以改制前取得该宗国有土地使用权所支付的地价款和按国家统一规定缴纳的有关费用，作为该企业“取得土地使用权所支付的金额”扣除。

（7）不改变原企业投资主体。投资主体相同，是指企业改制重组前后出资人不发生变动，出资人的出资比例可以发生变动；投资主体存续，是指原企业出资人必须存在于改制重组后的企业，出资人的出资比例可以发生变动。

343. 个人以非货币性资产出资时如何缴纳所得税？

（1）个人以非货币性资产投资，属于个人转让非货币性资产和投资同时发生。对个人转让非货币性资产的所得，应按照“财产转让所得”项目，依法计算缴纳个人所得税。

（2）个人以非货币性资产投资，应按评估后的公允价值确认非货币性资产转让收入。非货币性资产转让收入减除该资产原值及合理税费后的余额为应纳税所得额。个人以非货币性资产投资，应于非货币性资产转让，取得被投资企业股权时，确认非货币性资产转让收入的实现。

（3）个人应在发生上述应税行为的次月15日内向主管税务机关申报纳税。纳税人一次性缴税有困难的，可合理确定分期缴纳计划并报主管税务机关备案后，自发生上述应税行为之日起不超过5个公历年度内（含）分期缴纳个人所得税。

（4）个人以非货币性资产投资交易过程中取得现金补价的，现金部分应优先用于缴税；现金不足以缴纳的部分，可分期缴纳。个人在分期缴税期间转让其持有的上述全部或部分股权，并取得现金收入的，该现金收入应优先用于缴纳尚未缴清的税款。

（5）非货币性资产，是指现金、银行存款等货币性资产以外的资产，包括股权、不动产、技术发明成果以及其他形式的非货币性资产。非货币性资产投资，包括以非货币性资产出资设立新的企业，以及以非货币性资产出资参与企业增资扩股、定向增发股票、股权置换、重组改制等投资行为。

344. 企业以非货币性资产出资时如何缴纳所得税?

(1) 居民企业以非货币性资产对外投资确认的非货币性资产转让所得，可在不超过 5 年期限内，分期均匀计入相应年度的应纳税所得额，按规定计算缴纳企业所得税。

(2) 企业以非货币性资产对外投资，应对非货币性资产进行评估并按评估后的公允价值扣除计税基础后的余额，计算确认非货币性资产转让所得。企业以非货币性资产对外投资，应于投资协议生效并办理股权登记手续时，确认非货币性资产转让收入的实现。

(3) 企业以非货币性资产对外投资而取得被投资企业的股权，应以非货币性资产的原计税成本为计税基础，加上每年确认的非货币性资产转让所得，逐年进行调整。被投资企业取得非货币性资产的计税基础，应按非货币性资产的公允价值确定。

(4) 企业在对外投资 5 年内转让上述股权或投资收回的，应停止执行递延纳税政策，并就递延期内尚未确认的非货币性资产转让所得，在转让股权或投资收回当年的企业所得税年度汇算清缴时，一次性计算缴纳企业所得税；企业在对外投资 5 年内注销的，应停止执行递延纳税政策，并就递延期内尚未确认的非货币性资产转让所得，在注销当年的企业所得税年度汇算清缴时，一次性计算缴纳企业所得税。

(5) 非货币性资产，是指现金、银行存款、应收账款、应收票据以及准备持有至到期的债券投资等货币性资产以外的资产。非货币性资产投资，限于以非货币性资产出资设立新的居民企业，或将非货币性资产注入现存的居民企业。

(6) 企业发生非货币性资产投资，符合《财政部国家税务总局关于企业重组业务企业所得税处理若干问题的通知》等文件规定的特殊性税务处理条件的，也可选择按特殊性税务处理规定执行，一经选择，不得改变。

345. 转增股本个人股东如何缴纳个人所得税?

(1) 股份制企业用股票溢价发行形成的资本公积转增股本。股份制企业用资本公积金转增股本不属于股息、红利性质的分配，对个人取得的转增股本数额，不作为个人所得，不征收个人所得税。

（2）股份制企业用盈余公积（包括法定公积金和任意公积金）转增股本。股份制企业用盈余公积金派发红股属于股息、红利性质的分配，对个人取得的红股数额，应作为个人所得征税。

（3）个人收购企业100%股权将原有盈余积累转增股本。一名或多名个人投资者以股权收购方式取得被收购企业100%股权。股权收购前，被收购企业原账面金额中的“资本公积、盈余公积、未分配利润”等盈余积累未转增股本，而在股权交易时将其一并计入股权转让价格并履行了所得税纳税义务；股权收购后，企业将原账面金额中的盈余积累向个人投资者转增股本。有关个人所得税问题区分以下情形处理：①新股东以不低于净资产价格收购股权的，企业原盈余积累已全部计入股权交易价格，新股东取得盈余积累转增股本的部分，不征收个人所得税。②新股东以低于净资产价格收购股权的，企业原盈余积累中，对于股权收购价格减去原股本的差额部分已经计入股权交易价格，新股东取得盈余积累转增股本的部分，不征收个人所得税；对于股权收购价格低于原所有者权益的差额部分未计入股权交易价格，新股东取得盈余积累转增股本的部分，应按照“利息、股息、红利所得”项目征收个人所得税。③新股东以低于净资产价格收购企业股权后转增股本，应按照下列顺序进行，即先转增应税的盈余积累部分，然后再转增免税的盈余积累部分。

（4）中小高新企业转增股本分期纳税。中小高新技术企业以未分配利润、盈余公积、资本公积向个人股东转增股本时，个人股东一次缴纳个人所得税确有困难的，可根据实际情况自行制订分期缴税计划，在不超过5个公历年度内（含）分期缴纳，并将有关资料报主管税务机关备案。个人股东获得转增的股本，应按照“利息、股息、红利所得”项目，适用20%税率征收个人所得税。股东转让股权并取得现金收入的，该现金收入应优先用于缴纳尚未缴清的税款。在股东转让该部分股权之前，企业依法宣告破产，股东进行相关权益处置后没有取得收益或收益小于初始投资额的，主管税务机关对其尚未缴纳的个人所得税可不予追征。

（5）《关于推广中关村国家自主创新示范区税收试点政策有关

问题的通知》（财税〔2015〕62号）规定，以未分配利润、盈余公积、资本公积向个人股东转增股本时，个人股东应按照“利息、股息、红利所得”项目，适用20%税率征收个人所得税。《关于股权奖励和转增股本个人所得税征管问题的公告》（2015年第80号）规定，非上市及未在全国中小企业股份转让系统挂牌的其他企业转增股本，应及时代扣代缴个人所得税。

346. 如何确保税收优惠政策的合法性？

纳税人依照法律、行政法规的规定办理减税、免税。地方各级人民政府、各级人民政府主管部门、单位和个人违反法律、行政法规规定，擅自做出的减税、免税决定无效，税务机关不得执行，并向上级税务机关报告。与国家税收法律、行政法规相抵触，或未经过国家法律法规明确授权由地方政府自行制定的地方性税收法规和地方政府规章，不能作为公司享受税收优惠的依据。

目前，绝大部分税收优惠政策都采用留存备查制和备案制。在留存备查制下，按照企业“自行判别、申报享受、相关资料留存备查”的原则执行。企业享受优惠事项后，应当按照规定保管留存备查资料，依法接受税务机关的后续核查。企业未能按要求提供留存备查资料，或者提供的留存备查资料与实际情况不符，无法证实符合优惠事项规定条件的，或者存在弄虚作假情况的，将依法追缴企业已享受的税收优惠，并按照《税收征管法》等相关规定处理。在备案制下，税务机关有权对企业报送的资料进行事后审查，必要时，可以要求企业进行解释说明或提供补充材料。如经事后审查，企业不符合享受税收优惠的条件，将依法追缴企业已享受的税收优惠，并按照税收征管法等相关规定处理。企业在向税务机关申请优惠政策备案时，应当对自身是否符合税收优惠条件进行充分评估，必要时委托第三方专业机构协助。

347. 税收优惠政策不合法会产生哪些问题？

越权审批或无正式批准文件的税收返还、减免，应该计入非经常性损益。如果拟上市企业规模较小，利润额不大，扣除这部分非经常性损益后可能无法达到 IPO 财务指标。

对于不符合国家税法规定的或者违反国家税法的地方性税收优惠政策，存在可能被追缴（包括滞纳金）风险的，发行人除提供省级税务部门的确认文件并由律师出具法律意见外，应在招股说明书等文件中作可能被追缴税款的风险提示，并由实际控制人或发行前的全体老股东承担这种税收追缴风险。

348. 对于发行人、实际控制人尚未缴纳整体变更涉及的个人所得税的，如何掌握？

纳税人一次性缴纳有困难的，可合理确定分期缴纳计划并报主管税务机关备案后，自发生上述应税行为之日起不超过 5 个公历年度内（含）分期缴纳个人所得税。审核中，对于发行人、实际控制人尚未缴纳整体变更涉及的个人所得税的，按照以下原则处理：

（1）发行人应当在招股说明书中披露实际控制人欠缴税款的具体情况及原因，可能导致的被追缴风险，由控股股东、实际控制人承诺承担补缴义务及处罚责任。

（2）对于符合分期缴纳情形的，发行人应当披露分期缴纳事项是否在主管税务机关备案；对于不符合前述分期缴纳情形的，实际控制人应当补缴税款，或者取得主管税务机关出具的同意缓缴的确认意见。

（3）保荐机构、发行人律师应当就发行人实际控制人尚未缴纳整体变更涉及的个人所得税是否符合当地的税收政策、分期缴纳是否符合相关规定并办理备案、是否构成控股股东、实际控制人的重大违法行为及本次发行上市的法律障碍发表明确意见。

349. 个人股东将所持拟上市公司股权转让给自己的控股子公司，是否需要缴纳个人所得税？

个人股东以拟上市公司股权，作价投资于控股子公司，可以被认为是以非货币性资产对外投资，属于个人转让非货币性资产和投资同时发生。对个人转让非货币性资产的所得，应按照“财产转让所得”项目，依法计算缴纳个人所得税。个人以非货币性资产投资，应按评估后的公允价值确认非货币性资产转让收入。非货币性资产转让收入减除该资产原值及合理税费后的余额为应纳税所得额。个人以非货币性资产投资，应于非货币性资产转让、取得被投资企业股权时，确认非货币性资产转让收入的实现。个人应在发生上述应税行为的次月 15 日内向主管税务机关申报纳税。但纳税人一次性缴税有困难的，可合理确定分期缴纳计划并报主管税务机关备案后，自发生上述应税行为之日起不超过 5 个公历年度内（含）分期缴纳个人所得税。个人以非货币性资产投资交易过程中取得现金补价的，现金部分应优先用于缴税；现金不足以缴纳的部分，可分期缴纳。

个人在分期缴税期间转让其持有的上述全部或部分股权，并取得现金收入的，该现金收入应优先用于缴纳尚未缴清的税款。如果该交易被认定为投资，则个人股东应按“财产转让所得”20% 税率缴纳个人所得税，但最多可分 5 年缴纳。

350. 上市后个人股东转让 IPO 前持有的股份应缴纳哪些税费？

公司原股东在限售期后，转让其原有股份及解禁日前获得股票股利，按照“财产转让所得”，适用 20% 的比例税率征收个人所得税，由个人股东开户的证券机构代扣代缴。在计算转让老股的应纳税所得额时，可以扣除原获得老股的成本和转让过程中发生的与交易相关的费用，如印花税、佣金、过户费等。如果个人无法提供真实准确的凭证来计算老股的成本，主管税务机关一律按限售股转让收入的 15% 核定限售股原值及合理税费。转让股份，按千分之一的税率缴纳证券（股票）交易印花税。

351. 上市后企业法人股东转让 IPO 前持有的股份应缴纳哪些税费？

（1）原股东转让老股获得的投资收益，应纳入其企业所得税应纳税所得额中。如果企业在限售股解禁前将其持有的限售股对外转让，应按减持在证券登记结算机构登记的限售股取得的全部收入，计入企业当年应税收入计算纳税。限售股转让收入扣除限售股原值和合理税费后的余额为该限售股转让所得。企业未能提供完整、真实的限售股原值凭证，不能准确计算该限售股原值的，主管税务机关一律按该限售股转让收入的15%，核定为该限售股原值和合理税费。创业投资企业采取股权投资方式投资于未上市的中小高新技术企业24个月以上，凡符合一定条件的，可以按照其对中小高新技术企业投资额的70%，在股权持有满2年的当年抵扣该创业投资企业的应纳税所得额；当年不足抵扣的，可以在以后纳税年度结转抵扣。

（2）金融商品转让，应征收6%的增值税，按照卖出价扣除买入价后的余额为销售额。单位将其持有的限售股在解禁流通后对外转让的，按照以下规定确定买入价：上市公司实施股权分置改革时，在股票复牌之前形成的原非流通股股份，以及股票复牌首日至解禁日期间由上述股份孳生的送、转股，以该上市公司完成股权分置改革后股票复牌首日的开盘价为买入价。公司首次公开发行股票并上市形成的限售股，以及上市首日至解禁日期间由上述股份孳生的送、转股，以该上市公司股票首次公开发行（IPO）的发行价为买入价。因上市公司实施重大资产重组形成的限售股，以及股票复牌首日至解禁日期间由上述股份孳生的送、转股，以该上市公司因重大资产重组股票停牌前一交易日的收盘价为买入价。

（3）转让股份，按千分之一的税率缴纳证券（股票）交易印花税。

352. 外商投资企业如何补缴以前年度减免所得税？

对生产性外商投资企业，经营期在10年以上的，从开始获利的年度起，第一年和第二年免征企业所得税，第三年至第五年减半征收企业所得税，但是属于石油、天然气、稀有金属、贵重金属等资源开采项目的，由国务院另行规定。外商投资企业实际经营期不满10年的，应当补缴已免征、减征的企业所得税税款。如果企业设立之初是外商投资企业，并依据上述规定享受了企业所得税“两免三减半”的税收优惠，而后续变更为内资企业，以外商投资企业的身份经营期不满10年的，需要补缴已免征和减征的企业所得税款。

353.《刑法》有关纳税方面违法犯罪有什么规定？

（1）纳税人采取欺骗、隐瞒手段进行虚假纳税申报或者不申报，逃避缴纳税款数额较大并且占应纳税额10%以上的，处3年以下有期徒刑或者拘役，并处罚金；数额巨大并且占应纳税额30%以上的，处3年以上7年以下有期徒刑，并处罚金。扣缴义务人采取前款所列手段，不缴或者少缴已扣、已收税款，数额较大的，依照前款的规定处罚。对多次实施前两款行为，未经处理的，按照累计数额计算。有第一款行为的，经税务机关依法下达追缴通知后，补缴应纳税款，缴纳滞纳金，已受行政处罚的，不予追究刑事责任。但是，5年内因逃避缴纳税款受过刑事处罚或者被税务机关给予两次以上行政处罚的除外。

（2）以暴力、威胁方法拒不缴纳税款的，处3年以下有期徒刑或者拘役，并处拒缴税款1倍以上5倍以下罚金；情节严重的，处3年以上7年以下有期徒刑，并处拒缴税款1倍以上5倍以下罚金。

（3）纳税人欠缴应纳税款，采取转移或者隐匿财产的手段，致使税务机关无法追缴欠缴的税款，数额在1万元以上不满10万元的，处3年以下有期徒刑或者拘役，并处或者单处欠缴税款1倍以上5倍以下罚金；数额在10万元以上的，处3年以上7年以下有期徒刑，并处欠缴税款1倍以上5倍以下罚金。

（4）以假报出口或者其他欺骗手段，骗取国家出口退税款，数额较大的，处5年以下有期徒刑或者拘役，并处骗取税款1倍以上5倍以下罚金；数额巨大或者有其他严重情节的，处5年以上10年以下有期徒刑，并处骗取税款1倍以上5倍以下罚金；数额特别巨大或者有其他特别严重情节的，处10年以上有期徒刑或者无期徒刑，并处骗取税款1倍以上5倍以下罚金或者没收财产。纳税人缴纳税款后，采取前款规定的欺骗方法，骗取所缴纳的税款的，依照第二百零一条的规定定罪处罚；骗取税款超过所缴纳的税款部分，依照前款的规定处罚。

354. 企业改制时投入的土地及其地面建筑物是否可以减免契税？

（1）企业改制。非公司制企业，按照《公司法》的规定，整体改建为有限责任公司（含国有独资公司）或股份有限公司，有限责任公司整体改建为股份有限公司，股份有限公司整体改建为有限责任公司的，对改建后的公司承受原企业土地、房屋权属，免征契税。

非公司制国有独资企业或国有独资有限责任公司，以其部分资产与他人组建新公司，且该国有独资企业（公司）在新设公司中所占股份超过50%的，对新设公司承受该国有独资企业（公司）的土地、房屋权属，免征契税。

国有控股公司以部分资产投资组建新公司，且该国有控股公司占新公司股份超过85%的，对新公司承受该国有控股公司土地、房屋权属，免征契税。

（2）公司股权（股份）转让。在股权（股份）转让中，单位、个人承受公司股权（股份），公司土地、房屋权属不发生转移，不征收契税。

（3）公司合并。两个或两个以上的公司，依照法律规定、合同约定，合并为一个公司，且原投资主体存续的，对合并后公司承受原合并各方土地、房屋权属，免征契税。

（4）公司分立。公司依照法律规定、合同约定分立为两个或两个以上与原公司投资主体相同的公司，对派生方、新设方承受原公司土地、房屋权属，免征契税。

（5）公司出售。国有、集体企业整体出售，被出售企业法人予以注销，并且买受人按照《中华人民共和国劳动法》等国家有关法律法规政策妥善安置原企业全部职工，与原企业全部职工签订服务年限不少于3年的劳动用工合同的，对其承受所购企业的土地、房屋权属，免征契税；与原企业超过30%的职工签订服务年限不少于3年的劳动用工合同的，减半征收契税。

（6）企业破产。企业依照有关法律法规的规定实施破产，债权人（包括破产企业职工）承受破产企业抵偿债务的土地、房屋权属，免征契税；对非债权人承受破产企业土地、房屋权属，凡按照《中华人民共和国劳动法》等国家有关法律法规和政策妥善安置原企业全部职工，与原企业全部职工签订服务年限不少于3年的劳动用工合同的，对其承受所购企业土地、房屋权属，免征契税；与原企业超过30%的职工签订服务年限不少于3年的劳动用工合同的，减半征收契税。

（7）债权转股权。经国务院批准实施债权转股权的企业，对债权转股权后新设立的公司承受原企业的土地、房屋权属，免征契税。

（8）资产划转。对承受县级以上人民政府或国有资产管理部门按规定进行行政性调整、划转国有土地、房屋权属的单位，免征契税。同一投资主体内部所属企业之间土地、房屋权属的划转，包括母公司与其全资子公司之间，同一公司所属全资子公司之间，同一自然人与其设立的个人独资企业、一人有限公司之间土地和房屋权属的划转，免征契税。

（9）事业单位改制。事业单位按照国家有关规定改制为企业的过程中，投资主体没有发生变化的，对改制后的企业承受原事业单位土地、房屋权属，免征契税。投资主体发生变化的，改制后的企业按照《中华人民共和国劳动法》等有关法律法规妥善安置原事业单位全部职工，与原事业单位全部职工签订服务年限不少于 3 年劳动用工合同的，对其承受原事业单位的土地、房屋权属，免征契税；与原事业单位超过 30% 的职工签订服务年限不少于 3 年劳动用工合同的，减半征收契税。

（10）其他。以出让方式或国家作价出资（入股）方式承受原改制重组企业、事业单位划拨用地的，不属于上述规定的免税范围，对承受方应按规定征收契税。

355. 报告期内有哪些发票合规问题需要注意？

企业应当遵循《发票管理办法》《增值税专用发票使用规定》等与发票相关的法律法规的规定，依法取得、使用、开具、保管、缴销发票，包括但不限于：禁止私自印制、伪造、变造发票；禁止非法制造发票防伪专用品；禁止伪造发票专用章；禁止非法代开发票；不得有虚开发票行为，包括不得为他人、自己开具与实际经营业务情况不符的发票，不得让他人为自己开具与实际经营业务情况不符的发票，不得介绍他人开具与实际经营业务情况不符的发票；不得转借、转让、介绍他人转让发票、发票专用章和发票防伪专用品；不得受让、开具、存放、携带、邮寄、运输知道或应当知道是私自印制、伪造、变造、非法取得或者废止的发票；不得拆本使用发票；不得扩大发票使用范围；不得以其他凭证代替发票使用；不得跨规定的使用区域携带、邮寄、运输空白发票；禁止携带、邮寄或者运输空白发票出入境；按规定开具、作废、冲红发票；按规定办理发票的验旧、缴销手续；妥善保管发票，不得擅自损毁。

356. 报告期内重要子公司的纳税问题是否需要注意？

发行人合并报表范围内的各级子公司，若对发行人主营业务收入或净利润不具有重要影响（占比不超过5%），其纳税问题可不视为发行人本身存在相关情形

根据监管要求，重要子公司或主要经营机构最近三年及一期发行人纳税情况的证明，属于申报文件之一，说明重要子公司的纳税问题也是审核重点。

357. IPO 对企业内部控制有何要求？

《注册管理办法》规定，发行人内部控制制度健全且被有效执行，能够合理保证公司运行效率、合法合规和财务报告的可靠性，并由注册会计师出具无保留结论的内部控制鉴证报告。

《上市规则》规定，上市公司应当建立健全并实施有效的内部控制制度，形成科学有效的职责分工和制衡机制，确保股东大会、董事会、监事会等机构合法运作和科学决策，保证公司经营管理合法合规、资金资产安全、信息披露真实、准确、完整。对于在信息披露、规范运作、公司治理、内部控制等方面存在重大缺陷或者违规行为，或者实际控制人、董事会、管理层发生重大变化等风险较大的公司，保荐机构应当督促公司解决相关问题或者消除相关风险。持续督导期届满但相关问题尚未解决或者相关风险尚未消除的，证券交易所可以要求保荐机构继续履行持续督导职责。

《规范运作指引》规定，上市公司应当完善内部控制制度，确保股东大会、董事会和监事会等机构合法运作和科学决策，建立有效的激励约束机制，树立风险防范意识，培育良好的企业精神和内部控制文化，创造全体职工充分了解并履行职责的环境。公司董事会负责内部控制制度的建立健全和有效实施。

358. 拟 IPO 公司的内部控制应满足哪些要求?

拟 IPO 公司的内部控制应满足《企业内部控制基本规范》的相关规定，该规范是上市公司内部控制建设与实施应该遵循的基本原则和总体要求，具有强制性。

2010 年 4 月 15 日，五部委颁发的与基本规范配套的《企业内部控制应用指引》《企业内部控制评价指引》《企业内部控制审计指引》，是对《企业内部控制基本规范》相关规定的进一步补充和说明，具有指导性和示范性，企业可以结合所在行业要求和企业自身特点，参照配套指引的规定开展内部控制建设与实施工作。

财政部颁布的《企业内部控制规范体系实施中相关问题解释第 2 号》对“企业应如何正确把握内部控制的组织实施工作?不同企业应如何把握好内部控制实施工作的进度和重点?”等，给出了指导性意见。

359. 常见的财务内控不规范的情形有哪些?

(1) 为满足贷款银行受托支付要求，在无真实业务支持情况下，通过供应商等取得银行贷款或为客户提供银行贷款资金走账通道(以下简称“转贷”行为)。

(2) 向关联方或供应商开具无真实交易背景的商业票据，通过票据贴现后获取银行融资。

(3) 与关联方或第三方直接进行资金拆借。

(4) 通过关联方或第三方代收货款。

(5) 利用个人账户对外收付款项。

(6) 出借公司账户为他人收付款项。

(7) 违反内部资金管理规定对外支付大额款项、大额现金借支和还款、挪用资金等重大不规范情形。

360. 如何保证财务内控的有效性?

(1) 首发企业申请上市成为公众公司，需要建立、完善并严格实施相关财务内部控制制度，保护中小投资者合法权益。拟上市公司在报告期内作为非公众公司，在财务内控方面存在相关不规范情形的，应通过中介机构上市辅导完成整改或纠正（如收回资金、结束不当行为等措施）和相关内控制度建设，达到与上市公司要求一致的财务内控水平。

（2）对首次申报审计截止日前报告期内存在的财务内控不规范的情形，中介机构应根据有关情形发生的原因及性质、时间及频率、金额及比例等因素，综合判断是否构成对内控制度有效性的重大不利影响，是否属于主观故意或恶意行为并构成重大违法违规。

（3）发行人已按照程序完成相关问题整改或纠正的，中介机构应结合此前不规范情形情节的轻重或影响程度的判断，全面核查、测试并确认发行人整改后的内控制度是否已合理、正常运行并持续有效，出具明确意见。

（4）首次申报审计截止日后，发行人原则上不能再出现相关内控不规范和不能有效执行的情形。

（5）发行人的对外销售结算应自主独立，内销业务通常不应通过关联方或第三方代收货款，外销业务如因外部特殊原因确有必要通过关联方或第三方代收货款的，应能够充分提供合理性证据，不存在审计范围受到限制的重要情形。

（6）连续12个月内银行贷款受托支付累计金额与相关采购或销售（同一交易对手或同一业务）累计金额是否基本一致或匹配，是否属于“转贷”行为。

361. 中介机构对发行人财务内控不规范情形及整改纠正、运行情况的核查，一般需注意哪些方面？

（1）关注发行人相关不规范行为信息披露充分性。如对相关交易形成原因、资金流向和使用用途、利息、违反有关法律法规具体情况及后果、后续可能影响的承担机制、整改措施、相关内控建立及运行情况等。

（2）关注相关不规范行为的合法合规性。由中介机构对公司前述行为违反法律法规和规章制度（如《票据法》《贷款通则》《外汇管理条例》《支付结算办法》等）的事实情况进行说明认定，是否属于主观故意或恶意行为并构成重大违法违规，是否存在被处罚情形或风险，是否满足相关发行条件的要求。

(3) 关注发行人对相关不规范行为的财务核算是否真实、准确，与相关方资金往来的实际流向和使用情况，是否通过体外资金循环粉饰业绩。

(4) 不规范行为的整改措施。发行人是否已通过收回资金、纠止不当行为方式、改进制度、加强内控等方式积极整改，是否已针对性建立内控制度并有效执行，且申报后未发生新的不合规资金往来等行为。

(5) 相关不规范行为不存在后续影响，已排除或不存在重大风险隐患。

(6) 中介机构能够对前述行为进行完整核查，能够验证相关资金来源或去向，能够确认发行人不存在业绩虚构情形，并发表明确意见，确保发行人的财务内控在提交申报材料的审计截止日后能够持续符合规范性要求，能够合理保证公司运行效率、合法合规和财务报告的可靠性，不存在影响发行条件的情形。

362. 内部控制的基本要素有哪些?

(1) 内部环境。内部环境是企业实施内部控制的基础，一般包括治理结构、机构设置及权责分配、内部审计、人力资源政策、企业文化等。内控环境影响着企业内部控制的方方面面，是内部控制其他四个构成要素的基础，在企业内部控制建立与实施中发挥着基础性作用。企业如果没有良好的内部环境，内部控制就会形同虚设。

(2) 风险评估。风险评估是企业及时识别、系统分析经营活动中与实现内部控制目标相关的风险，并合理确定风险应对策略。企业在开展风险评估时，应当准确识别与实现控制目标相关的内部风险和外部风险，确定相应的风险承受度，包括整体风险承受能力和业务层面的可接受风险水平。

(3) 控制活动。控制活动是企业根据风险评估结果，通过手工控制与自动控制、预防性控制与发现性控制相结合的方法，运用相应的控制措施，自觉地将风险控制在可承受范围之内。

(4) 信息与沟通。信息与沟通是企业及时、准确、完整地收集、整理与企业经营管理相关的各种内外部信息，并借助信息技术，促使这些信息以恰当的方式在企业内部各层级、企业与外部之间进行及时传递、有效沟通和正确使用的过程。信息与沟通贯穿于内部控制体系的内部环境、风险评估、控制活动、内部监督四个基本要素，同时又是四个基本要素的重要工具，为企业内部控制的有效运行提供信息保证，从而有助于提高企业内部控制的效率和效果。

（5）内部监督。内部监督是企业对内部控制建立与实施情况进行监督检查，评价内部控制的有效性，发现内部控制的缺陷，并及时加以改进，是企业内部控制得以有效实施的机制保障，与内部控制的其他要素相互联系，互为补充，共同促进企业实现控制目标。

内部控制作为由企业各层级员工共同参与实施的完整系统，是一个不断调整、逐步完善、持续优化的动态过程。在此过程中，不论是内部控制制度的建立与实施，还是内部控制系统的设计与运行，均离不开恰当的监督，通过监督，可以帮助董事会及经理层预防、发现和整改内部控制设计与运行中存在的问题和薄弱环节，以便及时加以改进，进而确保内部控制体系得以有效运行。

363. 内部控制措施包括哪些？

（1）不相容职务分离控制。要求企业全面系统地分析、梳理业务流程中所涉及的不相容职务，实施相应的分离措施，形成各司其职、各负其责、相互制约的工作机制。

（2）授权审批控制。要求企业根据常规授权和特别授权的规定，明确各岗位办理业务和事项的权限范围、审批程序和相应责任。对于重大的业务和事项，企业应当实行集体决策审批或者联签制度，任何个人不得单独进行决策或者擅自改变集体决策。

（3）会计系统控制。要求企业严格执行国家统一的会计准则制度，加强会计基础工作，明确会计凭证、会计账簿和财务会计报告的处理程序，保证会计资料真实完整。

（4）财产保护控制。要求企业建立财产日常管理制度和定期清查制度，采取财产记录、实物保管、定期盘点、账实核对等措施，确保财产安全。严格限制未经授权的人员接触和处置财产。

（5）预算控制。要求企业实施全面预算管理制度，明确各责任单位在预算管理中的职责权限，规范预算的编制、审定、下达和执行程序，强化预算约束。

（6）运营分析控制。要求企业建立运营情况分析制度，经理层应当综合运用生产、购销、投资、筹资、财务等方面的信息，通过因素分析、对比分析、趋势分析等方法，定期开展运营情况分析，发现存在的问题，及时查明原因并加以改进。

（7）绩效考评控制。要求企业建立和实施绩效考评制度，科学设置考核指标体系，对企业内部各责任单位和全体员工的业绩进行定期考核和客观评价，将考评结果作为确定员工薪酬以及职务晋升、评优、降级、调岗、辞退等的依据。

364. 建立内部控制应遵循哪些基本原则？

（1）全面性原则。内部控制应当贯穿决策、执行和监督全过程，覆盖公司及其所属单位的各种业务和事项。从范围上而言，需要涵盖公司所有下属单位、所有员工、所有过程；从流程上而言，需要将内部控制思想和控制措施，融入、嵌入公司决策、执行和监督等各个环节。避免内部控制存在盲区、空白和漏洞。

（2）重要性原则。内部控制应当在全面控制的基础上，关注重要业务事项和高风险领域。这一原则强调公司建立与实施内部控制应当突出重点、兼顾一般，着力防范可能对公司产生影响的重大风险。例如，公司开展并购重组尤其是跨国并购重组过程中，就应当根据重要性原则，重点防范并购中的评估论证、定价机制、文化融合等重大风险。

（3）制衡性原则。内部控制应当在治理结构、机构设置及权责分配、业务流程等方面形成相互制约、相互监督，同时兼顾运营效率，这是内部控制的核心内容。主要体现为机构、岗位或人员的相互分离和制约。通过将制衡理念嵌入公司决策、执行和监督环节，会使内部控制体系更有针对性和可操作性。

（4）适应性原则。内部控制应当与公司经营规模、业务范围、竞争状况和风险水平等相适应，并随着情况的变化及时加以调整。

建立和实施内部控制是一项个性化的持续工作。一方面，在建立阶段，需要依据公司实际情况，结合相关法规，针对单位性质、业务特点、风险水平以及所处环境等建立内部控制体系；另一方面，在实施阶段，需要按照新的变化和要求及时完善体系、改进措施和调整流程，不断修订与完善。

（5）成本效益原则。内部控制应当权衡实施成本与预期效益，以适当的成本实现有效控制。内部控制建立与实施，无论是聘请外部咨询机构设计和评价工作，还是公司内部安排人员实施内部控制活动都会产生成本，但是从公司长远发展的角度考虑，一套科学合理的内部控制体系能使公司在激烈的市场竞争中立于不败之地。

第六章

盈利相关问题

365. IPO 对企业盈利能力有何要求？

《上市规则》针对不同类型的发行人的盈利能力要求存在差异。整体而言，并不强求发行人达到某一个净利润水平，而是从多维度的标准来鼓励具备发展潜力的企业来创业板上市。

（1）境内企业不存在表决权差异安排的，市值及财务指标应当至少符合下列标准中的一项：①最近两年净利润均为正，且累计净利润不低于 5000 万元；②预计市值不低于 10 亿元，最近一年净利润为正且营业收入不低于 1 亿元；③预计市值不低于 50 亿元，且最近一年营业收入不低于 3 亿元。

（2）营业收入快速增长，拥有自主研发、国际领先技术，同行业竞争中处于相对优势地位且尚未在境外上市的红筹企业，可申请在创业板上市；发行人具有表决权差异安排的，市值及财务指标应当至少符合下列标准中的一项：①预计市值不低于 100 亿元，且最近一年净利润为正；②预计市值不低于 50 亿元，最近一年净利润为正且营业收入不低于 5 亿元。

（3）在分析和理解发行人的盈利能力时，关注营业收入和净利润在申报期内出现较大幅度波动或申报期内营业毛利或净利润的增长幅度明显高于营业收入的增长幅度的情形。如发行人申报期内存在异常、偶发或交易标的不具备实物形态（例如技术转让合同、技术服务合同、特许权使用合同等）、交易价格明显偏离正常市场价格、交易标的对交易对手而言不具有合理用途的交易，需要关注上述交易的真实性、公允性、可持续性及上述交易相关损益是否应界定为非经常性损益等。发行人上市时尚未盈利或存在累计未弥补亏损的，应当在上市公告书显要位置就公司未来一定期间无法盈利或者无法进行利润分配等风险做特别提示。

366. 针对部分申请创业板上市的企业尚未盈利或最近一期存在累计未弥补亏损的情形，在核查方面有什么特别要求？

对发行人尚未盈利或最近一期存在累计未弥补亏损的情形保荐机构及申报会计师应充分核查，且对是否影响发行人持续经营能力，要明确发表结论性意见。

367. 盈利预测的编制有何要求？

（1）根据《信息披露内容与格式准则第 28 号》，如果发行人认为提供盈利预测报告将有助于投资者对发行人及投资于发行人的股票做出正确判断，且发行人确信有能力对最近的未来期间的盈利情况做出比较切合实际的预测，发行人可以披露盈利预测报告（属于自愿性编报情况）。发行人本次募集资金拟用于重大资产购买的，则应当披露发行人假设按预计购买、基准日完成购买的盈利预测报告，及假设发行当年 1 月 1 日完成购买的盈利预测报告（属于强制性编报情况）。

（2）发行人如果在招股说明书及其摘要中披露或引用盈利预测报告，则应由具有证券期货相关业务资格的会计师事务所审计或审核，需要关注稳健性，需要关注是否和利润表项目一致，是否有不合理的假设。此外，盈利预测必须提示风险。

（3）在准备盈利预测时，不能使用主观臆断、缺乏事实根据的资料。盈利预测报告是管理层在最佳估计假设的基础上编制的。盈利预测表的格式应与利润表一致，其中预测数应分栏列示已审实现数、未审实现数、预测数和合计数。需要编制合并财务报表的发行人，应分别编制母公司盈利预测表和合并盈利预测表。

（4）盈利预测说明应包括编制基准、所依据的基本假设及其合理性、与盈利预测数据相关的背景及分析资料等。盈利预测数据包含了特定的财政税收优惠政策或非经常性损益项目的，应特别说明。

368. 利润实现数未达到盈利预测会受到什么处罚？

发行人披露盈利预测，利润实现数未达到盈利预测80%的，除因不可抗力外，深交所对发行人及其董事长、总经理、财务负责人给予通报批评、公开谴责或者一年内不接受发行人提交的发行上市申请文件的纪律处分；对签字保荐代表人给予通报批评、公开谴责或者三个月至一年内不接受其签字的发行上市申请文件、信息披露文件的纪律处分。利润实现数未达到盈利预测50%的，除因不可抗力外，深交所对发行人及其董事长、总经理、财务负责人给予公开谴责或者三年内不接受发行人提交的发行上市申请文件的纪律处分；对签字保荐代表人给予公开谴责或者一年至二年内不接受其签字的发行上市申请文件、信息披露文件的纪律处分。

注册会计师在对前两款规定的盈利预测出具审核报告的过程中未勤勉尽责的，深交所对签字注册会计师给予通报批评、公开谴责或者一年内不接受其签字的发行上市申请文件、信息披露文件的纪律处分。

369. 如何评判发行人是否对关联方或者存在重大不确定性的客户存在重大依赖或者出现客户集中度较高情形的影响？

（1）如果发行人来自单一大客户主营业务收入或毛利贡献占比超过50%以上的，则表明发行人对该单一大客户存在重大依赖。但是否构成重大不利影响，应重点关注客户的稳定性和业务持续性；是否存在重大不确定性风险，也应在此基础上合理判断。

（2）对于控股股东、实际控制人与发行人之间关联交易对应的收入、成本费用或利润总额占发行人相应指标的比例较高（如达到30%）的，发行人应结合相关关联方的财务状况和经营情况、关联交易产生的收入、利润总额合理性等，充分说明并摘要披露关联交易是否影响发行人的经营独立性，是否构成对控股股东或实际控制人的依赖，是否存在通过关联交易调节发行人收入利润或成本费用、对发行人利益输送的情形。此外，发行人还应披露未来减少与控股股东、实际控制人发生关联交易的具体措施。

（3）发行人需要关注最近一年的新增客户和新增项目形成的利润和收入的增长，并判断和说明这种增长是否具备可持续性。

（4）发行人存在客户集中度较高情形的，保荐机构应重点关注该情形的合理性、客户的稳定性和业务的持续性，督促发行人做好信息披露和风险揭示。

（5）对于非因行业特殊性、行业普遍性导致客户集中度偏高的，保荐机构在执业过程中，应充分考虑该单一大客户是否为关联方或者是存在重大不确定性的客户；该集中是否可能导致发行人未来持续经营能力存在重大不确定性。

（6）对于发行人由于下游客户的行业分布集中而导致的客户集中具备合理性的特殊行业（如电力、电网、电信、石油、银行、军工等行业），发行人应与同行业可比上市公司进行比较，充分说明客户集中是否符合行业特性，发行人与客户的合作关系是否具有一定的历史基础，是否有充分的证据表明发行人采用公开、公平的手段或方式独立获取业务，相关的业务是否具有稳定性以及可持续性，并予以充分的信息披露。

（7）针对因上述特殊行业分布或行业产业链关系导致的发行人客户集中的情况，保荐机构应当综合分析考量以下因素的影响：一是发行人客户集中的原因，与行业经营特点是否一致，是否存在下游行业较为分散而发行人自身客户较为集中的情况及其合理性。二是发行人客户在其行业中的地位、透明度与经营状况，是否存在重大不确定性风险。三是发行人与客户合作的历史、业务稳定性及可持续性，相关交易的定价原则及公允性。四是发行人与重大客户是否存在关联关系，发行人的业务获取方式是否影响独立性，发行人是否具备独立面向市场获取业务的能力。

370. 如何判断发行人最近一个会计年度的净利润主要来自合并财务报表范围以外的投资收益？

《注册管理办法》对于发行人持续盈利能力条件中，要求发行人不得有“最近一个会计年度的净利润主要来自合并报表范围以外的投资收益”的情形，通常是指发行人最近一个会计年度的投资收益不超过当期合并报表净利润的50%。

对该款限制性要求的把握，不仅关注发行人来自合并财务报表范围以外的投资收益对盈利的贡献程度，还关注发行人纳入合并报表范围以内主体状况、合并财务报表范围以外投资对象业务内容以及招股说明书中相关信息披露等情况。

如发行人能够同时满足以下三个条件，则最近一个会计年度投资收益占净利润比例较高的情况不构成影响发行人持续盈利能力条件的情形：

（1）发行人如减除合并财务报表范围以外的对外投资及投资收益，仍须符合发行条件要求，包括具有完整产供销体系，资产完整并独立运营，具有持续盈利能力。剔除相关投资收益，仍符合首发财务指标条件。

（2）被投资企业主营业务与发行人主营业务须具有高度相关性，如同一行业、类似技术产品、上下游关联产业等，不存在大规模非主业投资情况。

（3）需充分披露相关投资的基本情况及对发行人的影响。

371. 中介机构应重点关注发行人的哪些影响其持续经营能力的情形？

（1）发行人所处行业受国家政策限制或国际贸易条件影响存在重大不利变化风险。

（2）发行人所处行业出现周期性衰退、产能过剩、市场容量骤减、增长停滞等情况。

（3）发行人所处行业准入门槛低，竞争激烈，相比竞争者，发行人在技术、资金、规模效应等方面不具有明显优势。

（4）发行人所处行业上下游供求关系发生重大变化，导致原材料采购价格或产品售价出现重大不利变化。

（5）发行人因业务转型的负面影响导致营业收入、毛利率、成本费用及盈利水平出现重大不利变化，且最近一期经营业绩尚未出现明显好转趋势。

（6）发行人重要客户本身发生重大不利变化，进而对发行人业务的稳定性和持续性产生重大不利影响。

（7）发行人由于工艺过时、产品落后、技术更迭、研发失败等原因导致市场占有率持续下降，重要资产或主要生产线出现重大减值风险，主要业务停滞或萎缩。

（8）发行人多项业务数据和财务指标呈现恶化趋势，短期内没有好转迹象。

（9）对发行人业务经营或收入实现有重大影响的商标、专利、专有技术以及特许经营权等重要资产或技术存在重大纠纷或诉讼，已经或者未来将对发行人财务状况或经营成果产生重大影响。

（10）其他明显影响或丧失持续经营能力的情形。

372. 如何核查和判断发行人是否存在影响持续经营能力的重要情形？

中介机构应详细分析和评估影响发行人持续经营能力情形的具体表现、影响程度和预期结果，综合判断其是否对发行人持续经营能力构成重大不利影响，审慎发表明确意见，并督促发行人充分披露可能存在的持续经营风险。

对于非因行业特殊性、行业普遍性导致客户集中度偏高的，保荐机构在执业过程中，应充分考虑该单一大客户是否为关联方或者是存在重大不确定性的客户；该集中是否可能导致发行人未来持续经营能力存在重大不确定性。保荐机构如发表意见认为发行人客户集中不对其持续经营能力构成重大不利影响的，应当提供充分的依据，说明上述客户本身不存在重大不确定性，发行人已与其建立长期稳定的合作关系，客户集中具有行业普遍性，发行人在客户稳定性与业务持续性方面没有重大风险。发行人应在招股说明书中披露上述情况，充分揭示客户集中度较高可能带来的风险。

373. 发行人利润主要来源于子公司的审核关注点是什么？

关注子公司财务管理制度和公司章程中分红条款，说明是否能保证发行人未来具备分红能力，发行人需要补充披露报告期内子公司分红情况。

374. 保荐机构和会计师事务所应核查发行人收入的真实性和准确性，包括哪些方面？

（1）发行人收入构成及变化情况是否符合行业和市场同期的变化情况。发行人产品或服务价格、销量及变动趋势与市场上相同或相近产品或服务的信息及其走势相比，是否存在显著异常。发行人属于强周期性行业的，发行人收入变化情况与该行业是否保持一致。发行人营业收入季节性波动显著的，季节性因素对发行人各季度收入的影响是否合理。

（2）不同销售模式对发行人收入核算的影响，经销商或加盟商销售商占比较高的，经销商或加盟商最终销售的大致去向。

（3）发行人收入确认标准是否符合会计准则的规定，是否与行业惯例存在显著差异及原因。

（4）发行人合同收入确认时点的恰当性，是否存在提前或延迟确认收入的情况。发行人主要客户及变化情况，与新增和异常客户交易的合理性及持续性，会计期末是否存在突击确认销售以及期后是否存在大量销售退回的情况。

（5）发行人主要合同的签订及履行情况，发行人各期主要客户的销售金额与销售合同金额之间是否匹配。报告期发行人应收账款主要客户与发行人主要客户是否匹配，新增客户的应收账款金额与其营业收入是否匹配。大额应收款项是否能够按期收回以及期末收到的销售款项是否存在期后不正常流出的情况。

（6）发行人是否利用与关联方或其他利益相关方的交易实现报告期收入的增长。报告期关联销售金额及占比大幅下降的原因及合理性，是否存在隐匿关联交易或关联交易非关联化的情形。如发行人报告期存在第三方回款，保荐机构及申报会计师通常应重点核查以下方面：①第三方回款的真实性，是否存在虚构交易或调节账龄情形；②第三方回款形成收入占营业收入的比例；③第三方回款的原因、必要性及商业合理性；④发行人及其实际控制人、董监高或其他关联方与第三方回款的支付方是否存在关联关系或其他利益安排；⑤境外销售涉及境外第三方的，其代付行为的商业合理性或合法合规性；⑥报告期内是否存在因第三方回款导致的货款归属纠纷；⑦如签订合同时已明确约定由其他第三方代购买方付款，该交易安排是否具有合理原因；⑧资金流、实物流与合同约定及商业实质是否一致。

（7）发行人采取经销商销售模式的，中介机构应重点关注其收入实现的真实性，详细核查经销商具体业务模式及采取经销商模式的必要性。经销商模式下收入确认是否符合企业会计准则的规定，经销商选取标准、日常管理、定价机制（包括营销、运输费用承担和补贴等）、物流（是否直接发货给终端客户）、退换货机制、销售存货信息系统等方面的内控是否健全并有效执行，经销商是否与发行人存在关联关系，对经销商的信用政策是否合理等。

375. 保荐机构和会计师事务所应核查发行人成本的准确性和完整性，包括哪些方面？

（1）发行人主要原材料和能源的价格及其变动趋势与市场上相同或相近原材料和能源的价格及其走势相比，是否存在显著异常。

（2）报告期各期发行人主要原材料及单位能源耗用与产能、产量、销量之间是否匹配。报告期发行人的料、工、费的波动情况及其合理性。

（3）发行人成本核算方法是否符合实际经营情况和会计准则的要求，报告期成本核算的方法是否保持一贯性。

（4）发行人主要供应商变动的原因及合理性，是否存在与原有主要供应商交易额大幅减少或合作关系取消的情况。

（5）发行人主要采购合同的签订及实际履行情况，是否存在主要供应商中的外协或外包方占比较高的情况，外协或外包生产方式对发行人营业成本的影响。

（6）发行人存货的真实性，是否存在将本应计入当期成本费用的支出混入存货项目以达到少计当期成本费用的情况。

（7）发行人存货盘点制度的建立和报告期实际执行情况，异地存放、盘点过程存在特殊困难或由第三方保管或控制的存货的盘存方法以及履行的替代盘点程序。

376. 保荐机构和会计师事务所应核查发行人期间费用的准确性和完整性，包括哪些方面？

（1）发行人销售费用、管理费用和财务费用构成项目是否存在异常或变动幅度较大的情况及其合理性。

（2）发行人销售费用率与同行业上市公司销售费用率相比，是否合理。

（3）发行人销售费用的变动趋势与营业收入的变动趋势的一致性，销售费用的项目和金额与当期发行人销售相关的行为是否匹配，是否存在相关支出由其他利益相关方支付的情况。

（4）发行人报告期管理人员的薪酬是否合理，研发费用的规模与列支与发行人当期的研发行为及工艺进展是否匹配。

（5）发行人报告期是否足额计提了各项贷款利息支出，是否根据贷款实际使用情况恰当地进行了利息资本化，发行人占用相关方资金或资金被相关方占用是否支付或收取了资金占用费，费用是否合理。报告期各期发行人员工的工资总额、平均工资及变动趋势与发行人所在地区平均水平或同行业上市公司平均水平之间是否存在显著差异及差异的合理性。

377. 保荐机构和会计师事务所应核查影响发行人净利润的项目，包括哪些方面？

（1）发行人政府补助项目的会计处理合规性。其中，按应收金额确认的政府补助是否满足确认标准，以及确认标准的一致性；与资产相关和与收益相关的政府补助的划分标准是否恰当，政府补助关于递延收益分配期限确定方式是否合理等。

（2）发行人是否符合所享受的税收优惠的条件，相关会计处理的合规性，如果存在补缴或退回的可能，是否已充分提示相关风险。

第七部分

股票发行审核——信息披露

第一章
信息披露的要求

378. 发行人在信息披露方面应做什么？

（1）发行人应当诚实守信，依法充分披露投资者做出价值判断和投资决策所必需的信息，保证发行上市申请文件和信息披露的真实、准确、完整，简明清晰，通俗易懂，不得有虚假记载、误导性陈述或者重大遗漏。

（2）发行人应当按保荐机构、证券服务机构要求，依法向其提供真实、准确、完整的业务运营、财务会计及其他资料，配合相关机构开展尽职调查和其他相关工作。

379. 发行人的控股股东、实际控制人、董事、监事、高级管理人员等相关主体在信息披露方面应做什么？

（1）发行人的控股股东、实际控制人、董事、监事、高级管理人员等相关主体应当诚实守信，保证发行上市申请文件和信息披露的真实、准确、完整，依法做出并履行相关承诺，不得损害投资者合法权益。

（2）相关主体应当配合相关机构开展尽职调查和其他相关工作。发行人的控股股东、实际控制人不得指使或者协助发行人进行虚假记载、误导性陈述或者重大遗漏等违法违规行为。

380. 保荐机构及其保荐代表人在信息披露方面应做什么？

（1）保荐机构及其保荐代表人应当诚实守信，勤勉尽责，保证招股说明书及其出具的发行保荐书、上市保荐书等文件的真实、准确、完整。

（2）保荐机构应当严格遵守依法制定的业务规则和行业自律规范的要求，严格执行内部控制制度，对发行上市申请文件进行全面核查验证，对发行人是否符合创业板定位、发行条件、上市条件和信息披露要求做出专业判断，审慎做出推荐决定。

381. 会计师事务所、律师事务所等证券服务机构及相关人员在信息披露方面应做什么？

（1）会计师事务所、律师事务所等证券服务机构及相关人员应当诚实守信，勤勉尽责，保证招股说明书中与其专业职责有关的内容及其出具文件的真实、准确、完整。

（2）证券服务机构应当严格遵守法律法规、中国证监会依法制定的监管规则、执业准则、职业道德守则、深交所依法制定的业务规则及其他相关规定，建立并保持有效的质量控制体系和投资者保护机制，严格执行内部控制制度，对与其专业职责有关的业务事项进行核查验证，履行特别注意义务，对其他业务事项履行普通注意义务，审慎发表专业意见。

（3）证券服务机构及其相关人员从事证券服务业务应当配合深交所的自律管理，在规定的期限内提供、报送或披露相关资料、信息，并保证其提供、报送或披露的资料和信息真实、准确、完整，不得有虚假记载、误导性陈述或者重大遗漏。

（4）证券服务机构应当妥善保存客户委托文件、核查和验证资料、工作底稿以及与质量控制、内部管理、业务经营有关的信息和资料。

第二章 信息披露的审核

382. 信息披露审核方式是什么?

深交所对发行上市申请文件进行审核,通过提出问题、回答问题等多种方式,督促发行人及其保荐机构、证券服务机构完善信息披露,真实、准确、完整地披露信息,提高信息披露质量。

383. 信息披露审核关注重点是什么?

深交所在信息披露审核中,重点关注发行人的信息披露是否达到真实、准确、完整的要求,是否符合招股说明书内容与格式准则的要求。

384. 信息披露审核重要性原则是什么?

深交所在信息披露审核中,重点关注发行上市申请文件及信息披露内容是否包含对投资者做出投资决策有重大影响的信息,披露程度是否达到投资者做出投资决策所必需的水平,包括但不限于是否充分、全面披露发行人业务、技术、财务、公司治理、投资者保护等方面的信息以及本次发行的情况,是否充分揭示了可能对发行人经营状况、财务状况产生重大不利影响的所有因素。

385. 信息披露审核一致性原则是什么?

深交所在信息披露审核中,重点关注发行上市申请文件及信息披露内容是否一致、合理,并具有内在逻辑性,包括但不限于财务数据是否钩稽合理，是否符合发行人实际情况，非财务信息与财务信息是否相互印证，保荐机构、证券服务机构核查依据是否充分，能否对财务数据的变动或者与同行业公司存在的差异做出合理解释。

386. 信息披露审核简明性原则是什么？

深交所在信息披露审核中，重点关注发行上市申请文件披露的内容是否简明易懂，是否便于一般投资者阅读和理解，包括但不限于是否使用浅白语言，是否简明扼要、重点突出、逻辑清晰，是否结合企业自身特点进行有针对性的信息披露。

387. 在审核问询中，深交所可能提出哪些要求？

深交所对发行上市申请文件的信息披露进行审核时，可以视情况在审核问询中对发行人、保荐机构及证券服务机构提出下列要求：

（1）解释和说明相关问题及原因。

（2）补充核查相关事项。

（3）补充提供新的证据或材料。

（4）修改或更新信息披露内容。

第三章

招股说明书披露要点

388. 创业板招股说明书主要披露哪些内容？

根据《信息披露内容与格式准则第 28 号》，创业板招股说明书主要包括以下内容：本次发行概况、风险因素、发行人基本情况、业务与技术、公司治理与独立性、财务会计信息与管理层分析、募集资金运用与未来发展规划、投资者保护以及其他重要事项等内容。

389. 创业板招股说明书的发行基本情况应披露哪些主要内容？

（1）股票种类。

（2）每股面值。

（3）发行股数、股东公开发售股数（如有），占发行后总股本的比例。

（4）每股发行价格。

（5）发行人高级管理人员、员工拟参与战略配售情况（如有）。

（6）保荐机构相关子公司拟参与战略配售情况（如有）。

（7）标明计算基础和口径的市盈率（如适用）。

（8）预测净利润及发行后每股收益（如有）。

（9）发行前和发行后每股净资产。

（10）标明计算基础和口径的市净率。

（11）发行方式与发行对象。

（12）承销方式。

（13）发行费用概算（包括承销费、保荐费、审计费、评估费、律师费、发行手续费等）。

发行人股东公开发售股份的，还应披露具体方案，包括本次预计发行新股数量，发行人股东公开发售股份的数量，发行费用的分摊原则，拟公开发售股份的股东名称、持股数量及拟公开发售股份数量等。

390. 创业板招股说明书如何披露发行人的风险因素？

发行人应遵循重要性原则按顺序简明易懂地披露可能直接或间接地对发行人及本次发行产生重大不利影响的所有风险因素。发行人应以方便投资者投资决策参考的原则对风险因素进行分类列示。发行人应结合企业特点，精准清晰充分地披露可能对公司经营业绩、核心竞争力、业务稳定性以及未来发展产生重大不利影响的各种风险因素：

（1）创新风险，包括科技创新失败、模式创新和业态创新无法获得市场认可、新旧产业融合失败等风险。

（2）技术风险，包括技术升级迭代、研发失败、技术专利许可或授权不具排他性，技术未能形成产品或实现产业化等风险。

（3）经营风险，包括市场或经营前景或行业政策变化，商业周期变化，经营模式失败，依赖单一客户、单一技术、单一原材料等风险。

（4）内控风险，包括管理经验不足、特殊的公司治理结构、依赖单一管理人员或其他核心人员等。

（5）财务风险，包括现金流状况不佳、资产周转能力差、重大资产减值、重大担保或偿债风险等。

（6）法律风险，包括重大技术、产品纠纷或诉讼风险，土地、资产权属瑕疵，股权纠纷，行政处罚等方面对发行人合法合规性及持续经营的影响。

（7）发行失败风险，包括发行认购不足，或未能达到预计市值上市条件的风险等。

（8）尚未盈利或存在累计未弥补亏损的风险，包括未来一定期间无法盈利或无法进行利润分配的风险，对发行人现金流、业务拓展、人才吸引、团队稳定性、研发投入、战略性投入、生产经营可持续性等方面产生不利影响的风险等。

（9）特别表决权股份或类似公司治理特殊安排的风险。

（10）可能严重影响公司持续经营的其他因素。

391. 发行人已在其他证券市场上市或挂牌的，如何进行披露？

创业板招股说明书中应披露发行人在其他证券市场上市或挂牌的情况，包括上市或挂牌时间、上市或挂牌地点、上市或挂牌期间受到处罚的情况、退市情况等（如有）。

392. 创业板招股说明书对控股股东、实际控制人的披露有何要求？

发行人应披露持有发行人5%以上股份或表决权的主要股东及实际控制人的基本情况，主要包括：

（1）控股股东、实际控制人的基本情况。控股股东、实际控制人为法人的，应披露成立时间、注册资本、实收资本、注册地和主要生产经营地、股东构成、主营业务及其与发行人主营业务的关系，最近一年及一期末的总资产、净资产、最近一年及一期的营业收入、净利润，并标明有关财务数据是否经过审计及审计机构名称；控股股东、实际控制人为自然人的，应披露国籍、是否拥有永久境外居留权、身份证号码；控股股东、实际控制人为合伙企业等非法人组织的，应披露出资人构成、出资比例及实际控制人。

（2）控股股东和实际控制人直接或间接持有发行人的股份是否存在质押或其他有争议的情况。

（3）实际控制人应披露至最终的国有控股主体、集体组织、自然人等。

（4）无控股股东、实际控制人的，应参照对发行人控股股东及实际控制人的要求，披露对发行人有重大影响的股东情况。

（5）其他持有发行人5%以上股份或表决权的主要股东的基本情况。主要股东为法人的，应披露成立时间、注册资本、实收资本、注册地和主要生产经营地、股东构成、主营业务及其与发行人主营业务的关系；主要股东为自然人的，应披露国籍、是否拥有永久境外居留权、身份证号码；主要股东为合伙企业等非法人组织的，应披露出资人构成、出资比例。

393. 创业板招股说明书在披露发行人的主营业务、主要产品或服务方面有何要求？

（1）主营业务、主要产品或服务的基本情况，主营业务收入的主要构成。

（2）主要经营模式，如盈利模式、采购模式、生产或服务模式、营销及管理模式等，分析采用目前经营模式的原因、影响经营模式的关键因素、经营模式和影响因素在报告期内的变化情况及未来变化趋势。发行人的业务及其模式具有创新性的，还应披露其独特性、创新内容及持续创新机制。

（3）设立以来主营业务、主要产品或服务、主要经营模式的演变情况。

（4）主要产品的工艺流程图或服务流程图。

（5）生产经营中涉及的主要环境污染物、主要处理设施及处理能力。

394. 创业板招股说明书如何披露发行人的行业竞争状况？

（1）披露所属行业及确定所属行业的依据。

（2）简要披露所属行业的行业主管部门、行业监管体制、行业主要法律法规政策；重点结合报告期初以来新制定或修订、预期近期出台的与发行人生产经营密切相关的法律法规、行业政策，披露对发行人经营资质、准入门槛、运营模式、所在行业竞争格局等方面的具体影响。

（3）所属行业的特点和发展趋势；结合行业情况充分披露自身的创新、创造、创意特征；科技创新、模式创新、业态创新和新旧产业融合情况。

（4）发行人产品或服务的市场地位、技术水平及特点、行业内的主要企业、竞争优势与劣势、行业发展态势、面临的机遇与挑战，以及上述情况在报告期内的变化及未来可预见的变化趋势。

（5）发行人与同行业可比公司在经营情况、市场地位、技术实力、衡量核心竞争力的关键业务数据、指标等方面的比较情况。

395. 创业板招股说明书对发行人的销售情况和主要客户有何披露要求？

（1）报告期内各期主要产品或服务的规模（产能、产量、销量，或服务能力、服务量）、销售收入、产品或服务的主要客户群体、销售价格的总体变动情况。存在多种销售模式的，应披露各销售模式的规模及占当期销售总额的比重。

（2）报告期内各期的前五名客户合计的销售额占当期销售总额的百分比，单个客户的销售比例超过总额的50%的、前五名客户中存在新增客户的或严重依赖于少数客户的，应披露其名称或姓名、销售比例。该客户为发行人关联方的，应披露产品最终实现销售的情况。受同一实际控制人控制的客户，应合并计算销售额。

396. 创业板招股说明书对发行人的采购情况和主要供应商有何披露要求？

（1）报告期内采购产品、原材料、能源或接受服务的情况，相关价格变动趋势。

（2）报告期内各期的前五名供应商合计的采购额占当期采购总额的百分比，单个供应商的采购比例超过总额的50%的、前五名供应商中存在新增供应商的或严重依赖于少数供应商的，应披露其名称或姓名、采购比例。受同一实际控制人控制的供应商，应合并计算采购额。

397. 创业板招股说明书对发行人的核心技术方面有何披露要求？

（1）发行人应披露主要产品或服务的核心技术及技术来源，结合行业技术水平和对行业的贡献，披露发行人的技术先进性及具体表征。

（2）披露发行人的核心技术是否取得专利或其他技术保护措施、

在主营业务及产品或服务中的应用和贡献情况。

（3）发行人应披露核心技术的科研实力和成果情况，包括获得重要奖项，承担的重大科研项目等。发行人应披露正在从事的研发项目、所处阶段及进展情况、相应人员、经费投入、拟达到的目标；结合行业技术发展趋势，披露相关科研项目与行业技术水平的比较；披露报告期内研发投入的构成、占营业收入的比例。与其他单位合作研发的，还应披露合作协议的主要内容，权利义务划分约定及采取的保密措施等。

（4）发行人应披露核心技术人员、研发人员占员工总数的比例，核心技术人员的学历背景构成，取得的专业资质及重要科研成果和获得奖项的情况，对公司研发的具体贡献，发行人对核心技术人员实施的约束激励措施，报告期内核心技术人员的主要变动情况及对发行人的影响。发行人应披露保持技术不断创新的机制、技术储备及技术创新的安排等。

398. 创业板招股说明书就发行人的独立性方面需披露哪些内容？

（1）资产完整方面。生产型企业具备与生产经营有关的主要生产系统、辅助生产系统和配套设施，合法拥有与生产经营有关的主要土地、厂房、机器设备以及商标、专利、非专利技术的所有权或者使用权，具有独立的原料采购和产品销售系统；非生产型企业具备与经营有关的业务体系及主要相关资产。

（2）人员独立方面。发行人的总经理、副总经理、财务负责人和董事会秘书等高级管理人员不在控股股东、实际控制人及其控制的其他企业中担任除董事、监事以外的其他职务，不在控股股东、实际控制人及其控制的其他企业领薪；发行人的财务人员不在控股股东、实际控制人及其控制的其他企业中兼职。

（3）财务独立方面。发行人已建立独立的财务核算体系、能够独立做出财务决策、具有规范的财务会计制度和对分公司、子公司的财务管理制度；发行人未与控股股东、实际控制人及其控制的其他企业共用银行账户。

（4）机构独立方面。发行人已建立健全内部经营管理机构、独立行使经营管理职权，与控股股东和实际控制人及其控制的其他企业间不存在机构混同的情形。

（5）业务独立方面。发行人的业务独立于控股股东、实际控制人及其控制的其他企业，与控股股东、实际控制人及其控制的其他企业间不存在对发行人构成重大不利影响的同业竞争，以及严重影响独立性或者显失公平的关联交易。

（6）发行人主营业务、控制权、管理团队稳定，最近二年内主营业务和董事、高级管理人员均没有发生重大不利变化；控股股东和受控股股东、实际控制人支配的股东所持发行人的股份权属清晰，最近二年实际控制人没有发生变更，不存在导致控制权可能变更的重大权属纠纷。

（7）发行人不存在主要资产、核心技术、商标的重大权属纠纷，重大偿债风险，重大担保、诉讼、仲裁等或有事项，经营环境已经或将要发生的重大变化等对持续经营有重大影响的事项。

399. 创业板招股说明书关于同业竞争需要做哪些披露？

（1）发行人应披露是否存在与控股股东、实际控制人及其控制的其他企业从事相同、相似业务的情况。如存在，应对不存在对发行人构成重大不利影响的同业竞争做出合理解释，并披露发行人防范利益输送、利益冲突及保持独立性的具体安排等。

（2）发行人应披露控股股东、实际控制人做出的避免新增同业竞争的承诺。

400. 创业板招股说明书关于关联交易需要做哪些披露？

发行人应根据《公司法》《企业会计准则》及中国证监会有关规定披露关联方、关联关系和关联交易。发行人应根据交易的性质和频率，按照经常性和偶发性分类披露关联交易及关联交易对其财务状况和经营成果的影响。

购销商品、提供劳务等经常性关联交易，应分别披露报告期内关联方名称、交易内容、交易价格的确定方法、交易金额、占当期营业收入或营业成本的比重、占当期同类型交易的比重以及关联交易增减变化的趋势，与交易相关的应收应付款项的余额及增减变化的原因，以及上述关联交易是否仍将持续进行。偶发性关联交易，应披露关联方名称、交易时间、交易内容、交易金额、交易价格的确定方法、资金结算情况、交易产生的利润及对发行人当期经营成果的影响、交易对公司主营业务的影响。发行人应披露报告期内所发生的全部关联交易的简要汇总表。

发行人应披露报告期内发生的关联交易是否履行了公司章程规定的程序，以及独立董事对关联交易履行的审议程序是否合法且交易价格是否公允的意见。

发行人应披露报告期内关联方的变化情况。由关联方变为非关联方的，发行人应比照关联交易的要求持续披露与上述原关联方的后续交易情况，以及相关资产、人员的去向等。

401. 创业板招股说明书需披露发行人的哪些主要财务指标？

发行人需披露的财务指标主要包括流动比率、速动比率、资产负债率、应收账款周转率、存货周转率、息税折旧摊销前利润、归属于发行人股东的净利润、归属于发行人股东扣除非经常性损益后的净利润、研发投入占营业收入的比例、每股经营活动产生的现金流量、每股净现金流量、基本每股收益、稀释每股收益、归属于发行人股东的每股净资产、净资产收益率。其中，净资产收益率和每股收益的计算应执行中国证监会的有关规定。

402. 创业板招股说明书如何披露管理层分析的内容？

发行人应以管理层的视角，结合“业务与技术”中披露的业务、经营模式、技术水平、竞争力等要素披露报告期内取得经营成果的逻辑。发行人的管理层分析一般应包括发行人的经营成果、资产质量、偿债能力、流动性与持续经营能力、发行人的重大资本性支出与资产业务重组等方面。发行人应明确披露对上述方面有重大影响的关键因素及其影响程度，充分揭示对发行人经营前景具有核心意义或其目前已经存在的趋势变化对业绩变动具有较强预示作用的财务或非财务指标。

403. 创业板招股说明书在募集资金方面需披露哪些内容？

发行人应当披露募集资金的投向和使用管理制度，披露募集资金对发行人主营业务发展的贡献，对发行人未来经营战略的影响，对发行人业务创新、创造、创意性的支持作用。发行人应根据重要性原则披露募集资金运用情况：

（1）募集资金的具体用途，简要分析募集资金具体用途的可行性及其与发行人现有主要业务、核心技术之间的关系。

（2）投资概算情况。发行人所筹资金如不能满足预计资金使用需求的，应说明缺口部分的资金来源及落实情况；如所筹资金超过预计资金使用需求的，应说明相关资金在运用和管理上的安排。

（3）募集资金具体用途所需的时间周期和进度。

（4）募集资金运用涉及履行审批、核准或备案程序的，应披露相关的履行情况。

（5）募集资金运用涉及环保问题的，应披露可能存在的环保问题、采取的措施及资金投入情况。

（6）募集资金运用涉及新取得土地或房产的，应披露取得方式、进展情况及未能如期取得对募集资金具体用途的影响。

（7）募集资金运用涉及与他人合作的，应披露合作方基本情况、合作方式、各方权利义务关系。

（8）募集资金向实际控制人、控股股东及其关联方收购资产，如果对被收购资产有效益承诺的，应披露效益无法完成时的补偿责任。

404. 创业板招股说明书在股利分配政策方面需披露哪些内容？

发行人应披露发行后的股利分配政策和决策程序，以及本次发行前后股利分配政策的差异情况。此外，发行人还应披露本次发行完成前滚存利润的分配安排和已履行的决策程序。若发行前的滚存利润归发行前的股东享有，应披露滚存利润审计和实际派发情况。

405. 创业板招股说明书应披露重要合同的哪些内容？

招股说明书应披露对报告期经营活动、财务状况或未来发展等具有重要影响的已履行和正在履行的合同情况，包括合同当事人、合同标的、合同价款或报酬、履行期限、实际履行情况等。与同一交易主体在一个会计年度内连续发生的相同内容或性质的合同应累计计算。

406. 创业板招股说明书应披露对外担保的哪些情况?

（1）被担保人的名称、注册资本、实收资本、住所、生产经营情况、与发行人有无关联关系，以及最近一年及一期末的总资产、净资产和最近一年及一期的营业收入、净利润。

（2）主债务的种类、金额和履行债务的期限。

（3）担保方式：采用保证方式还是抵押、质押方式；采用抵押、质押方式的，应披露担保物的种类、数量、价值等相关情况。

（4）担保范围。

（5）担保期间。

（6）解决争议的方法。

（7）其他对担保人有重大影响的条款。

（8）担保履行情况。

（9）如存在反担保的，应简要披露相关情况。

（10）该担保对发行人业务经营与财务状况的影响。

407. 创业板招股说明书应披露哪些诉讼和仲裁事项?

招股说明书应披露对财务状况、经营成果、声誉、业务活动、未来前景等可能产生较大影响的诉讼或仲裁事项，以及控股股东或实际控制人、控股子公司，发行人董事、监事、高级管理人员和其他核心人员作为一方当事人可能对发行人产生影响的刑事诉讼、重大诉讼或仲裁事项，主要包括：

（1）案件受理情况和基本案情。

（2）诉讼或仲裁请求。

（3）判决、裁决结果及执行情况。

（4）诉讼、仲裁案件对发行人的影响。发行人应披露董事、监事、高级管理人员和其他核心人员最近三年涉及行政处罚、被司法机关立案侦查、被中国证监会立案调查情况。

408. 创业板招股说明书应披露的附件主要包括哪些内容？

（1）发行保荐书。

（2）上市保荐书。

（3）法律意见书。

（4）财务报告及审计报告。

（5）公司章程（草案）。

（6）内部控制鉴证报告。

（7）经注册会计师鉴证的非经常性损益明细表。

（8）与投资者保护相关的承诺。

（9）发行人及其他责任主体做出的与发行人本次发行上市相关的其他承诺事项。

（10）发行人审计报告基准日至招股说明书签署日之间的相关财务报表及审阅报告（如有）。

（11）盈利预测报告及审核报告（如有）。

（12）中国证监会同意发行人本次公开发行注册的文件。

（13）其他与本次发行有关的重要文件。

409. 创业板招股说明书披露的与投资者保护相关的承诺有哪些？

与投资者保护相关的承诺应充分披露发行人、股东、实际控制人及发行人的董事、监事、高级管理人员，以及本次发行的保荐机构及证券服务机构等做出的重要承诺、未能履行承诺的约束措施以及已触发履行条件的承诺事项的履行情况。承诺事项主要包括：

（1）本次发行前股东所持股份的限售安排、自愿锁定股份、延长锁定期限以及股东持股及减持意向等承诺。

（2）稳定股价的措施和承诺。

（3）股份回购和股份买回的措施和承诺（如有）。

（4）对欺诈发行上市的股份回购和股份买回承诺。

（5）填补被摊薄即期回报的措施及承诺。

（6）利润分配政策的承诺。

（7）依法承担赔偿责任的承诺。

（8）其他承诺事项。

第四章

发行上市保荐书披露要点

410. 发行保荐书主要披露哪些内容？发行保荐书和保荐工作报告之间的关系是怎样的？

保荐机构应在发行保荐书中对发行人是否符合发行条件，发行人存在的主要风险，保荐机构与发行人的关联关系，保荐机构的推荐结论等事项发表明确意见并进行披露。

发行保荐书是保荐机构及其保荐代表人为推荐发行人证券发行而出具的正式法律文件，也是评价保荐机构及其保荐代表人从事保荐业务是否诚实守信、勤勉尽责的重要依据。发行保荐工作报告是发行保荐书的辅助性文件。保荐机构应在发行保荐工作报告中，全面记载尽职推荐发行人的主要工作过程，详细说明尽职推荐过程中发现的发行人存在的主要问题及解决情况，充分揭示发行人面临的主要风险。

411. 发行保荐书应披露保荐代表人、项目协办人等人的哪些信息？

（1）保荐机构应在发行保荐书中简述本次具体负责推荐的保荐代表人，包括保荐代表人姓名、保荐业务执业情况等内容。

（2）保荐机构还应简述本次证券发行项目协办人及其他项目组成员，包括项目协办人姓名、保荐业务执业情况，项目组其他成员姓名等内容。

412. 发行保荐书应披露发行人的哪些信息？

保荐机构应在发行保荐书中简述发行人情况，包括发行人名称、注册地及时间、联系方式、业务范围、本次证券发行类型等内容。上市公司非公开发行股票的，还应当披露发行人的最新股权结构、前十名股东情况、历次筹资、现金分红及净资产变化表、主要财务数据及财务指标。

413. 发行保荐书应披露发行人与保荐机构的哪些关系？

保荐机构在发行保荐书中应详细说明发行人与保荐机构是否存在下列情形：

（1）保荐机构或其控股股东、实际控制人、重要关联方持有发行人或其控股股东 、实际控制人、重要关联方股份的情况。

（2）发行人或其控股股东、实际控制人、重要关联方持有保荐机构或其控股股东、实际控制人、重要关联方股份的情况。

（3）保荐机构的保荐代表人及其配偶，董事、监事、高级管理人员拥有发行人权益、在发行人任职等情况。

（4）保荐机构的控股股东、实际控制人、重要关联方与发行人控股股东、实际控制人、重要关联方相互提供担保或者融资等情况。

（5）保荐机构与发行人之间的其他关联关系。

存在上述情形的，应当重点说明这些情形对保荐机构及其保荐代表人公正履行保荐职责可能产生的影响。

414. 发行保荐书应如何披露保荐机构的推荐意见？

保荐机构应在进行充分尽职调查、审慎核查的基础上，对本次证券发行明确发表推荐结论。具体包括：

（1）保荐机构应逐项说明发行人是否已就本次证券发行履行了《公司法》《证券法》及中国证监会规定的决策程序。

（2）保荐机构应逐项说明本次证券发行是否符合《证券法》规定的发行条件。

（3）保荐机构应逐项说明本次证券发行是否符合《注册管理办法》或者《创业板上市公司证券发行注册管理办法（试行）》规定

的发行条件，并载明得出每项结论的查证过程及事实依据。

（4）保荐机构应结合发行人行业地位、经营模式、产品结构、经营环境、主要客户、重要资产以及技术等影响持续盈利能力的因素，详细说明发行人存在的主要风险，并对发行人的发展前景进行简要评价。

415. 上市保荐书应披露发行人的哪些内容?

保荐机构应当简述发行人基本情况，包括发行人名称、注册地及注册时间、联系方式、主营业务、核心技术、研发水平、主要经营和财务数据及指标、发行人存在的主要风险等内容。保荐机构应当简述发行人本次发行情况，包括证券种类、发行数量、发行方式等内容。

416. 上市保荐书如何披露保荐机构所履行的内部程序及承诺?

（1）保荐机构应当承诺已按照法律法规和中国证监会及深交所相关规定，对发行人及其控股股东、实际控制人进行了尽职调查、审慎核查，充分了解发行人经营状况及其面临的风险和问题，履行了相应的内部审核程序。

（2）保荐机构应当在上市保荐书中就《证券发行上市保荐业务管理办法》中规定的承诺事项做出承诺，并承诺自愿接受深交所的自律监管。

（3）保荐机构应当对本次证券发行上市发表明确的推荐结论，并具备相应的保荐工作底稿支持。

417. 上市保荐书如何就发行人符合上市标准进行披露?

保荐机构应当逐项说明发行人是否符合《上市规则》规定的上市条件，并明确说明发行人所选择的具体上市标准，详细载明得出每项结论的查证过程及事实依据。对于市值指标，保荐机构应当结合发行人报告期外部股权融资情况、可比公司在境内外市场的估值情况等进行说明。

发行人为红筹企业的，保荐机构应当说明发行人的投资者权益保护水平、特别披露事项、重大交易决策程序等是否符合《上市规则》的相关规定。发行人具有表决权差异安排的，保荐机构应当说明发行人有关表决权差异安排的主要内容、相关风险及对公司治理的影响，以及依法落实保护投资者合法权益的各项措施，相关安排是否符合《上市规则》的相关规定。

418. 上市保荐书应如何披露发行人上市之后持续督导安排？

保荐机构应当披露对发行人证券上市后持续督导工作的具体安排，包括持续督导事项、持续督导期限、持续督导计划等内容。

419. 发行人情况发生变化的，应如何在上市保荐书中进行披露？

保荐机构报送上市保荐书后，发行人情况发生重大变化并影响本次证券上市条件的，保荐机构应当及时对上市保荐书进行补充、更新。发行人发行完成后，保荐机构应当结合发行情况更新上市保荐书，就市值及财务指标等是否符合选定的上市标准发表明确结论意见，并将更新后的上市保荐书提交深交所。

420. 保荐机构哪些人员需在上市保荐书中签字？

上市保荐书应当由保荐机构法定代表人、保荐业务负责人、内核负责人、保荐代表人和项目协办人签字，加盖保荐机构公章并注明签署日期。

第五章

法律意见书披露要点

421. 法律意见书有哪些披露要点？

（1）本次发行上市的批准和授权。

（2）发行人本次发行上市的主体资格。

（3）本次发行上市的实质条件。

（4）发行人的设立。

（5）发行人的独立性。

（6）发起人或股东（实际控制人）。

（7）发行人的股本及其演变。

（8）发行人的业务。

（9）关联交易及同业竞争。

（10）发行人的主要财产。

（11）发行人的重大债权债务。

（12）发行人的重大资产变化及收购兼并。

（13）发行人公司章程的制定与修改。

（14）发行人股东大会、董事会、监事会议事规则及规范运作。

（15）发行人董事、监事和高级管理人员及其变化。

（16）发行人的税务。

（17）发行人的环境保护和产品质量、技术等标准。

（18）发行人募集资金的运用。

（19）发行人业务发展目标。

（20）诉讼、仲裁或行政处罚。

（21）原定向募集公司增资发行的有关问题（如有）。

（22）发行人招股说明书法律风险的评价。

（23）律师认为需要说明的其他问题。

422. 发行上市的批准和授权应披露哪些内容？

（1）股东大会是否已依法定程序做出批准发行上市的决议。

（2）根据有关法律、行政法规、规范性文件以及公司章程等规定，上述决议的内容是否合法有效。

（3）如股东大会授权董事会办理有关发行上市事宜，上述授权范围、程序是否合法有效。

423. 发行人发行股票的主体资格应披露哪些内容？

（1）发行人是否具有发行上市的主体资格。

（2）发行人是否依法有效存续，即根据法律、行政法规、规范性文件及公司章程，发行人是否有终止的情形出现。

424. 发行人的设立应披露哪些内容？

（1）发行人设立的程序、资格、条件、方式等是否符合当时法律、行政法规和规范性文件的规定，并得到有权部门的批准。

（2）发行人设立过程中所签订的改制重组合同是否符合有关法律、行政法规和规范性文件的规定，是否会导致发行人设立行为存在潜在纠纷。

（3）发行人设立过程中有关资产评估、验资等是否履行了必要程序，是否符合当时法律、行政法规和规范性文件的规定。

（4）发行人创立大会的程序及所议事项是否符合法律、行政法规和规范性文件的规定。

425. 发行人的独立性应披露哪些内容？

（1）发行人业务是否独立于股东单位及其他关联方。

（2）发行人的资产是否独立完整。

（3）如发行人属于生产经营企业，是否具有独立完整的供应、生产、销售系统。

（4）发行人的人员是否独立。

（5）发行人的机构是否独立。

（6）发行人的财务是否独立。

（7）概括说明发行人是否具有面向市场自主经营的能力。

426. 发行人的发起人和股东应披露哪些内容？

（1）发起人或股东是否依法存续，是否具有法律、行政法规和规范性文件规定的担任发起人或进行出资的资格。

（2）发行人的发起人或股东人数、住所、出资比例是否符合有关法律、行政法规和规范性文件的规定。

（3）发起人已投入发行人的资产的产权关系是否清晰，将上述资产投入发行人是否存在法律障碍。

（4）若发起人将其全资附属企业或其他企业先注销再以其资产折价入股，应说明发起人是否已通过履行必要的法律程序取得了上述资产的所有权，是否已征得相关债权人的同意，对其原有债务的处置是否合法、合规、真实、有效。

（5）若发起人以在其他企业中的权益折价入股，是否已征得该企业其他出资人的同意，并已履行了相应的法律程序。

（6）发起人投入发行人的资产或权利的权属证书是否已由发起人转移给发行人，是否存在法律障碍或风险。

427. 发行人的股本及演变应披露哪些内容？

（1）发行人设立时的股权设置、股本结构是否合法有效，产权界定和确认是否存在纠纷及风险。

（2）发行人历次股权变动是否合法、合规、真实、有效。

（3）发起人所持股份是否存在质押，如存在，说明质押的合法性及可能引致的风险。

428. 发行人的业务应披露哪些内容？

（1）发行人的经营范围和经营方式是否符合有关法律、行政法规和规范性文件的规定。

（2）发行人是否在中国大陆以外经营，如在中国大陆以外经营，应说明其经营的合法、合规、真实、有效。

（3）发行人的业务是否变更过，如变更过，应说明具体情况及其可能存在的法律问题。

（4）发行人主营业务是否突出。

（5）发行人是否存在持续经营的法律障碍。

429. 关联交易及同业竞争应披露哪些内容？

（1）发行人是否存在持有发行人股份5%以上的关联方，如存在，说明发行人与关联方之间存在何种关联关系。

（2）发行人与关联方之间是否存在重大关联交易，如存在，应说明关联交易的内容、数量、金额，以及关联交易的相对比重。

（3）上述关联交易是否公允，是否存在损害发行人及其他股东利益的情况。

（4）若上述关联交易的一方是发行人股东，还需说明是否已采取必要措施对其他股东的利益进行保护。

（5）发行人是否在公司章程及其他内部规定中明确了关联交易公允决策的程序。

（6）发行人与关联方之间是否存在同业竞争，如存在，说明同业竞争的性质。

（7）有关方面是否已采取有效措施或承诺采取有效措施避免同业竞争。

（8）发行人是否对有关关联交易和解决同业竞争的承诺或措施进行了充分披露，以及有无重大遗漏或重大隐瞒，如存在，说明对本次发行上市的影响。

430. 发行人的主要财产应披露哪些内容？

（1）发行人拥有房产的情况。

（2）发行人拥有土地使用权、商标、专利、软件著作权、域名、特许经营权等无形资产的情况。

（3）发行人拥有主要生产经营设备的情况。

（4）上述财产是否存在产权纠纷或潜在纠纷，如有，应说明对本次发行上市的影响。

（5）发行人以何种方式取得上述财产的所有权或使用权，是否已取得完备的权属证书，若未取得，还需说明取得这些权属证书是否存在法律障碍。

（6）发行人对其主要财产的所有权或使用权的行使有无限制，是否存在担保或其他权利受到限制的情况。

（7）发行人有无租赁房屋、土地使用权等情况，如有，应说明租赁是否合法有效。

431. 发行人的重大债权债务应披露哪些内容？

（1）发行人将要履行、正在履行以及虽已履行完毕但可能存在潜在纠纷的重大合同的合法性、有效性，是否存在潜在风险，如有风险和纠纷，应说明对本次发行上市的影响。

（2）上述合同的主体是否变更为发行人，合同履行是否存在法律障碍。

（3）发行人是否有因环境保护、知识产权、产品质量、劳动安全、人身权等原因产生的侵权之债，如有，应说明对本次发行上市的影响。

（4）发行人与关联方之间是否存在重大债权债务关系及相互提供担保的情况。

（5）发行人金额较大的其他应收、应付款是否因正常的生产经营活动发生，是否合法有效。

432. 发行人重大资产变化及收购兼并应披露哪些内容？

（1）发行人设立至今有无合并、分立、增资扩股、减少注册资本、收购或出售资产等行为，如有，应说明是否符合当时法律、行政法规和规范性文件的规定，是否已履行必要的法律手续。

（2）发行人是否拟进行资产置换、资产剥离、资产出售或收购等行为，如拟进行，应说明其方式和法律依据，以及是否履行了必要的法律手续，是否对发行人发行上市的实质条件及本规定的有关内容产生实质性影响。

433. 发行人章程的制定与修改应披露哪些内容？

（1）发行人章程或章程草案的制定及近三年的修改是否已履行法定程序。

（2）发行人的章程或章程草案的内容是否符合现行法律、行政法规和规范性文件的规定。

（3）发行人的章程或章程草案是否按有关制定上市公司章程的规定起草或修订。如无法执行有关规定的，应说明理由。发行人已在中国香港或境外上市的，应说明是否符合到境外上市的公司章程的有关规定。

434. 发行人股东大会、董事会、监事会议事规则及规范运作应披露哪些内容？

（1）发行人是否具有健全的组织机构。

（2）发行人是否具有健全的股东大会、董事会、监事会议事规则，该议事规则是否符合相关法律、行政法规和规范性文件的规定。

（3）发行人历次股东大会、董事会、监事会的召开、决议内容及签署是否合法、合规、真实、有效。

（4）股东大会或董事会历次授权或重大决策等行为是否合法、合规、真实、有效。

435. 发行人董事、监事和高级管理人员及其变化应披露哪些内容？

（1）发行人的董事、监事和高级管理人员的任职是否符合法律、行政法规和规范性文件以及公司章程的规定。

（2）上述人员在近三年尤其是企业发行上市前一年是否发生过变化，若发生过，应说明这种变化是否符合有关规定，是否履行了必要的法律程序。

（3）发行人是否设立了独立董事，其任职资格是否符合有关规定，其职权范围是否违反有关法律、行政法规和规范性文件的规定。

436. 发行人在税务方面应披露哪些内容？

（1）发行人及其控股子公司执行的税种、税率是否符合现行法律、行政法规和规范性文件的要求。

（2）若发行人享受优惠政策、财政补贴等政策，该政策是否合法、合规、真实、有效。

（3）发行人近三年是否依法纳税，是否存在被税务部门处罚的情形。

437. 发行人在环境保护和产品质量、技术标准等方面应披露哪些内容？

（1）发行人的生产经营活动和拟投资项目是否符合有关环境保护的要求，有关部门是否出具意见。

（2）近三年是否因违反环境保护方面的法律、行政法规和规范性文件而被处罚。

（3）发行人的产品是否符合有关产品质量和技术监督标准。近三年是否因违反有关产品质量和技术监督方面的法律法规而受到处罚。

438. 发行人在劳动社保和住房公积金方面应披露哪些内容？

（1）发行人近三年内社会保险缴纳情况。

（2）发行人近三年内住房公积金缴纳情况。

（3）近三年是否因违反劳动社保方面的法律、行政法规和规范性文件而被处罚，有权部门是否出具意见。

439. 发行人在募集资金的运用方面应披露哪些内容？

（1）发行人募集资金用于哪些项目，是否需要得到有权部门的批准或授权。如需要，应说明是否已经得到批准或授权。

（2）若上述项目涉及与他人进行合作的，应说明是否已依法订立了相关的合同，这些项目是否会导致同业竞争。

440. 发行人在业务发展目标方面应披露哪些内容？

（1）发行人业务发展目标与主营业务是否一致。

（2）发行人业务发展目标是否符合国家法律、行政法规和规范性文件的规定，是否存在潜在的法律风险。

441. 发行人在诉讼、仲裁或行政处罚方面应披露哪些内容？

（1）发行人、持有发行人5%以上（含5%）的主要股东、控股股东和实际控制人、发行人的控股公司是否存在尚未了结的或可预见的重大诉讼、仲裁及行政处罚案件。如存在，应说明对本次发行上市的影响。

（2）发行人董事长、总经理是否存在尚未了结的或可预见的重大诉讼、仲裁及行政处罚案件。如存在，应说明对发行人生产经营的影响。

（3）如上述案件存在，还应对案件的简要情况做出说明（包括但不限于受理该案件的法院名称、提起诉讼的日期、诉讼的当事人和代理人、案由、诉讼请求、可能出现的处理结果或已生效的法律文书的主要内容等）。

第六章

财务报表及审计报告披露要点

442. 发行人应披露哪些与盈利能力及净利润相关的信息？

发行人在披露与盈利能力相关的信息时，除应遵守招股说明书准则的一般规定外，应结合自身情况，有针对性地分析和披露盈利能力。

（1）发行人应在招股说明书中披露下列对其收入有重大影响的信息，包括但不限于：①按产品或服务类别及业务、地区分部列表披露报告期各期营业收入的构成及比例。发行人主要产品或服务的销售价格、销售量的变化情况及原因。报告期营业收入增减变化情况及原因。②发行人采用的销售模式及销售政策。按业务类别披露发行人所采用的收入确认的具体标准、收入确认时点。发行人应根据会计准则的要求，结合自身业务特点、操作流程等因素详细说明其收入确认标准的合理性。③报告期各期发行人对主要客户的销售金额、占比及变化情况，主要客户中新增客户的销售金额及占比情况。报告期各期末发行人应收账款中主要客户的应收账款金额、占比及变化情况，新增主要客户的应收账款金额及占比情况。

（2）发行人应在招股说明书中披露下列对其成本有重大影响的信息，包括但不限于：①结合报告期各期营业成本的主要构成情况，主要原材料和能源的采购数量及采购价格等，披露报告期各期发行人营业成本增减变化情况及原因。②报告期各期发行人对主要供应商的采购金额、占比及变化情况，对主要供应商中新增供应商的采购金额及占比情况。③报告期各期发行人存货的主要构成及变化情况。如发行人期末存货余额较大，周转率较低，应结合其业务模式、市场竞争情况和行业发展趋势等因素披露原因，同时分析并披露发行人的存货减值风险。

（3）发行人应在招股说明书中披露下列对其期间费用有重大影响的信息，包括但不限于：①报告期各期发行人销售费用、管理费用和财务费用的构成及变化情况。②报告期各期发行人的销售费用率，如果与同行业上市公司的销售费用率存在显著差异，应披露差异情况，并结合发行人的销售模式和业务特点，披露存在差异的原因。③报告期各期发行人管理费用、财务费用占销售收入的比重，如报告期内存在异常波动，应披露原因。

（4）发行人应在招股说明书中披露下列对其净利润有重大影响的信息，包括但不限于：①报告期各期发行人的营业利润、利润总额和净利润金额，分析发行人净利润的主要来源以及净利润增减变化情况及原因。②报告期各期发行人的综合毛利率、分产品或服务的毛利率，同行业上市公司中与发行人相同或相近产品或服务的毛利率对比情况。如存在显著差异，应结合发行人经营模式、产品销售价格和产品成本等，披露原因及对发行人净利润的影响。③报告期内发行人的各项会计估计，如坏账准备计提比例、固定资产折旧年限等与同行业上市公司同类资产相比存在显著差异的，应披露原因及对发行人净利润的累计影响。④根据《公开发行证券的公司信息披露解释性公告第 2 号——财务报表附注中政府补助相关信息的披露》的相关规定，应在报表附注中进行完整披露；政府补助金额较大的项目，应在招股说明书中披露主要信息。

报告期内税收政策的变化及对发行人的影响，是否面临即将实施的重大税收政策调整及对发行人可能存在的影响。

443. 发行人上市时尚未盈利或存在累计未弥补亏损的，需要补充哪些信息披露？

（1）原因分析。尚未盈利或最近一期存在累计未弥补亏损的发行人，应结合行业特点分析并披露该情形的成因，如：产品仍处研发阶段，未形成实际销售；产品尚处于推广阶段，未取得客户广泛认同；产品与同行业公司相比技术含量或品质仍有差距，未产生竞争优势；产品产销量较小，单位成本较高或期间费用率较高，尚未体现规模效应；产品已趋于成熟并在报告期内实现盈利，但由于前期亏损较多，导致最近一期仍存在累计未弥补亏损；其他原因。此外，发行人还应说明尚未盈利或最近一期存在累计未弥补亏损是偶发性因素，还是经常性因素导致的。

（2）影响分析。发行人应充分披露尚未盈利或最近一期存在累计未弥补亏损对公司现金流、业务拓展、人才吸引、团队稳定性、研发投入、战略性投入、生产经营可持续性等方面的影响。

（3）趋势分析。尚未盈利的发行人应当披露未来是否可实现盈利的前瞻性信息，对其产品、服务或者业务的发展趋势、研发阶段以及达到盈亏平衡状态时主要经营要素需要达到的水平进行预测，并披露相关假设基础；存在累计未弥补亏损的发行人应当分析并披露在上市后的变动趋势。披露前瞻性信息时应当声明其假设的数据基础及相关预测具有重大不确定性，提醒投资者进行投资决策时应谨慎使用。

（4）风险因素。尚未盈利或最近一期存在累计未弥补亏损的发行人，应充分披露相关风险因素，包括但不限于：未来一定期间无法盈利或无法进行利润分配的风险，收入无法按计划增长的风险，研发失败的风险，产品或服务无法得到客户认同的风险，资金状况、业务拓展、人才引进、团队稳定、研发投入等方面受到限制或影响的风险等。未盈利状态持续存在或累计未弥补亏损继续扩大的，应分析触发退市条件的可能性，并充分披露相关风险。

（5）投资者保护措施及承诺。尚未盈利或最近一期存在累计未弥补亏损的发行人，应当披露依法落实保护投资者合法权益规定的各项措施；还应披露本次发行前累计未弥补亏损是否由新老股东共同承担以及已履行的决策程序。尚未盈利企业还应披露其控股股东、实际控制人和董事、监事、高级管理人员按照相关规定做出的关于减持股份的特殊安排或承诺。

保荐机构及申报会计师应充分核查上述情况，对发行人尚未盈利或最近一期存在累计未弥补亏损是否影响发行人持续经营能力明确发表结论性意见。

444. 如何做好与研发支出相关的信息披露?

（1）发行人内部研究开发项目的支出应按照《企业会计准则——基本准则》《企业会计准则第 6 号——无形资产》等相关规定进行确认和计量。研究阶段的支出，应于发生时计入当期损益；开发阶段的支出，应按规定在同时满足会计准则列明的条件时，才能确认为无形资产。

（2）发行人应结合研发支出资本化相关内控制度的健全性和有效性的情况，对照会计准则规定的相关条件，逐条具体分析进行资本化的开发支出是否同时满足相关条件，并按会计准则规定预计使用寿命，进行减值测试及确定摊销方法。除准则相关规定外，发行人应在招股说明书中披露下面信息：①与资本化相关的研发项目的研究内容、进度、成果、完成时间（或预计完成时间）、经济利益产生方式（或预计产生方式）、当期和累计资本化金额、主要支出构成，以及资本化的起始时点和确定依据等内容；②与研发支出资本化相关的无形资产的预计使用寿命、摊销方法、减值等情况，并说明是否符合相关规定。

（3）发行人应结合研发项目推进和研究成果运用时可能发生的内外部不利变化、与研发支出资本化相关的无形资产规模等因素，充分披露相关无形资产的减值风险及其对公司未来业绩可能产生的不利影响。

保荐机构及申报会计师还应关注以下事项，并对发行人研发支出资本化相关会计处理的合规性、谨慎性和一贯性发表核查意见：一是研发支出的成本费用归集范围是否恰当，研发支出的发生是否真实，是否与相关研发活动切实相关。二是研究阶段和开发阶段的划分是否合理，是否与研发活动的流程相联系，是否遵循了正常研发活动的周期及行业惯例，并一贯运用，研究阶段与开发阶段划分的依据是否完整、准确披露。三是研发支出资本化的条件是否均已满足，是否具有内外部证据支持。重点从技术上的可行性，预期产生经济利益的方式，技术、财务资源和其他资源的支持等方面进行关注。四是研发支出资本化的会计处理与可比公司是否存在重大差异。

445. 如何做好与合并报表编制相关的信息披露？

对于同一控制下企业合并，发行人应严格遵守相关会计准则规定，详细披露合并范围及相关依据，对特殊合并事项予以重点说明。

（1）总体要求。发行人企业合并行为应按照《企业会计准则第20号——企业合并》相关规定进行处理。其中，同一控制下的企业合并，参与合并的企业在合并前后均受同一方或相同的多方最终控制且该控制并非暂时性的。根据《〈企业会计准则第20号——企业合并〉应用指南》的解释，"同一方"是指对参与合并的企业在合并前后均实施最终控制的投资者。"相同的多方"通常是指根据投资者之间的协议约定，在对被投资单位的生产经营决策行使表决权时发表一致意见的两个或两个以上的投资者。"控制并非暂时性"是指参与合并的各方在合并前后较长的时间内受同一方或相同的多方最终控制。较长的时间通常指一年以上（含一年）。

根据《企业会计准则实施问题专家工作组意见第1期》解释，通常情况下，同一控制下的企业合并是指发生在同一企业集团内部企业之间的合并。除此之外，一般不作为同一控制下的企业合并。

在对参与合并企业合并前控制权归属认定中，如存在委托持股、代持股份、协议控制（VIE模式）等特殊情形，发行人应提供与控制权实际归属认定相关的充分事实证据和合理性依据，中介机构应对该特殊控制权归属认定事项的真实性、证据充分性、依据合规性等予以审慎判断、妥善处理和重点关注。

（2）红筹企业协议控制下合并报表编制的信息披露与中介机构核查要求。《企业会计准则第33号——合并财务报表》第七条规定，"合并财务报表的合并范围应当以控制为基础确定"，第八条规定，"投资方应在综合考虑所有相关事实和情况的基础上对是否控制被投资方进行判断"。

部分按相关规定申请境内发行上市的红筹企业，如存在协议控制架构或类似特殊安排，将不具有持股关系的主体（以下简称"被合并主体"）纳入合并财务报表合并范围，发行人应：①充分披露协议控制架构的具体安排，包括协议控制架构涉及的各方法律主体的基本情况、主要合同的核心条款等；②分析披露被合并主体设立目的，被合并主体的相关活动以及如何对相关活动做出决策，发行人享有的权利是否使其目前有能力主导被合并主体的相关活动，发行人是否通过参与被合并主体相关活动而享有可变回报，发行人是否有能力运用对被合并主体的权利影响其回报金额，投资方与其他各方的关系；③结合上述情况和会计准则规定，分析披露发行人合并依据是否充分，详细披露合并报表的编制方法。

保荐机构及申报会计师应对上述情况进行核查，就合并报表编制是否合规发表明确意见。

第八部分
发行与承销、持续监管

第一章
发行与承销

446. 新股发行时间有何要求？

新股发行在中国证监会予以注册的决定自做出之日起 1 年内有效，发行人应当在注册决定有效期内发行股票，具体发行时点可以由发行人自主选择。

447. 新股发行包括哪些程序？

（1）发行人和主承销商应当及时向深交所报备发行与承销方案。发行与承销方案应当包括发行方案、初步询价公告（如有）、投资价值研究报告（如有）、战略配售方案（如有）、超额配售选择权实施方案（如有）等内容。

（2）深交所在收到发行与承销方案后 5 个工作日内无异议的，发行人和主承销商可依法刊登招股意向书，启动发行工作。发行人和主承销商报送的发行与承销方案不符合《深圳证券交易所创业板首次公开发行证券发行与承销业务实施细则》规定，或者所披露事项不符合相关信息披露要求的，应当按照深交所要求予以补正，补正时间不计入前述 5 个工作日内。

（3）首次公开发行证券可以采用直接定价方式或者询价方式定价。证券发行价格或发行价格区间确定后，发行人和主承销商应当在 T－2 日（T 日为网上网下申购日）15：00 前向深交所提交发行公告或者中止发行公告，并在公告中说明发行人预计发行后总市值是否满足在招股说明书中明确选择的市值与财务指标上市标准。

（4）证券上市之日起10个工作日内，主承销商应当将验资报告、专项法律意见书、承销总结报告等文件一并向深交所报送。

448. 什么是发行失败？

股票发行采用代销方式的代销期限届满，向投资者出售的股票数量未达到拟公开发行股票数量70%的，为发行失败。发行人应当按照发行价并加算银行同期存款利息返还股票认购人。

449. 哪些情形下发行人应当中止发行？

（1）公开发行股票数量在4亿股（含）以下的，有效报价投资者的数量不少于10家；公开发行股票数量在4亿股以上的，有效报价投资者的数量不少于20家。剔除最高报价部分后有效报价投资者数量不足的，应当中止发行。

（2）首次公开发行股票网下投资者申购数量低于网下初始发行量的，发行人和主承销商不得将网下发行部分向网上回拨，应当中止发行。

（3）发行人预计发行后总市值不满足其在招股说明书中明确选择的市值与财务指标上市标准的，应当中止发行。

（4）发行人和主承销商通过累计投标询价确定发行价格的，应当在T日21：00前向深交所提交发行价格及网上中签率公告。未按上述规定提交的，应当中止发行。

（5）保荐机构相关子公司未按照《深圳证券交易所创业板首次公开发行证券发行与承销业务实施细则》及其做出的承诺实施跟投的，发行人应当中止本次发行，并及时进行披露。除《证券发行与承销管理办法》《深圳证券交易所创业板首次公开发行证券与承销业务实施细则》等规定的中止发行情形外，发行人和主承销商还可以约定中止发行的其他具体情形并事先披露。中止发行后，在中国证监会注册决定的有效期内，且满足会后事项监管要求的前提下，经向深交所备案，可重新启动发行。

450. 什么是承销？主要有哪些方式？

承销是指证券公司凭借自己的销售能力和渠道在规定的发行有

效期内将证券销售出去的过程。发行人向不特定对象发行的证券，法律、行政法规规定应由证券公司承销的，发行人应当同证券公司签订承销协议。

承销方式有包销和代销两种。证券代销是指证券公司代发行人发售证券，在承销期结束时，将未售出的证券全部退还给发行人的承销方式。证券包销是指证券公司将发行人的证券按照协议全部购入或者在承销期结束时将售后剩余证券全部自行购入的承销方式。

证券包销又可分为全额包销和余额包销。全额包销是指证券公司将发行人的证券按照协议全部购入的承销方式。采取全额包销方式时，证券公司首先将发行人的证券按照协议全部购入，然后再将其卖给投资者。余额包销是指证券公司将发行人的证券按照协议在承销期结束时将售后剩余证券全部自行购入的承销方式。采取余额包销方式时，证券公司首先代理发行人发售证券，在承销期结束时将售后剩余证券全部自行购入。目前，我国首次公开发行上市股票的承销均采取余额包销的方式。

451. 投资价值研究报告应满足哪些具体要求？

（1）首次公开发行证券采用询价方式的，主承销商应当向网下投资者提供投资价值研究报告，并遵守中国证券业协会关于投资价值研究报告的规定。主承销商不得以任何形式公开披露或变相公开投资价值研究报告或其内容，中国证监会另有规定的除外。主承销商不得提供承销团以外的机构撰写的投资价值研究报告。主承销商不得在刊登招股意向书之前提供投资价值研究报告或泄露报告内容。

（2）投资价值研究报告应当由主承销商的证券分析师独立撰写并署名；承销团其他成员的证券分析师可以根据需要撰写投资价值研究报告，但应保持独立性并署名。因经营范围限制，主承销商无法撰写投资价值研究报告的，应委托具有证券投资咨询资格的母公司或子公司撰写投资价值研究报告，双方均应当对投资价值研究报告的内容和质量负责，并采取有效措施做好信息保密工作，同时应当在报告首页承诺报告的独立性。

（3）承销商应当从组织设置、人员职责及工作流程等方面保证证券分析师撰写投资价值研究报告的独立性。撰写投资价值研究报告相关人员的薪酬不得与相关项目的业务收入挂钩。

（4）投资价值研究报告应当按照中国证监会有关上市公司行业分类指引中制定的行业分类标准确定发行人行业归属，并说明依据，不得随意选择行业归属。投资价值研究报告选择可比公司应当客观、全面，并说明选择可比公司的依据，不得随意选择可比公司。投资价值研究报告使用的参数和估值方法应当客观、专业，并分析说明选择参数和估值方法的依据，不得随意调整参数和估值方法。

（5）投资价值研究报告可以提供发行人整体市值区间，以及在假设不采用超额配售选择权的情况下的每股估值区间，不得对发行价格进行建议或对二级市场交易价格做出预测。

（6）证券分析师应当在投资价值研究报告中显著位置进行充分的风险提示。证券分析师应当对所披露的风险因素做定量分析，无法进行定量分析的，应当有针对性地做出定性描述。证券分析师应当在投资价值研究报告中醒目位置提示投资者自主做出投资决策并自行承担投资风险。

（7）证券分析师参与撰写投资价值研究报告相关工作，需事先履行跨墙审批手续。

452. 投资价值研究报告应当包括哪些内容？

（1）发行人的行业分类、行业政策，发行人与主要竞争者的比较及其在行业中的地位。

（2）发行人商业模式、经营状况和发展前景分析。

（3）发行人盈利能力和财务状况分析。

（4）发行人募集资金投资项目分析。

（5）发行人与同行业可比上市公司（如有）的投资价值比较。

（6）其他对发行人投资价值有重要影响的因素。

投资价值研究报告所依据的与发行人有关的信息不得超出招股意向书及其他已公开信息的范围。

453. 什么是战略投资者？战略投资者参与新股配售有什么要求？

战略投资者，是指具有较强资金实力，认可发行人长期投资价值，愿意持有发行人首次公开发行证券12个月以上，并参与本次战略配售的投资者。

首次公开发行证券可以向战略投资者配售。发行证券数量1亿股（份）以上的，战略投资者原则上不超过35名，配售证券总量原则上不超过公开发行证券数量的30%，超过的应当在发行方案中充分说明理由；不足1亿股（份）的，战略投资者应不超过10名，配售证券总量不超过公开发行证券数量的20%。发行人和主承销商应当根据本次公开发行证券数量、证券限售安排等情况，合理确定战略投资者数量和配售比例，保障证券上市后必要的流动性。

参与战略配售的投资者应当按照最终确定的发行价格认购其承诺认购数量的证券，并实际持有本次配售证券。参与战略配售的投资者应当使用自有资金认购，不得接受他人委托或者委托他人参与配售，但依法设立并符合特定投资目的的证券投资基金等除外。

战略投资者应当承诺自本次发行的证券上市之日起持有获得配售的证券不少于12个月。发行人和主承销商可以根据战略投资者的资质、长期战略合作关系等，对战略投资者配售证券设置不同的限售期。参与本次战略配售的投资者不得参与本次公开发行证券网上发行与网下发行，但证券投资基金管理人管理的未参与战略配售的证券投资基金除外。

454. 参与发行人战略配售的投资者主要包括哪些？

（1）与发行人经营业务具有战略合作关系或长期合作愿景的大型企业或其下属企业。

（2）具有长期投资意愿的大型保险公司或其下属企业、国家级大型投资基金或其下属企业。

（3）以公开募集方式设立，主要投资策略包括投资战略配售证券，且以封闭方式运作的证券投资基金。

（4）按照《深圳证券交易所创业板首次公开发行证券发行与承销业务实施细则》规定实施跟投的，保荐机构依法设立的另类投资子公司或者实际控制该保荐机构的证券公司依法设立的另类投资子公司。

（5）发行人的高级管理人员与核心员工参与战略配售设立的专项资产管理计划。

（6）符合法律法规、业务规则规定的其他战略投资者。

455. 发行人的高级管理人员和核心员工能否参与新股配售？有何具体要求？

发行人的高级管理人员与核心员工可以通过设立资产管理计划的方式参与新股发行的战略配售。上述资产管理计划获配的证券数量不得超过本次公开发行证券数量的10%，且应当承诺自本次公开发行的证券上市之日起持有配售证券不少于12个月。

发行人的高级管理人员与核心员工参与战略配售的，应当经发行人董事会审议通过，并在招股说明书中披露参与人员的姓名、担任的职务、参与比例等事项。

456. 保荐机构相关子公司跟投有哪些要求？

（1）创业板未盈利企业、存在表决权差异安排企业、红筹企业以及发行价格（或者发行价格区间上限）超过《创业板首次公开发行证券发行与承销特别规定》第八条第三项、第四项规定的中位数、加权平均数孰低值的企业，试行保荐机构相关子公司跟投制度。发行人为上述企业之一的，其保荐机构相关子公司应当参与公开发行战略配售，并对获配证券设定限售期。保荐机构通过中国证监会和深交所认可的其他方式履行前款规定的，应当遵守《深圳证券交易所创业板首次公开发行证券发行与承销业务实施细则》关于保荐机构相关子公司跟投的规定和监管要求。发行人为上述规定外的其他企业的，其保荐机构相关子公司不得参与发行战略配售。

（2）采用联合保荐方式的，参与联合保荐的保荐机构应当按照《深圳证券交易所创业板首次公开发行证券发行与承销业务实施细则》规定实施保荐机构相关子公司跟投，并披露具体安排。

（3）保荐机构相关子公司跟投使用的资金应当为自有资金，中国证监会另有规定的除外。

（4）实施跟投的保荐机构相关子公司应当事先与发行人签署配售协议，承诺按照证券发行价格认购发行人首次公开发行证券数量2%至5%的证券。

（5）参与配售的保荐机构相关子公司应当承诺获得配售的股票持有期限为自发行人首次公开发行并上市之日起24个月。

（6）参与配售的保荐机构相关子公司应当承诺，不利用获配股份取得的股东地位影响发行人正常生产经营，不在获配股份限售期内谋求发行人控制权。

457. 保荐机构子公司跟投的比例有何具体要求？

实施跟投的保荐机构相关子公司应当事先与发行人签署配售协议，承诺按照证券发行价格认购发行人首次公开发行证券数量2%至5%的证券，具体比例根据发行人首次公开发行证券的规模分档确定：

（1）发行规模不足10亿元的，跟投比例为5%，但不超过人民币4000万元。

（2）发行规模10亿元以上、不足20亿元的，跟投比例为4%，但不超过人民币6000万元。

（3）发行规模20亿元以上、不足50亿元的，跟投比例为3%，但不超过人民币1亿元。

（4）发行规模50亿元以上的，跟投比例为2%，但不超过人民币10亿元。

458. 首次公开发行股票初始登记业务规定有哪些？

深市发行人首次公开发行股票应当通过中国结算深圳分公司完成股票初始登记，相关业务指南包括《深圳市场首次公开发行股票登记结算业务指南》《中国证券登记结算有限责任公司深圳分公司创业板股票登记结算业务指南》。

459. 发行人办理首次公开发行股票初始登记及上市总体流程是怎样的？

（1）发行人获得中国证监会关于公开发行股票的批复后，向深交所申请核准证券简称、编制证券代码，深交所核准证券简称、编制证券代码后，书面通知登记存管部。

（2）发行人应确认发行前股东均已开立深圳A股证券账户（以下简称“深A账户”）。未开立深A账户的发行前股东应当通过证券公司营业部等中国证券登记结算有限责任公司深圳分公司开户代理机构处开立账户。

（3）发行人自网上申购日（T日）前2个交易日起可联系中国结算深圳分公司发行人业务部咨询并申请办理股份登记相关事宜，签订《证券登记及服务协议》，协议一式两份，双方各执一份，并申请开通网上业务平台（即发行人E通道）用户权限。

（4）发行人自T日起通过中国结算深圳分公司网上业务平台签订“电子平台服务协议”并提交初始登记业务申请。

（5）中国结算深圳分公司发行人业务部受理申请后，根据发行人申报的发行前股份数据、余股数据及EIPO平台网下发行结果生成相应的证券发行登记申报明细清单，经发行人确认无误后，中国结算深圳分公司发行人业务部完成股份初始登记，并向发行人出具证券初始登记确认书、股本结构表及前十大股东持股明细表。

（6）中国结算深圳分公司发行人业务部出具证券登记费等付款通知交发行人，发行人按付款通知完成缴款。

（7）中国结算深圳分公司发行人业务部接收深交所股票上市通知并完成相应处理。

460. 发行人申请办理创业板股票初始登记的，应当提供哪些申请文件？

（1）新股发行登记申请书。

（2）IPO前股东持股登记数据。

（3）中国证监会予以注册的决定（创业板）。

（4）涉及个人持有公开发行前限售股份的，需提供有关限售股成本原值的详细资料，以及会计师事务所或税务师事务所对该资料出具的鉴证报告。

（5）涉及国家或国有法人持有公开发行前股份的，需提供国有资产监督管理部门的批准文件。

（6）涉及司法冻结或质押冻结的，需提供司法冻结文书或质押登记相关材料复印件。

（7）涉及老股转让的，需提交老股转让印花税申报表。

（8）涉及战略配售安排的，需申报战略配售基本情况及股份登记明细。

（9）其他材料。

461. 如何进行询价？

首次公开发行股票采用询价方式的，应当向证券公司、基金管理公司、信托公司、财务公司、保险公司、合格境外机构投资者和私募基金管理人等专业机构投资者（以下统称“网下投资者”）询价。网下投资者参与询价，应当向中国证券业协会注册，并接受自律管理。发行人和主承销商可以在符合中国证监会相关规定和深交所、中国证券业协会自律规则前提下，协商设置参与询价的网下投资者的具体条件，并在发行公告中预先披露。

462. 获中国证监会同意注册后，如何启动发行工作？

获中国证监会同意注册后，发行人与主承销商应当及时向交易所报备发行与承销方案。交易所在收到发行与承销方案后5个工作日内无异议的，发行人与主承销商可依法刊登招股意向书，启动发行工作。

463. 发行承销涉嫌违法违规或者存在异常情形的如何处理？

中国证监会可以要求交易所对相关事项进行调查处理，或者直接责令发行人和承销商暂停或者中止发行。深交所可以要求发行人和承销商暂停或中止发行，对相关事项进行调查，并上报中国证监会。

第二章
监督管理与法律责任

464. 中国证监会以信息披露为中心的注册制规则体系包括哪些内容?

中国证监会负责建立健全以信息披露为中心的注册制规则体系，制定股票发行注册并上市的规章规则，依法批准深交所制定的有关业务规则，并监督相关业务规则执行情况，主要包括如下规则：《注册管理办法》《创业板上市公司证券发行注册管理办法（试行）》《创业板上市公司持续监管办法（试行）》《保荐业务管理办法》《创业板首次公开发行证券发行与承销特别规定》《首发审核规则》《创业板上市公司证券发行上市审核规则》《创业板上市公司重大资产重组审核规则》《上市规则》《规范运作指引》等。

465. 中国证监会有哪些监督管理举措?

（1）建立过程管控、动态监督机制。中国证监会建立了对深交所发行上市审核工作和发行承销过程监管的监督机制，持续关注深交所审核情况和发行承销过程监管情况。

（2）例行检查、抽查机制。中国证监会要对深交所发行上市审核和发行承销过程监管等相关工作进行年度例行检查，在检查过程中，可以调阅审核工作文件，列席相关审核会议。中国证监会需定期或者不定期地按一定比例对深交所发行上市审核和发行承销过程监管等相关工作进行抽查。

（3）权力运行、廉政情况监督制约机制。中国证监会建立了对发行上市监管全流程的权力运行监督制约机制，对发行上市审核程序和发行注册程序相关内控制度运行情况进行督导督察，对廉政纪律执行情况和相关人员的履职尽责情况进行监督监察。

（4）追责、处罚机制。深交所发行上市审核工作违反《创业板首次公开发行股票注册管理办法（试行）》规定，未按审核标准、审核程序开展发行上市审核工作或者存在其他情形的，由中国证监会责令改正；情节严重的，追究直接责任人员相关责任。

（5）信息共享机制。中国证监会将遵守《创业板首次公开发行股票注册管理办法（试行）》的情况记入证券市场诚信档案，会同有关部门加强信息共享，依法实施守信激励与失信惩戒。

（6）现场检查机制。中国证监会可以对保荐机构及其与发行上市保荐工作相关的人员，证券服务机构、发行人及其与证券发行上市工作相关的人员等进行定期或者不定期现场检查，相关主体应当积极配合检查，如实提供有关资料，不得拒绝、阻挠、逃避检查，不得谎报、隐匿、销毁相关证据材料。

466. 深交所有哪些监督管理举措？

（1）“防火墙”隔离制度。深交所应当建立内部“防火墙”制度，发行上市审核部门、发行承销监管部门与其他部门隔离运行。参与发行上市审核的人员，不得与发行人及其控股股东、实际控制人、相关保荐机构、证券服务机构有利害关系，不得直接或者间接与发行人、保荐机构、证券服务机构有利益往来，不得持有发行人股票，不得私下与发行人接触。

（2）定期报告制度。深交所应当建立定期报告制度，及时总结发行上市审核和发行承销监管的工作情况，并报告中国证监会。

（3）现场检查制度。深交所根据《创业板股票上市规则》及其他相关规定和监管需要，可对上市公司及相关主体进行现场检查，相关主体应当积极配合。

467. 发行人的法律责任有哪些？

（1）发行人及其控股股东、实际控制人等相关人员违反《注册管理办法》《首发审核规则》等规定，致使发行人所报送的上市申请文件、信息披露文件或注册申请文件存在虚假记载、误导性陈述或者重大遗漏情形的或者故意隐瞒重要事实或编造重大虚假内容的，中国证监会或深交所应视情节轻重，对相关单位和责任人员采取1年到5年内不接受相关单位及其控制的下属单位公开发行证券相关文件的监管措施，对责任人员采取认定为不适当人选、证券市场禁入的措施，或给予通报批评、公开谴责、公开认定3年以上不适合担任上市公司董事、监事、高级管理人员或者1年至5年内不接受控股股东、实际控制人及其控制的其他发行人提交的发行上市申请文件等监管措施或纪律处分。

（2）发行人存在阻碍或者拒绝中国证监会或深交所依法对发行人实施检查、核查，发行人及其关联方以不正当手段严重干扰发行上市审核或者发行注册工作的，或者存在其他违规情形的，中国证监会将采取3年至5年内不接受发行人公开发行证券相关文件的监管措施；深交所对发行人给予1年至5年内不接受其提交的发行上市申请文件的纪律处分。

（3）发行人及其控股股东、实际控制人、董事、监事、高级管理人员存在制作或者出具的文件不齐备或者不符合要求的，或者擅自改动注册申请文件、信息披露资料或者其他已提交文件的，或者存在其他违规情形的，中国证监会或深交所将视情节轻重，采取责令（限期）改正、监管（约见）谈话、出具警示函（书面警示）、通报批评、公开谴责、6个月至1年内不接受其提交或出具的相关文件的监管措施或纪律处分。

（4）发行人及其控股股东和实际控制人、董事、监事、高级管理人员在股票公开发行并上市相关的活动中存在其他违反《注册管理办法》规定行为的，中国证监会将视情节轻重，采取责令改正、监管谈话、出具警示函、责令公开说明、责令定期报告、认定为不适当人选、暂不受理与行政许可有关的文件等监管措施，或者采取证券市场禁入的措施。

（5）发行人及其控股股东、实际控制人及其相关人员违反《证券法》依法应予以行政处罚的，中国证监会将依法予以处罚。涉嫌犯罪的，依法移送司法机关，追究其刑事责任。

（6）发行人、相关信息披露义务人员及其相关人员违反《上市规则》、与深交所签订的协议、深交所其他相关规定或者其所做出的承诺的，深交所将视情节轻重给予通报批评、公开谴责、向其收取惩罚性违约金等纪律处分。

（7）深交所建立了发行人及其控股股东、实际控制人、董事、监事、高级管理人员的诚信公示制度，对外公开深交所采取的自律监管措施和纪律处分，记入诚信档案，并向中国证监会报告。

468. 保荐机构的法律责任有哪些？

（1）保荐机构、保荐代表人未勤勉尽责，致使发行人信息披露资料存在虚假记载、误导性陈述或者重大遗漏的，中国证监会或深交所可视情节轻重，采取暂停保荐机构业务资格 1 年到 3 年、责令保荐机构更换相关负责人、撤销保荐机构业务资格、证券市场禁入、认定为不适当人选等措施，或给予 3 个月至 3 年内不接受其提交或签字的相关文件的监管措施或纪律处分。

（2）保荐机构、保荐代表人出具的相关文件存在虚假记载、误导性陈述或者重大遗漏的，中国证监会或深交所可视情节轻重，采取责令改正、给予警告、没收业务收入并处罚款、并处暂停或者撤销保荐业务许可等措施，或给予通报批评、公开谴责、暂不受理其出具的相关文件等处分。对直接负责的主管人员和其他直接责任人员给予警告并处罚款。

保荐机构、保荐代表人出具的相关文件存在注册申请文件或者信息披露资料存在相互矛盾或者同一事实表述不一致且有实质性差异等不规范情况，或擅自改动注册申请文件、信息披露资料或者其他已提交文件的，中国证监会或深交所可视情节轻重，采取责令（限期）改正、监管（约见）谈话、出具警示函（书面警示）、通报批评、公开谴责、3 个月到 1 年内不受理保荐机构和保荐代表人具体负责的推荐等监管措施或纪律处分。

（3）保荐机构出现重大事项未报告、未披露、内部控制制度存在重大缺陷或者未有效执行等严重违反诚实守信、勤勉尽责义务的情形的，中国证监会或深交所可视情节轻重，采取暂停保荐业务资格3个月至3年、责令保荐机构更换董事、监事、高级管理人员或者限制其权利、撤销其保荐业务资格，或给予3个月至3年内不接受其提交或者签字的相关文件等监管措施或纪律处分。

保荐代表人出现尽职调查工作日志缺失或者遗漏、隐瞒重要问题、未完成或者未参加辅导工作等严重违反诚实守信、勤勉尽责义务的情形的，中国证监会可根据情节轻重，采取3个月到3年内不受理相关保荐代表人具体负责的推荐、认定为不适当人选的监管措施。

（4）保荐机构及其相关执业人员，在股票公开发行并上市相关的活动中存在其他违反《注册管理办法》规定行为的，中国证监会可视情节轻重，采取责令改正、监管谈话、出具警示函、责令公开说明、责令定期报告、认定为不适当人选、暂不受理与行政许可有关的文件、证券市场禁入等监管措施。违反《证券法》依法应予以行政处罚的，中国证监会将依法予以处罚。涉嫌犯罪的，要依法移送司法机关，追究其刑事责任。

（5）深交所建立了保荐机构及其相关人员的诚信公示制度，对外公开深交所采取的自律监管措施和纪律处分，记入诚信档案，并向中国证监会报告。深交所对保荐机构在创业板从事股票发行上市相关业务的执业质量进行定期评价，评价结果供发行上市审核参考。

469. 证券服务机构的法律责任有哪些？

（1）证券服务机构及其相关人员未勤勉尽责，致使发行人上市申请文件或出具的其他文件存在虚假记载、误导性陈述或者重大遗漏的，或者存在违反深交所相关规定的，中国证监会或深交所可以视情节轻重，给予通报批评、公开谴责、3个月至3年不接受其提交、出具的相关文件的监管措施或纪律处分，情节严重的，中国证监会可以对证券服务机构相关责任人员采取证券市场禁入的措施。

另外，在特定情形下，证券服务机构违反《证券法》相关规定的，中国证监会可以没收业务收入，并处以罚款；情节严重的，并处暂停或者禁止从事证券服务业务。同时，对直接负责的主管人员和其他直接责任人员给予警告，并处以罚款。

（2）证券服务机构及其相关人员存在伪造或变造签字、盖章，重大事项未报告、未披露或以不正当手段干扰审核注册工作等情形的，中国证监会或深交所可以视情节严重，采取 3 个月至 3 年不接受其提交、出具的相关文件的监管措施或纪律处分。

（3）证券服务机构存在制作或者出具的文件不齐备或者不符合要求、擅自改动注册申请文件或其他文件，发行上市申请等文件未做到真实、准确、完整（但未达到虚假记载、误导性陈述和重大遗漏的程度），未及时报告或者未及时披露重大事项或者其他相关情形的，中国证监会或深交所可以视情节轻重，采取责令（限期）改正、监管（约见）谈话、出具警示函（书面警示）、通报批评、公开谴责、3 个月到 1 年内不接受其提交或出具的相关文件的监管措施或纪律处分。

（4）证券服务机构及其签字人员违反《证券发行上市保荐业务管理办法》规定的，中国证监会可以责令改正，并对相关机构和责任人员采取监管谈话、重点关注、出具警示函、责令公开说明、认定为不适当人选等监管措施。

（5）证券服务机构及其签字人员违反法律、行政法规，依法应予行政处罚的，依照有关规定进行处罚；涉嫌犯罪的，要依法移送司法机关，追究其刑事责任。

第三章
持续监管

第一节　基本要求

470. 创业板对上市公司治理有何要求?

（1）上市公司应当保持健全、有效、透明的治理体系和监督机制，保证股东大会、董事会、监事会规范运作，督促董事、监事和高级管理人员履行忠实、勤勉义务，保障全体股东合法权利，积极履行社会责任，保护利益相关者的基本权益。

（2）上市公司控股股东、实际控制人应当诚实守信，规范行使权利，严格履行承诺，维持公司独立性，维护公司和全体股东的共同利益。

（3）上市公司应当积极回报股东，根据自身条件和发展阶段，制定并执行现金分红、股份回购等股东回报政策。

（4）上市公司设置表决权差异安排的，应当在公司章程中规定特别表决权股份的持有人资格、特别表决权股份拥有的表决权数量与普通股份拥有的表决权数量的比例、持有人所持特别表决权股份能够参与表决的股东大会事项范围、特别表决权股份锁定安排及转让限制、特别表决权股份与普通股份的转换情形等事项。公司章程有关上述事项的规定，应当符合交易所的有关规定。上市公司应当在定期报告中持续披露特别表决权安排的情况；特别表决权安排发生重大变化的，应当及时披露。

471. 创业板信息披露有何要求?

（1）上市公司的控股股东、实际控制人应当积极配合上市公司履行信息披露义务，不得要求或者协助上市公司隐瞒应当披露的信息。

（2）上市公司筹划的重大事项存在较大不确定性，立即披露可能会损害公司利益或者误导投资者，且有关内幕信息知情人已书面承诺保密的，公司可以暂不披露，但最迟应在该重大事项形成最终决议、签署最终协议或者交易确定能够达成时对外披露。已经泄密或确实难以保密的，上市公司应当立即披露该信息。

（3）上市公司应当结合所属行业特点，充分披露行业经营信息，尤其是研发水平、研发人员、研发投入等能够反映行业竞争力的信息，便于投资者合理决策。

（4）上市公司应当充分披露可能对公司核心竞争力、经营活动和未来发展产生重大不利影响的风险因素。上市公司尚未盈利的，应当充分披露尚未盈利的成因，以及对公司现金流、业务拓展、人才吸引、团队稳定性、研发投入、战略性投入、生产经营可持续性等方面的影响。

（5）除依法需要披露的信息之外，上市公司和相关信息披露义务人可以自愿披露与投资者做出价值判断和投资决策有关的信息，但不得与依法披露的信息相冲突，不得误导投资者。

上市公司自愿披露的信息应当真实、准确、完整，上市公司不得利用这些信息影响公司股票价格，并应当按照同一标准披露后续类似事件。

（6）上市公司和信息披露义务人确有需要的，可以在非交易时段对外发布重大信息，但应当在下一交易时段开始前披露相关公告，不得以新闻发布或者答记者问等形式代替信息披露。

（7）上市公司和相关信息披露义务人适用中国证监会、交易所相关信息披露规定，可能导致其难以反映经营活动的实际情况，难以符合行业监管要求或者公司注册地有关规定的，可以依照相关规定暂缓适用或免于适用，但是应当充分说明原因和替代方案。中国证监会、交易所认为依法不应调整适用的，上市公司和相关信息披露义务人应当执行相关规定。

472. 创业板公司股份减持有何规定？

（1）股份锁定期届满后，上市公司控股股东、实际控制人、董事、监事、高级管理人员及其他股东减持首次公开发行前已发行的股份，以及上市公司向特定对象发行的股份，应当遵守《上市公司股东、董监高减持股份的若干规定》和深交所有关减持方式、程序、价格、比例以及后续转让等事项的规定。

（2）上市时未盈利的上市公司，其控股股东、实际控制人、董事、监事、高级管理人员所持首发前股份的锁定期应适当延长，具体期限由交易所规定。

（3）上市公司存在重大违法情形，触及重大违法强制退市标准的，公司控股股东、实际控制人、董事、监事、高级管理人员应当遵守交易所相关股份转让的规定。

473. 上市公司实施重大资产重组需要注意哪些事项？

（1）上市公司实施重大资产重组或者发行股份购买资产的，标的资产所属行业应当符合创业板定位，或者与上市公司处于同行业或上下游。

（2）上市公司并购重组，涉及发行股票的，应由深交所审核通过后报经中国证监会履行注册程序。中国证监会在收到深交所报送的审核意见等相关文件后，在5个工作日内对上市公司注册申请做出同意或者不予注册的决定。上市公司根据要求补充、修改申请文件，以及中国证监会要求独立财务顾问、其他证券服务机构等对有关事项进行核查的时间不计算在本规定的时限内。

（3）上市公司实施重大资产重组，按照《上市公司重大资产重组管理办法》（以下简称《重组办法》）第十二条予以认定，但其中营业收入指标执行下列标准：购买、出售的资产在最近一个会计年度所产生的营业收入占上市公司同期经审计的合并财务会计报告营业收入的比例达到50%以上，且超过5000万元人民币。上市公司拟实施重大资产重组，构成《重组办法》第十三条规定的交易情形的，拟置入资产的具体条件由交易所制定。

（4）上市公司发行股份的价格不得低于市场参考价的80%。市场参考价为本次发行股份购买资产的董事会决议公告日前20个交易日、60个交易日或者120个交易日的公司股票交易均价之一。

（5）实施重大资产重组或者发行股份购买资产的上市公司为创新试点红筹企业，或者上市公司拟购买资产涉及创新试点红筹企业的，在计算重大资产重组认定标准等监管指标时，应当采用根据中国企业会计准则编制或调整的财务数据。上市公司中的创新试点红筹企业实施重大资产重组或者发行股份购买资产，可以按照境外注册地法律法规和公司章程履行内部决策程序，并及时披露重组报告书、独立财务顾问报告、法律意见书以及重组涉及的审计报告、资产评估报告或者估值报告。

（6）深交所应当制定符合上市公司特点的并购重组具体实施标准和规则，报中国证监会批准，并依法对信息披露、中介机构督导等进行自律管理。

（7）上市公司发行优先股、定向可转债、定向权证、存托凭证购买资产或与其他公司合并的，参照适用《持续监管办法》有关规定。《持续监管办法》等有关规定的，适用《重组办法》等有关规定。

474. 上市公司实施股权激励应当遵守哪些规定？

（1）上市公司以本公司股票为标的实施股权激励的，应当设置合理的考核指标，有利于公司持续发展。

（2）单独或合计持有上市公司5%以上股份的股东或实际控制人及其配偶、父母、子女，担任上市公司董事、高级管理人员、核心技术人员或者核心业务人员的，可以成为激励对象。上市公司应当充分说明上述人员成为激励对象的必要性、合理性。

（3）上市公司授予激励对象的限制性股票，包括符合股权激励计划授予条件的激励对象在满足相应条件后分次获得并登记的本公司股票。限制性股票的授予和登记，应当遵守深交所和证券登记结算机构的有关规定。

（4）上市公司授予激励对象限制性股票的价格低于市场参考价50%的，应符合深交所有关规定，并应说明定价依据及定价方式。同时，上市公司应当聘请独立财务顾问，对股权激励计划的可行性、相关定价依据和定价方法的合理性、是否有利于公司持续发展、是否损害股东利益等发表意见。

（5）上市公司全部在有效期内的股权激励计划所涉及的标的股票总数，累计不得超过公司总股本的20%。

475. 募集资金管理有何要求？

上市公司应当建立完善募集资金管理使用制度，按照深交所规定持续披露募集资金使用情况。

第二节　再融资

476. 创业板再融资制度遵循哪些原则？

（1）大力推动提升上市公司质量。设定上市公司再融资基本发行条件，规范上市公司再融资行为，支持优质创业板上市公司便捷融资，促进上市公司真实、透明、合规，切实提升上市公司整体质量，夯实资本市场可持续发展的基石。

（2）严格落实以信息披露为核心的证券发行注册制。建立更加严格、全面、深入、精准的信息披露要求，督促上市公司以投资者投资决策需求为导向，真实准确完整地披露信息，保护投资者合法权益和社会公共利益。

（3）加快上市公司融资效率。优化注册程序，压缩审核注册期限，审核标准、程序、内容、过程公开透明，增强市场可预期性，支持企业便捷融资。

（4）显著提升违法违规成本。压严压实发行人及中介机构等市场主体的责任，强化事前事中事后全链条监管，加大处罚力度，增强监管震慑力，有效促进市场主体归位尽责，努力培育资本市场良好生态。

477. 创业板上市公司向不特定对象发行股票有哪些条件?

上市公司存在下列情形之一的，不得向不特定对象发行股票：

（1）擅自改变前次募集资金用途未进行纠正，或者未经股东大会认可。

（2）上市公司及其现任董事、监事和高级管理人员最近三年受到中国证监会行政处罚，或者最近一年受到证券交易所公开谴责，或者因涉嫌犯罪正在被司法机关立案侦查或者涉嫌违法违规正在被中国证监会立案调查。

（3）上市公司及其控股股东、实际控制人最近一年存在未履行向投资者做出的公开承诺的情形。

（4）上市公司及其控股股东、实际控制人最近三年存在贪污、贿赂、侵占财产、挪用财产或者破坏社会主义市场经济秩序的刑事犯罪，或者存在严重损害上市公司利益、投资者合法权益、社会公共利益的重大违法行为。

478. 创业板上市公司向特定对象发行股票有哪些条件?

上市公司存在下列情形之一的，不得向特定对象发行股票：

（1）擅自改变前次募集资金用途未进行纠正，或者未经股东大会认可。

（2）最近一年财务报表的编制和披露在重大方面不符合企业会计准则或者相关信息披露规则的规定；最近一年财务会计报告被出具否定意见或者无法表示意见的审计报告；最近一年财务会计报告被出具保留意见的审计报告，且保留意见所涉及事项对上市公司的重大不利影响尚未消除。本次发行涉及重大资产重组的除外。

（3）现任董事、监事和高级管理人员最近三年受到中国证监会行政处罚，或者最近一年受到证券交易所公开谴责。

（4）上市公司及其现任董事、监事和高级管理人员因涉嫌犯罪正在被司法机关立案侦查或者涉嫌违法违规正在被中国证监会立案调查。

（5）控股股东、实际控制人最近三年存在严重损害上市公司利益或者投资者合法权益的重大违法行为。

（6）最近三年存在严重损害投资者合法权益或者社会公共利益的重大违法行为。

479. 创业板上市公司发行可转债有哪些条件？

发行可转债需要满足具备健全且运行良好的组织机构，最近三年平均可分配利润足以支付公司债券一年的利息，具有合理的资产负债结构和正常的现金流量，不存在对已公开发行的公司债券或者其他债务有违约或者延迟支付本息的事实仍处于继续状态的情形，不存在违反《证券法》规定改变公开发行公司债券所募资金用途等条件。向不特定对象发行可转债还需满足相应增发股票的条件，向特定对象发行可转债需满足相应地向特定对象发行股票的条件。

480. 创业板再融资募集资金使用有何要求？

创业板再融资均要求募集资金要符合国家产业政策及土地环保法规要求。募投项目实施后，不影响公司的独立性，以及财务性投资的限制规定。发行可转债还要求募集资金不得用于弥补亏损和非生产性支出。具体如下：

（1）符合国家产业政策和有关环境保护、土地管理等法律、行政法规规定。

（2）除金融类企业外，本次募集资金使用不得为持有财务性投资，不得直接或者间接投资于以买卖有价证券为主要业务的公司。

（3）募集资金项目实施后，不会与控股股东、实际控制人及其控制的其他企业新增构成重大不利影响的同业竞争、显失公平的关联交易，或者严重影响公司生产经营的独立性。

481. 创业板再融资需要哪些程序？

（1）上市公司发行证券需要提请上市公司董事会、股东大会对证券发行事项进行决议。

（2）文件的申报与受理。上市公司应当按照中国证监会有关规定制作注册申请文件，依法由保荐机构保荐并向深交所申报。深交所收到注册申请文件后，5 个工作日内做出是否受理的决定。

（3）审核机构审核。深交所审核部门负责审核上市公司证券发行上市申请，深交所主要通过向上市公司提出审核问询、上市公司回答问题方式开展审核工作，判断上市公司发行申请是否符合发行条件和信息披露要求。

（4）上市委员会审议。深交所按照规定的条件和程序，形成上市公司是否符合发行条件和信息披露要求的审核意见，认为上市公司符合发行条件和信息披露要求的，将审核意见、上市公司注册申请文件及相关审核资料报中国证监会注册；认为上市公司不符合发行条件或者信息披露要求的，做出终止发行上市审核决定。

（5）中国证监会注册。中国证监会依法履行发行注册程序，主要关注深交所发行上市审核内容有无遗漏，审核程序是否符合规定，以及上市公司在发行条件和信息披露要求的重大方面是否符合相关规定。中国证监会认为存在需要进一步说明或者落实事项的，可以要求深交所进一步问询。

（6）对于“小额快速”，即上市公司按照股东大会年度授权申请融资额不超过人民币 3 亿元且不超过最近一年末净资产 20% 的向特定对象发行股票，做出简易程序的制度安排。深交所应在 2 个工作日内受理，3 个工作日内完成审核并形成审核意见；证监会在 3 个工作日内作出予以注册或者不予注册的决定。

482. 创业板再融资发行承销与保荐的特别规定主要包括哪些内容？

（1）规定配股中拟配售数量不超过本次配售前股本总额的 50%，并应当采用代销方式发行。

（2）规定增发定价应当不低于公告招股意向书前 20 个交易日或前 1 个交易日公司股票均价。

（3）在过往监管基础上，对向特定对象发行股票的定价基准日、董事会提前确定全部发行对象、锁定期等事项进行规定。

（4）明确向不特定对象发行的可转债自发行结束之日起6个月后可转换为公司股票，转股价格应当不低于募集说明书公告日前20个交易日上市公司股票交易均价和前1个交易日均价；向特定对象发行的可转债自发行结束之日起18个月后方可转换为公司股票，转股价格不得向下修正，不得采用公开的集中交易方式转让。

（5）规定上市公司董事会决议提前确定全部发行对象的，可以自行销售。

483. 深交所创业板再融资审核规则主要包括哪些内容？

（1）规定审核内容、重点与方式。一是深交所主要对发行人是否符合发行条件、上市条件和信息披露要求进行审核，重点关注中介机构是否合法合规地发表意见，相关意见的理由和依据是否充分，上市公司信息披露是否真实、准确、完整，是否符合相关披露要求。二是深交所以提出问题、回答问题的方式开展审核工作，督促发行人真实、准确、完整地披露信息，中介机构切实履行信息披露的把关责任。

（2）明确审核程序与时限。一是再融资审核程序与首次公开发行上市审核程序基本一致。向不特定对象发行的，审核机构提出初步审核意见后提交上市委审议，向特定对象发行则无须提交上市委审议。二是再融资审核时限为2个月，首轮问询发出时间为受理之日起15个工作日内。

（3）优化向特定对象发行股票适用简易程序的制度。对于符合条件的“小额快速”设置简易审核程序，深交所在2个工作日内受理，自受理之起3个工作日内向中国证监会提交注册。

深交所按一定比例对相关发行上市是否符合发行条件和信息披露要求以及是否符合适用简易程序标准的情况予以事后监管。为避免简易程序被滥用，对采用简易程序向特定对象发行股票的违规行为将从重处理。

（4）加强对违规行为的自律监管。深交所对再融资过程中的违规行为加大了监管力度，强化责任追究。对于信息披露违规、阻碍检查、干扰审核等行为，深交所可对上市公司、控股股东、实际控制人、董监高以及中介机构等违规主体采取监管措施或一定期限内不接受申请文件的纪律处分。

第三节　并购重组

484. 重组标准与条件是什么？

（1）重大资产重组的标准，按照《持续监管办法》的规定予以认定。

（2）发行股份购买资产的股份发行价格适用《持续监管办法》的有关规定，即不得低于市场参考价的 80%，市场参考价为本次发行股份购买资产的董事会决议公告日前 20 个交易日、60 个交易日或者 120 个交易日的公司股票交易均价之一。

（3）从严把握重组上市。重组上市标的应当属于符合国家战略的高新技术产业和战略性新兴产业资产。如重组上市标的资产对应的经营实体存在表决权差异安排的，除其表决权安排等应当符合《上市规则》的规定外，其上市条件应符合较首次公开发行更严的上市标准。尚未盈利的公司通过重组上市的，其控股股东、实际控制人应遵守特定的减持股份要求。

485. 重组各方信息披露要求？

（1）上市公司的信息披露义务。上市公司应充分披露交易的必要性、方案的合规性、交易价格的公允性、业绩承诺的合理性和交易对方的履约保障能力，标的资产的经营模式和潜在风险等。

（2）控股股东、实际控制人及董监高信息披露义务。上市公司及交易对方的控股股东、实际控制人、董监高应当诚实守信，不得损害上市公司和投资者合法权益。

（3）中介机构职责。独立财务顾问应当切实履行尽职调查、报告和披露等职责，全面核查验证申请文件，对交易是否符合法定条件和信息披露要求做出专业判断，审慎发表专业意见。

486. 重组审核内容与方式？

（1）审核机构设置。深交所发行上市审核机构会同创业板公司监管部门（以下简称“重组审核机构”）对上市公司并购重组申请进行审核，出具审核报告。涉及重组上市的，重组审核机构经审核提出初步审核意见后，提交创业板上市委员会审议。

（2）审核重点关注内容。审核重点关注标的资产所属行业是否符合创业板定位或者与上市公司处于同行业或者上下游、重组交易的必要性、资产定价的合理性和公允性、是否存在损害上市公司和股东权益的情形。

（3）审核的方式。深交所通过提出问题、回答问题等多种方式，督促上市公司、交易对方、独立财务顾问、证券服务机构完善信息披露，真实、准确、完整地披露或者提供信息，提高信息披露质量。

487. 重组审核程序包括哪些主要环节？

（1）申请与受理。上市公司自股东大会做出重组决议后 3 个工作日内向深交所报送申请文件，深交所收到申请文件后 5 个工作日内决定是否受理。

（2）审核问询。对于发行股份购买资产和重组上市申请，深交所分别自受理之日起 10 个、20 个工作日内提出首轮问询。首轮问询后发现新的问询事项或回复不具有针对性的，可继续问询。

（3）审核时限。发行股份购买资产和重组上市的审核时限分别为 45 日和 3 个月，对于符合小额快速条件的重组申请，无问询环节，直接出具审核报告。

（4）出具审核报告或上市委员会审议。重组审核机构经审核后，出具同意或者不同意发行股份购买资产的审核报告；涉及重组上市的，上市委员会审议形成同意或者不同意重组上市的审议意见，如重组上市申请文件存在尚待核实的重大问题，无法形成审议意见的，上市委员会可以暂缓审议。

488. 重组审核中要关注哪些事项？

（1）审核信息公开。深交所将向市场公开重组审核的流程，接受社会监督。

（2）重大报道或投诉举报的处理。上市公司出现重大报道、投诉举报的，深交所可要求独立财务顾问、证券服务机构进行核查。审核中发现申请文件存在重大疑问且上市公司、独立财务顾问无法做出合理解释的，深交所可对上市公司、交易对方、独立财务顾问等进行现场检查。

（3）请示中国证监会。审核中对重大疑难问题、重大无先例事项，深交所将及时请示中国证监会。

489. 上市实施重大资产重组后持续督导有何规定？

（1）督导职责与期限。实施重大资产重组或者发行股份购买资产的，督导期限为交易实施完毕当年剩余时间及其后一个完整会计年度。涉及重组上市的，督导期限和职责应遵守《上市规则》《重组办法》等有关规定。

（2）现场核查要求。如标的资产存在重大财务造假嫌疑、非经营性资金占用、重大质押未披露等情形时，应及时对上市公司或标的资产进行现场核查，出具核查报告并披露。

（3）业绩承诺督导。如涉及业绩承诺的，在业绩补偿期间内应持续关注业绩承诺的实现情况、交易对方的履约保障能力，督促其及时足额履行承诺。

490. 自律监管措施有哪些？

为发行股份购买资产或者重组上市提供服务的独立财务顾问、证券服务机构及其相关人员未履行诚实守信、勤勉尽责义务，违反行业规范、业务规则，或者未依法履行尽职调查、报告和披露以及持续督导职责的，深交所可视情节轻重采取口头警示、约见谈话、书面警示、通报批评、公开谴责、一定期限内不接受其提交的申请文件等自律监管措施或纪律处分。

附件 1

部分法规简称

序号	法规全称	法规简称
1	《中华人民共和国公司法》	《公司法》
2	《中华人民共和国证券法》	《证券法》
3	《创业板首次公开发行股票注册管理办法（试行）》	《注册管理办法》
4	《证券发行上市保荐业务管理办法》	《保荐业务管理办法》
5	《深圳证券交易所创业板股票上市规则》	《上市规则》
6	《深圳证券交易所创业板上市公司规范运作指引》	《规范运作指引》
7	《深圳证券交易所创业板股票发行上市审核规则》	《首发审核规则》
8	《深圳证券交易所创业板股票首次公开发行上市审核问答》	《审核问答》
9	《公开发行证券的公司信息披露内容与格式准则第 29 号——首次公开发行股票并在创业板上市申请文件（2020 年修订）》	《信息披露内容与格式准则第 29 号》
10	《公开发行证券的公司信息披露内容与格式准则第 28 号——创业板公司招股说明书（2020 年修订）》	《信息披露内容与格式准则第 28 号》
11	《上市公司重大资产重组管理办法》	《重组办法》
12	《证券发行上市保荐业务管理办法》	《保荐办法》
13	《创业板上市公司持续监管办法（试行）》	《持续监管办法》

附件 2

注册制下创业板首批上市 18 家公司概况

表 1 　　　　发行情况

代码	名称	发行价格	发行市盈率	新股发行数量（万股）	募资总额（亿元）	上市公司发行费用（万元）	上市公司发行费率（%）	承销及保荐费（万元）	审计及验资费（万元）	法律费用（万元）	信息披露费（万元）	发行方式	地区
300863	卡倍亿	18.79	19.08	1 381.00	2.59	4 360.62	16.80	2 000.00	1 226.42	641.51	452.83	网下询价，上网定价	浙江省
300868	杰美特	41.26	40.27	3 200.00	13.20	13 061.70	9.89	11 180.56	830.19	528.30	479.25	网下询价，上网定价	广东省
300875	捷强装备	53.10	45.02	1 919.90	10.19	9 246.27	9.07	7 081.39	870.75	617.72	603.77	上网定价	天津市
300876	蒙泰高新	20.09	30.48	2 400.00	4.82	5 040.26	10.45	3 866.38	469.81	310.00	363.21	网下询价，上网定价	广东省
300873	海晨股份	30.72	35.06	3 333.33	10.24	9 624.70	9.40	7 880.00	723.98	537.74	433.96	网下询价，上网定价	江苏省
300865	大宏立	20.20	26.32	2 392.00	4.83	5 527.74	11.44	4 220.42	566.04	283.02	448.83	网下询价，上网定价	四川省
300877	金春股份	30.54	45.69	3 000.00	9.16	6 951.92	7.59	5 697.20	494.34	264.15	490.57	网下询价，上网定价	安徽省
300869	康泰医学	10.16	59.74	4 100.00	4.17	4 255.24	10.22	2 830.19	529.37	518.87	334.91	网下询价，上网定价	河北省
300871	回盛生物	33.61	59.35	2 770.00	9.31	8 028.45	8.62	6 336.77	601.89	622.64	467.14	网下询价，上网定价	湖北省
300861	美畅股份	43.76	46.09	4 001.00	17.51	10 330.34	5.90	7 230.96	1 277.00	1 300.00	490.57	网下询价，上网定价	陕西省

续表

代码	名称	发行价格	发行市盈率	新股发行数量（万股）	募资总额（亿元）	上市公司发行费用（万元）	上市公司发行费率（%）	承销及保荐费（万元）	审计及验资费（万元）	法律费用（万元）	信息披露费（万元）	发行方式	地区
300860	锋尚文化	138.02	41.20	1 802.00	24.87	21 478.90	8.64	20 196.96	330.19	424.53	490.57	网下询价，上网定价	北京市
300867	圣元环保	19.34	24.37	6 800.00	13.15	9 630.89	7.32	6 175.09	2 415.00	535.00	462.26	战略配售，网下询价，上网定价	福建省
300872	天阳科技	21.34	50.66	5 620.00	11.99	7 013.23	5.85	5 609.94	632.08	245.28	479.25	网下询价，上网定价	西藏自治区
300866	安克创新	66.32	46.81	4 100.00	27.19	14 493.47	5.33	12 915.82	679.25	471.70	334.91	战略配售，网下询价，上网定价	湖南省
300862	蓝盾光电	33.95	35.55	3 297.00	11.19	4 238.01	3.79	2 913.83	566.04	283.02	396.23	网下询价，上网定价	安徽省
300878	维康药业	41.34	30.51	2 011.00	8.31	10 575.18	12.72	7 315.86	1 800.00	918.23	485.85	网下询价，上网定价	浙江省
300870	欧陆通	36.81	34.90	2 530.00	9.31	8 220.32	8.83	6 519.05	820.00	390.00	432.08	网下询价，上网定价	广东省
300864	南大环境	71.71	35.40	1 200.00	8.61	8 514.57	9.89	7 084.16	778.30	131.13	460.38	网下询价，上网定价	江苏省

表 2 **上市初期市场表现**

			上市首日		上市 5 日		上市 10 日		上市 20 日		上市 3 个月	
证券代码	证券名称	发行价	收盘价	涨跌幅(%)	收盘价	涨跌幅(%)	收盘价	涨跌幅(%)	收盘价	涨跌幅(%)	收盘价	涨跌幅(%)
300878. SZ	维康药业	41. 34	81. 04	96. 03	71. 00	-12. 39	65. 79	-18. 82	64. 20	-20. 78	62. 22	-23. 22
300862. SZ	蓝盾光电	33. 95	64. 68	90. 52	57. 51	-11. 09	50. 48	-21. 95	60. 43	-6. 57	47. 64	-26. 35
300863. SZ	卡倍亿	18. 79	158. 45	743. 27	91. 00	-42. 57	72. 80	-54. 05	149. 32	-5. 76	146. 68	-7. 43
300864. SZ	南大环境	71. 71	166. 02	131. 52	136. 69	-17. 67	121. 00	-27. 12	118. 60	-28. 56	115. 27	-30. 57
300865. SZ	大宏立	20. 20	66. 00	226. 73	61. 36	-7. 03	48. 77	-26. 11	50. 23	-23. 89	46. 95	-28. 86
300866. SZ	安克创新	66. 32	146. 86	121. 44	146. 00	-0. 59	121. 00	-17. 61	152. 15	3. 60	180. 79	23. 10
300867. SZ	圣元环保	19. 34	45. 78	136. 71	44. 36	-3. 10	39. 09	-14. 61	39. 14	-14. 50	39. 59	-13. 52
300858. SZ	杰美特	41. 26	75. 27	82. 43	59. 18	-21. 38	50. 34	-33. 12	52. 21	-30. 64	51. 82	-31. 15
300869. SZ	康泰医学	10. 16	118. 00	1061. 42	88. 02	-25. 41	78. 20	-33. 73	93. 06	-21. 14	131. 28	11. 25
300870. SZ	欧陆通	36. 81	85. 00	130. 92	96. 10	13. 06	80. 19	-5. 66	90. 55	6. 53	84. 60	-0. 47
300871. SZ	回盛生物	33. 61	61. 85	84. 02	54. 04	-12. 63	51. 62	-16. 54	49. 65	-19. 73	48. 47	-21. 63
300872. SZ	天阳科技	21. 34	76. 53	258. 62	55. 09	-28. 02	48. 17	-37. 06	51. 24	-33. 05	47. 92	-37. 38
300873. SZ	海晨股份	30. 72	57. 99	88. 77	53. 35	-8. 00	49. 40	-14. 81	51. 54	-11. 12	50. 98	-12. 09
300875. SZ	捷强装备	53. 10	145. 00	173. 07	121. 10	-16. 48	102. 11	-29. 58	120. 78	-16. 70	103. 87	-28. 37
300376. SZ	蒙泰高新	20. 09	60. 55	201. 39	53. 64	-11. 41	45. 25	-25. 27	46. 25	-23. 62	53. 80	-11. 15
300877. SZ	金春股份	30. 54	58. 80	92. 53	68. 20	15. 99	55. 80	-5. 10	60. 30	2. 55	59. 39	1. 00
300861. SZ	美畅股份	43. 76	70. 06	60. 10	54. 65	-22. 00	50. 73	-27. 59	49. 79	-28. 93	48. 40	-30. 92
300860. SZ	锋尚文化	138. 02	197. 50	43. 10	156. 38	-20. 82	143. 99	-27. 09	138. 87	-29. 69	161. 51	-18. 22
均值		40. 61	96. 41	212. 37	81. 54	-12. 86	70. 82	-24. 21	79. 91	-16. 78	82. 29	-15. 89
中位数		33. 95	76. 53	130. 92	68. 20	-12. 63	55. 80	-25. 27	60. 43	-19. 73	59. 39	-18. 22

注：首日涨跌幅基准是发行价，5 日、10 日、20 日、3 个月涨跌幅基准是上市首日收盘价。

后　记

深圳证券交易所创业企业培训中心（以下简称“培训中心”）自2001年成立以来，一直致力于普及资本市场基础知识、基本理念，宣传资本市场政策法规，积极推进企业改制上市、并购重组、规范运作、做优做强，努力推动提升上市公司质量，保护投资者合法权益。2013年，深交所创新性地提出打造“中小企业之家”服务举措，围绕上市公司、拟上市企业建设创新资本生态体系，培训中心作为“中小企业之家”服务的牵头建设机构，积极发挥服务抓手作用，打造公益性服务平台，整合监管系统以及市场相关机构各方资源，围绕企业利用资本市场规范发展需求，开展各类培训、交流等服务，着力提升企业家规范运作意识，并利用资本市场增强能力。截至2020年10月底，培训中心累计举办各类培训班、研讨会等活动达千场以上，服务覆盖超过20万人次，受到社会各方广泛好评和欢迎。

同时，为提升服务体验，丰富知识体系，培训中心组织相关专家相继编写了《中小企业板、创业板股票发行上市问答》《上市公司并购重组问答》《上市公司规范运作指引》《上市公司最新并购重组案例解析》《上市公司监管法规汇编》《深市股票上市规则汇编》等培训教材，并通过中国财政经济出版社进行出版，进一步扩大了资本市场知识传播范围，在全社会范围惠及各方。

回顾历史，培训中心早在2006年就组织编印了《中小企业股票发行上市问答》作为内部培训教材，2007年进行第一次修订，2009年进行第二次修订并更名为《中小企业板、创业板股票发行上市问答》，2010年和2013年分别进行第三、第四次修订。由于该书内容全面，操作性强，受到了各方读者的广泛好评，曾被誉为企业发行上市的“红宝书”。

2013 年，培训中心开始与中国财政经济出版社合作，公开出版“中小企业之家”系列读物，籍此扩大受众，延伸深交所服务。2014 年、2016 年，培训中心分别组织了《中小企业板、创业板股票发行上市问答》的第五次、第六次修订，并正式出版为第一版、第二版。随着股票发行制度改革的不断深化，企业家、中介机构迫切需要了解改制上市相关政策和操作实务等关注要点的变化。为此，培训中心于 2018 年对该书进行了第七次修订和完善，形成第三版。

2020 年 4 月 27 日，中央深改委第十三次会议审议通过《创业板改革并试点注册制总体实施方案》，创业板改革并试点注册制正式启动。6 月 12 日，中国证监会发布《创业板首次公开发行股票注册管理办法（试行）》《创业板上市公司证券发行注册管理办法（试行）》《创业板上市公司持续监管办法（试行）》《证券发行上市保荐业务管理办法》。同时，中国证监会、深交所等发布相关配套规则，宣告创业板试点注册制正式实施。在创业板注册制改革推进期间，培训中心始终对其保持着密切关注，并积极组织市场专家对原《中小企业板、创业板股票发行上市问答》再次修订，在充分吸纳创业板改革相关内容的基础上，形成了《创业板股票发行上市问答》单行本，将企业在创业板发行上市过程中的重点和难点问题以百科问答的形式展现出来，以供大家参考。

《创业板股票发行上市问答》共分八部分，具体内容和修订人如下：

<table>
<tr><th colspan="2">内容</th><th>修订人</th></tr>
<tr><td rowspan="4">第一部分　股票发行上市基础知识</td><td>第一章　创业板发展历程及注册制改革</td><td rowspan="3">广东华商律师事务所
邓磊</td></tr>
<tr><td>第二章　发行上市概要</td></tr>
<tr><td>第三章　发行上市条件及可行性评估</td></tr>
<tr><td>第四章　上市地选择和费用</td><td>金杜律师事务所
周蕊</td></tr>
</table>

续表

内容		修订人
第二部分　股票发行上市前期准备	第一章　聘请中介机构	中信证券股份有限公司 陈靖
	第二章　尽职调查	
	第三章　企业内部组织和业务架构的调整	广东信达律师事务所 张炯
	第四章　企业规范运作与重组	
	第五章　设立股份有限公司	
第三部分　股票发行申报材料制作和审核原则与流程	第一章　发行申报材料的制作	广发证券股份有限公司 朱煜起
	第二章　发行审核原则与流程	
第四部分 股票发行审核——市场定位		中信证券股份有限公司 陈靖
第五部分 股票发行审核——法律问题	第一章　股权清晰	广东信达律师事务所 曹平生
	第二章　出资问题	
	第三章　国有企业、集体企业改制	
	第四章　公司治理	广东信达律师事务所 曹平生 上海立信锐思信息管理有限公司 杨芳（内控）
	第五章　资产权属	大成律师事务所 沙辉
	第六章　控股股东与实际控制人	
	第七章　业务重组与主营业务变化	
	第八章　违法违规	
	第九章　独立性	中伦律师事务所 李磐
	第十章　同业竞争	
	第十一章　关联交易	
	第十二章　募集资金使用	方正证券股份有限公司 郭文杰

续表

<table>
<tr><th colspan="2">内容</th><th>修订人</th></tr>
<tr><td rowspan="7">第六部分 股票发行审核——财务问题</td><td>第一章　总体要求</td><td rowspan="2">致同国际会计师事务所
范震杰</td></tr>
<tr><td>第二章　申报财务会计资料的一般事项</td></tr>
<tr><td>第三章　会计处理问题</td><td rowspan="2">天职国际会计师事务所
陈志刚</td></tr>
<tr><td>第四章　财务真实性问题</td></tr>
<tr><td>第五章　财务规范性问题</td><td>天职国际会计师事务所
陈志刚
上海立信锐思信息管理有限公司
杨芳（内控）</td></tr>
<tr><td>第六章　盈利相关问题</td><td>德勤会计师事务所
李莉</td></tr>
<tr style="display:none"><td></td><td></td></tr>
<tr><td rowspan="6">第七部分 股票发行审核——信息披露</td><td>第一章　信息披露的要求</td><td rowspan="6">中伦律师事务所
李磐
德勤会计师事务所
李莉（财务）</td></tr>
<tr><td>第二章　信息披露的审核</td></tr>
<tr><td>第三章　招股说明书披露要点</td></tr>
<tr><td>第四章　发行上市保荐书披露要点</td></tr>
<tr><td>第五章　法律意见书披露要点</td></tr>
<tr><td>第六章　财务报表及审计报告披露要点</td></tr>
<tr><td rowspan="3">第八部分 发行与承销、持续监管</td><td>第一章　发行与承销</td><td>方正证券股份有限公司
郭文杰</td></tr>
<tr><td>第二章　监督管理与法律责任</td><td>广东华商律师事务所
邓磊</td></tr>
<tr><td>第三章　持续监管</td><td>广发证券股份有限公司
朱煜起</td></tr>
</table>

本书在培训中心的精心策划和组织下，得到了相关专家的大力支持。在此，特别感谢广东信达律师事务所曹平生、中伦律师事务所李磐、中信证券股份有限公司陈靖、方正证券股份有限公司郭文杰、致同国际会计师事务所范震杰、天职国际会计师事务所陈志刚、

横店东磁董事会秘书吴雪萍、江苏奥力威传感原董事会秘书陈武峰等专家对全书初稿内容的整合校对，同时感谢深圳证券交易所黄小彬、曹文武对本次审稿工作的支持。此外，培训中心 IPO 研究小组成员谭凯元、洪文琳、郭斯佳、林堉瑜、谢春华、何久斌、陈薇、周章丰等参与了全书的文字校对工作。

由于资本市场发展迅速，企业发行上市工作的专业性和复杂性较高，加上时间和水平所限，书中难免有疏漏和不足之处。本书给出的解答只代表作者个人观点和理解，仅供读者参考，对于法律、法规、政策的解读最终以权威部门的正式解释为准。我们将密切跟踪监管政策变化和市场发展动态，不断修订、完善此书，欢迎各界人士随时提出宝贵意见和建议。

联系人：洪文琳；联系方式：wlhong. oth@ szse. cn

深圳证券交易所创业企业培训中心
深圳证券交易所中小企业之家
2020 年 11 月